THÉODORE DE BANVILLE

— POÉSIES COMPLÈTES —

LES EXILÉS

ODELETTES, AMÉTHYSTES, RIMES DORÉES,

RONDELS, LES PRINCESSES, TRENTE-SIX BALLADES JOYEUSES

ÉDITION DÉFINITIVE

PARIS
BIBLIOTHÈQUE-CHARPENTIER
EUGÈNE FASQUELLE, ÉDITEUR
11, RUE DE GRENELLE, 11

1899

LES
EXILÉS

EUGÈNE FASQUELLE, ÉDITEUR, 11, RUE DE GRENELLE

OUVRAGES DU MÊME AUTEUR

PUBLIÉS DANS LA **BIBLIOTHÈQUE-CHARPENTIER**

à 3 fr. 50 le volume.

Esquisses parisiennes . . . . 1 vol.
Contes pour les Femmes, ornés d'un dessin de G. Rochegrosse (3ᵉ mille). . . . . 1 vol.
Contes féeriques, ornés d'un dessin de G. Rochegrosse . . . . 1 vol.
Contes héroïques, ornés d'un dessin de G. Rochegrosse . . 1 vol.
Contes Bourgeois, ornés d'un dessin de G. Rochegrosse (2ᵉ mille). 1 vol.
Poésies complètes Tome I. **Odes funambulesques** . . . . 1 vol.
— Tome II. **Les Exilés** . . . . 1 vol.
— Tome III. **Les Cariatides** (édition définitive) . . . . 1 vol.
Nous tous (poésies nouvelles), avec un dessin de G. Rochegrosse. 1 vol.
Sonnailles et Clochettes (poésies nouvelles), avec un dessin de G. Rochegrosse (2ᵉ mille). . . . . 1 vol.
Comédies — Le Feuilleton d'Aristophane. — Le Beau Léandre. — Le Cousin du Roi. Diane au Bois, etc. . . . . 1 vol.
Petit Traité de poésie française, suivi d'études sur Pierre de Ronsard et Jean de La Fontaine . . . . 1 vol.
La Lanterne magique. . . . . 1 vol.
Mes Souvenirs (3ᵉ mille). . . . . 1 vol.
Paris vécu (2ᵉ mille) . . . . 1 vol.
L'Ame de Paris (2ᵉ mille). . . . . 1 vol.
Lettres chimériques, ornées d'un dessin de G. Rochegrosse (2ᵉ mille). . . . . 1 vol.
Dames et Demoiselles. . . . . 1 vol.
Les Belles poupées, ornées d'un dessin de G. Rochegrosse . 1 vol.
Marcelle Rabe, avec un dessin de G. Rochegrosse (3ᵉ mille) . . 1 vol.
Dans la Fournaise (dernières poésies). . . . . 1 vol.

Paris. — Imprimerie L. MARETHEUX, 1, rue Cassette. — 14980.

THÉODORE DE BANVILLE
— POÉSIES COMPLÈTES —

LES EXILÉS

ODELETTES, AMÉTHYSTES
RIMES DORÉES, RONDELS, LES PRINCESSES
TRENTE-SIX BALLADES JOYEUSES

ÉDITION DÉFINITIVE

PARIS
BIBLIOTHÈQUE-CHARPENTIER
EUGÈNE FASQUELLE, ÉDITEUR
11, RUE DE GRENELLE, 11

1899

LES EXILÉS

PRÉFACE

Ce livre est celui peut-être où j'ai pu mettre le plus de moi-même et de mon âme, et s'il devait rester un livre de moi, je voudrais que ce fût celui-ci; mais je ne me permets pas de telles ambitions, car nous aurons vécu dans un temps qui s'est médiocrement soucié de l'invincible puissance du Rhythme, et dans lequel ceux qui ont eu la noble passion de vouloir enfermer leurs idées dans une forme parfaite et précise ont été des exilés.

Les Exilés! quel sujet de poëmes, si j'avais eu plus de force! En prononçant ces deux mots d'une tristesse sans bornes, il semble qu'on entende gémir le grand cri de désolation de l'Humanité à travers les âges et son sanglot infini que jamais rien n'apaise. Ceux-ci, chassés par la jalouse colère des Rois ou par la haine des Républiques, ceux-là, victimes de la tyrannie des Dieux nouveaux, ils écoutent pleurer effroyablement la mer sonore, ou dans le morne ciel nu d'un sombre azur ils regardent briller des étoiles inconnues

Ovide boit le lait des juments sous la tente de cuir du Sarmate, et sur son pâle visage doré par le soleil de Florence, Dante reçoit la pluie noire du vieux Paris. Ceux-là sont-ils les vrais exilés et les plus misérables ? Non, car un jour vient qu'on n'attendait pas, qu'on n'osait pas espérer, où la patrie fermée se rouvre, où les oppresseurs ont été balayés par le souffle furieux de l'Histoire, et l'absent retrouve sa maison encore vivante et rallume son foyer éteint.

Mais ceux pour qui j'ai toujours versé des larmes qui brûlent mes yeux, ce sont les êtres dont l'exil n'aura ni fin ni terme. Est-ce ceux qui sont exilés dans la pauvreté, dans le vice, dans l'absence, dans la douleur, ceux que la mort a séparés des êtres qui leur sont chers ? Non, car ceux-là aussi peuvent être plaints et consolés par des êtres pareils à eux, et l'abîme où ils se lamentent peut être comblé par le repentir et par le désir effréné du ciel.

Ceux pour qui nulle espérance n'existe ici-bas, ce sont les passants épris du beau et du juste, qui au milieu d'hommes gouvernés par les vils appétits se sentent brûlés par la flamme divine, et où qu'ils soient, sont loin de leur patrie, adorateurs des Dieux morts, champions obstinés des causes vaincues, chercheurs de paradis qu'ont dévorés la ronce et les cailloux, et sur le seuil desquels s'est même éteinte comme inutile l'épée flamboyante de l'Archange. Ceux-là parfois rencontrent leurs frères si rares, comme eux exilés, et échangeant avec eux un signe de main et un triste sourire, ils plaignent la pierre même, qui, transportée loin de son soleil, pâlit et s'en va en poussière, et le grand lion mordu par le froid qui, dans la cage où l'homme l'a fait prisonnier, étire ses membres souverains, bâille avec dédain en montrant sa langue rose, et parfois regarde avec étonnement, captif comme lui, l'aigle qui fixait les astres sans baisser les yeux, et qui dans la nuée en feu, déchirée par l'ouragan, suivait d'une aile jamais lassée le vol vertigineux de la foudre.

T. B.

Mardi, 24 novembre 1874.

A MA CHÈRE FEMME

MARIE ÉLISABETH DE BANVILLE

CE LIVRE

DE FOI ET D'ESPERANCE

EST DÉDIÉ

LES EXILÉS

L'EXIL DES DIEUX

C'est dans un bois sinistre et formidable, au nord
De la Gaule. Roidis par un suprême effort,
Les chênes monstrueux supportent avec rage
Les grands nuages noirs d'où va tomber l'orage;
Le matin frissonnant s'éveille, et la clarté
De l'aube mord déjà le ciel ensanglanté.
  Tout est lugubre et pâle, et les feuilles froissées
Gémissent, et, géants que de tristes pensées
Tourmentent, les rochers jusqu'à l'horizon noir
Se lèvent, méditant dans leur long désespoir;
Et, blanche dans le jour douteux et dans la brume,
La cascade sanglote en sa prison d'écume.
Léchant les verts sapins avec un rire amer,
La mer aux vastes flots baigne leurs pieds, la mer
Douloureuse, où, groupés de distance en distance,
Accourent les vaisseaux de l'empereur Constance.
  Tout à coup, ô terreur! ô deuil! au bord des eaux
La terre s'épouvante, et jusque dans ses os
Tremble, et sur sa poitrine âpre, d'effroi saisie,
Se répand un parfum céleste d'ambroisie.
Un grand souffle éperdu murmure dans les airs;
Une lueur vermeille au fond de ces déserts
Grandit, mystérieuse et sainte avant-courrière,

O vastes cieux ! et là, marchant dans la clairière,
Luttant de clarté sombre avec le jour douteux,
Meurtris, blessés, mourants, sublimes, ce sont eux,
Eux, les grands exilés, les Dieux. O misérables !
Les chênes accablés par l'âge, et les érables
Les plaignent. Les voici. Voici Zeus, Apollon,
Aphrodite, marchant pieds nus (et son talon
A la blancheur d'un astre et l'éclat d'une rose!)
Athènè, dont jadis, dans l'éther grandiose,
Le clair regard, luttant de douceur et de feu,
Était l'intensité sereine du ciel bleu.
   Hèrè, Dionysos, Hèphaistos triste et grave
Et tous les autres Dieux foulant la terre esclave
S'avancent. Tous ces rois marchent, marchent sans bruit.
Ils marchent vers l'exil, vers l'oubli, vers la nuit,
Résignés, effrayants, plus pâles que des marbres,
Parfois heurtant leurs fronts dans les branches des arbres,
Et, tandis qu'ils s'en vont, troupeau silencieux,
La fatigue d'errer sans repos sous les cieux
Arrache des sanglots à leurs bouches divines,
Et des soupirs affreux sortent de leurs poitrines.
   Car, depuis qu'en riant les empereurs, jaloux
De leur gloire, les ont chassés comme des loups,
Et que leurs palais d'or sont brisés sur les cimes
De l'Olympe à jamais désert, les Dieux sublimes
Errent, ayant connu les pleurs, soumis enfin
A la vieillesse horrible, aux douleurs, à la faim,
Aux innombrables maux que tous les hommes craignent,
Et leurs pieds, déchirés par les épines, saignent.
Zeus, à présent vieillard, a froid, et sur ses flancs
Serre un haillon de pourpre, et ses cheveux sont blancs.
Sa barbe est blanche : au fond du lointain qui s'allume
Ses épouses en deuil le suivent dans la brume.
Hèrè, Lèto, Mètis, Eurynomè, Thémis
Sont là, blanches d'effroi, pâles comme des lys,

Et pleurent. Sur leurs fronts mouillés par la rosée
L'aigle vole au hasard de son aile brisée.
  Et celui qui tua la serpente Pytho,
Le brillant Lycien, cache sous son manteau
Son arc d'argent, rompu. Triste en sa frénésie,
Le beau Dionysos pleure la molle Asie ;
Et ce hardi troupeau, les femmes au sein nu
Qui le suivaient naguère au pays inconnu,
Folles, aspirant l'air avec ses doux aromes,
Ne sont plus à présent que spectres et fantômes.
Hermès, qui n'ouvre plus ses ailes, en chemin
Songe, et le rameau d'or s'est flétri dans sa main.
Athènè, l'invincible Arès, mangent les mûres
De la haie, et n'ont plus que des lambeaux d'armures ;
Dèmèter, pâle encor de tous les maux soufferts,
Tient sa fille livide, arrachée aux Enfers,
Et la blonde Artémis, terrible, échevelée,
Bondit encor, fixant sa prunelle étoilée
Sur la nuit redoutable et morne des forêts,
Cherchant des ennemis à percer de ses traits,
Et sur sa jambe flotte et vole avec délire
Sa tunique d'azur que l'ouragan déchire.
  Cependant, les regards baissés vers le sol noir,
Les Muses lentement chantent le désespoir
De l'exil, dont leur père a dû subir l'outrage,
Et leur hymne farouche éclate avec l'orage.
Toute l'horreur des cieux perdus est dans leur voix ;
Les arbres, les rochers, les profondeurs des bois,
Les antres noirs ouverts sous la rude broussaille
S'émeuvent, et la mer, la mer aussi tressaille,
La mer tumultueuse, et sur son flot grondant,
Vieux, tenant un morceau brisé de son trident,
Poséidon apparaît, s'élevant sur la cime
Des ondes. Près de lui, fugitifs dans l'abîme,
Pontos, Céto, Nèreus, Phorcys, Thétis, couverts

D'écume, gémissant au milieu des flots verts,
Sur les pointes des rocs heurtent leurs fronts livides
En signe de détresse, et les Océanides,
Frappant leur sein de neige et pleurant les tourments
Des grands Dieux, vers le ciel tordent leurs bras charmants.
Leur douleur, en un chant d'une fierté sauvage,
S'exhale avec des cris de haine, et du rivage
Écoutant cette plainte affreuse, à leurs sanglots
Aphrodite répond, fille auguste des flots !
O douleur ! son beau corps fait d'une neige pure
Rougit, et sous le vent jaloux subit l'injure
De l'orage ; son sein aigu, déjà meurtri
Par leur souffle glacé, frissonne à ce grand cri.
Le visage divin et fier de Cythérée,
Dont rien ne peut flétrir la majesté sacrée,
A toujours sa splendeur d'astre et de fruit vermeil,
Mais, dénoués, épars, ses cheveux de soleil
Tombent sur son épaule, et leur masse profonde
Comme d'un fleuve d'or en fusion l'inonde.
Leur vivante lumière embrase la forêt.
Mêlés et tourmentés par la bise, on dirait
Que leur flot pleure, et quand la reine auguste penche
Son front, dans ce bel or brille une tresse blanche.

Les larmes de Cypris ont brûlé ses longs cils.
Frémissante, elle aussi déplore les exils
Des grands Dieux, et, tandis que les Océanides
Gémissent dans la mer stérile aux flots rapides,
Elle parle en ces mots, et son rire moqueur,
Tout plein du désespoir qui gonfle son grand cœur,
Dans l'ombre où le matin lutte avec les ténèbres
Donne un accent de haine à ses plaintes funèbres :

« O nos victimes ! rois monstrueux, Dieux titans
Que nous avons chassés vers les gouffres du Temps
Fils aînés du Chaos aux chevelures d'astres,
Dont le souffle et les yeux contenaient les désastres

Des ouragans! Japet! Hypérion, l'aîné
De nos aïeux! ô toi, ma mère Dioné!
Et toi qui t'élanças, brillant, vers tes victoires,
Du sein de l'Érèbe, où dormaient tes ailes noires,
Toi le premier, le plus ancien des Dieux, Amour!
Voyez, l'homme nous chasse et nous hait à son tour,
Votre sang reparaît sur nos mains meurtrières,
Et nous errons, vaincus, parmi les fondrières.

 Eh bien! oui, nous fuyons! Nos regards, ciel changeant,
Ne reflèteront plus les longs fleuves d'argent.
Elle-même, la vie amoureuse et bénie
Nous pousse hors du sein de l'Être, et nous renie.
Homme, vil meurtrier des Dieux, es-tu content?
Les bois profonds, les monts et le ciel éclatant
Sont vides, et les flots sont vides : c'est ton règne!
Cherche qui te console et cherche qui te plaigne!
Les sources des vallons boisés n'ont plus de voix,
L'antre n'a plus de voix, les arbres dans les bois
N'ont plus de voix, ni l'onde où tu buvais, poete!
Et la mer est muette, et la terre est muette,
Et rien ne te connaît dans le grand désert bleu
Des cieux, et le soleil de feu n'est plus un Dieu!

 Il ne te voit plus. Rien de ce qui vit, frissonne,
Respire ou resplendit, ne te connaît. Personne
A présent, vagabond, ne sait d'où tu venais
Et ne peut dire : C'est l'homme. Je le connais.
La Nature n'est plus qu'un grand spectre farouche
Son cœur brisé n'a plus de battements. Sa bouche
Est clouée, et les yeux des astres sont crevés.
Tu ne finiras pas les chants inachevés,
Et tes fils, ignorant l'adorable martyre,
Demanderont bientôt ce que tu nommais Lyre!

 Oh! lorsque tu chantais et que tu combattais,
Nous venions te parler à mi-voix! Tu sentais
Près de ta joue, avec nos suaves murmures,

Délicieusement le vent des chevelures
Divines. Maintenant, savoure ton ennui.
Te voilà nu sous l'œil effrayant de Celui
Qui voit tant de milliers de mondes et d'étoiles
Naître, vivre et mourir dans l'infini sans voiles,
Et devant qui les grains de poudre sont pareils
A ces gouttes de nuit que tu nommes soleils.

  Tout est dit. Ne va plus boire la poésie
Dans l'eau vive! Les Dieux enivrés d'ambroisie
S'en vont et meurent, mais tu vas agoniser.
Ce doux enivrement des êtres, ce baiser
Des choses, qui toujours voltigeait sur tes lèvres,
Ce grand courant de joie et d'amour, tu t'en sèvres!
Ils ne fleuriront plus tes pensers, enchantés
Par l'éblouissement des blanches nudités.
Donc subis la laideur et la douleur. Expie.
Nous, cependant, chassés par ta fureur impie,
Nous fuyons, nous tombons dans l'abîme béant,
Et nous sommes la proie horrible du néant.
Hellas, adieu! forêts, vallons, monts grandioses,
Rocs de marbre, ruisseaux d'eau vive, lauriers-roses!
Mais, homme, quand la Nuit reprend nos cheveux d'or
Et nos fronts lumineux, tu sentiras encor
Nos soupirs s'envoler vers ta demeure vide,
Et sur tes mains couler nos pleurs, ô parricide! »

  C'est ainsi que parla dans son divin courroux
La grande Aphrodite. Sur les feuillages roux,
Tout sanglant et vainqueur de l'ombre qui recule,
Le Jour dans un sinistre et sombre crépuscule
S'était levé. Baissant leurs regards éblouis,
Les grands Dieux en pleurs dans la brume évanouis,
Formes sous le soleil de feu diminuées,
S'effaçaient tristement dans les vagues nuées
Où leurs fronts désolés apparaissaient encor.
Aphrodite, la reine adorable au front d'or,

Avec son sein de rose et ses blancheurs d'étoile
Sembla s'évanouir comme eux sous le long voile
De la brume indécise, en laissant dans ces lieux
Qu'avaient illuminés de leurs feux radieux
Son sein de lys sans tache et sa toison hardie,
Un reflet pâlissant de neige et d'incendie.

Août 1865.

LES LOUPS

Partout la neige. Au bout du sinistre chemin
Que troublait seul le bruit de ce pas surhumain,
C'était un bois sauvage éclairé par la lune.
Pas une seule place où la terre fût brune,
Et, pareil à ce voile effrayant qui descend
Aux pieds des morts, le blanc linceul éblouissant
Faisait tomber ses plis sur les chênes énormes,
Et le vent furieux, engouffré dans les ormes,
Entre-choquait avec un rire convulsif
Leurs rameaux. L'Exilé farouche, au front pensif,
Entra dans la forêt que l'âpre bise assiége ;
Son camail écarlate incendiait la neige
D'un long reflet sanglant, rose, aux lueurs d'éclair,
Comme si, revenu des cieux et de l'enfer,
Ce voyageur, portant l'infini dans son âme,
Au lieu d'ombre traînait à ses pieds une flamme.
  De ce côté des bois, les chasseurs vont s'asseoir
Dans un grand carrefour où, du matin au soir,
Chantent pendant l'été de sonores fontaines.
Un sentier surplombé par des roches hautaines
Y conduit. L'Exilé soucieux le suivit

Jusqu'à cette clairière, et voici ce qu'il vit :
    Un fier cheval de race à la noble encolure,
Dans son sang répandu souillant sa chevelure,
Expirait, dévoré tout vivant par des loups.
Ses meurtriers parmi la ronce et les cailloux
Le traînaient. Il n'était déjà plus que morsures.
Ses entrailles à flots sortaient de ses blessures
Et ses pieds éperdus trébuchaient dans la mort.
En vain, de temps en temps, par un horrible effort,
Il secouait par terre un peu des bêtes fauves ;
D'autres monstres, sortis des antres, leurs alcôves,
Se ruaient sur son cou, s'attachaient à ses flancs,
Dans sa chair déchirée enfonçaient leurs crocs blancs
Et se mêlaient à lui dans d'effroyables poses,
Et tout son corps teignait de sang leurs gueules roses.
    Enfin, morne, donnant sa vie à ses bourreaux,
Il tomba, les genoux ployés, comme un héros
Qui défie, à l'instant suprême où tout s'efface,
Les spectres de la mort, et les voit face à face.
Sa prunelle effarée et vague interrogea
La nuit ; puis le coursier vaincu, sentant déjà
Que dans ses doux regards entrait l'infini sombre
Et qu'il roulait au fond dans les gouffres de l'Ombre,
Se leva sur ses pieds avant de s'endormir
Pour toujours, et frappant la terre, et, pour gémir,
Dans sa voix qui n'est plus trouvant un cri suprême,
Sublime, épouvantant l'agonie elle-même
Et perçant une fois encor son voile obscur,
Leva vers les grands cieux et roula dans l'azur
Ses yeux, d'où s'enfuyait lentement l'espérance,
Et Dante s'écria, l'âme en pleurs : O Florence !

Novembre 1862.

LE SANGLIER

C'était auprès d'un lac sinistre, à l'eau dormante,
Enfermé dans un pli du grand mont Érymanthe,
Et l'antre paraissait gémir, et, tout béant,
S'ouvrait, comme une gueule affreuse du néant.
Des vapeurs en sortaient, ainsi que d'un Averne.
Immobile, et penché pour voir dans la caverne,
Hercule regarda le sanglier hideux.
 Les loups fuyaient de peur quand il s'approchait d'eux,
Tant le monstre effaré, s'il grognait dans sa joie,
Semblait effrayant, même à des bêtes de proie.
Il vivait là, pensif. Lorsque venait la nuit,
Terrible, emplissant l'air d'épouvante et de bruit
Et cassant les lauriers au pied des monts sublimes,
Il allait dans le bois déchirer ses victimes ;
Puis il rentrait dans l'antre, auprès des flots dormants
Couché sur la chair morte et sur les ossements,
Il mangeait, la narine ouverte et dilatée,
Et s'étendait parmi la boue ensanglantée.
Noir, sa tanière au front obscur lui ressemblait.
Les ténèbres et lui se parlaient. Il semblait,
Enfoui dans l'horreur de cette prison sombre,
Qu'il mangeait de la nuit et qu'il mâchait de l'ombre.
 Hercule, que sa vue importune lassait,
Se dit : « Je vais serrer son cou dans un lacet ;
Ma main étouffera ses grognements obscènes,
Et je l'amènerai tout vivant dans Mycènes. »
Et le héros disait aussi : « Qui sait pourtant,
S'il voyait dans les cieux le soleil éclatant,
Ce que redeviendrait cet animal farouche ?
Peut-être que les dents cruelles de sa bouche
Baiseraient l'herbe verte et frémiraient d'amour,

S'il regardait l'azur éblouissant du jour ! »
   Alors, entrant ses doigts d'acier parmi les soies
Du sanglier courbé sur des restes de proies,
Il le traîna tout près du lac dormant. En vain,
Blessé par le soleil qui dorait le ravin,
Le monstre déchirait le roc de ses défenses.
Il fuyait Souriant de ces faibles offenses,
Hercule, soulevant ses flancs hideux et lourds,
Le ramenait au jour lumineux. Mais toujours,
Attiré dans sa nuit par un amour étrange,
Le sanglier têtu retournait vers la fange,
Et toujours, l'effrayant d'un sourire vermeil,
Le héros le traînait de force au grand soleil.

Décembre 1862.

HÉSIODE

Quand la Terre encor jeune était à son aurore,
Par-delà ces amas de siècles que dévore
Dans l'espace infini le Temps, ce noir vautour,
A l'époque où j'étais rapsode en Grèce, un jour
Je quittais, plein de joie, un bourg de Thessalie.
   Là, jeune homme frivole en proie à ma folie,
Ayant cherché l'abri verdoyant d'un laurier,
J'avais célébré Cypre et l'Amour meurtrier
Que Zeus devant son trône un jour vit apparaître
Triomphant. Mais au lieu de montrer que ce maître
Des hommes exista dès le commencement,
Après le noir Chaos, le Tartare fumant
Et la Terre profonde à la large poitrine,
Même avant l'éther vaste et la vague marine,

J'avais feint, pour mieux plaire aux laboureurs grossiers,
Que, doux enfant, exempt d'appétits carnassiers,
Ignoré d'Échidna sanglante et des Furies,
Il fût né de Cypris en des îles fleuries.

  Les vierges, les vieillards devant leur porte assis
Étaient vite accourus en foule à mes récits,
Et le pain et le vin ne m'avaient pas fait faute.
Or je partais chargé des présents de mon hôte,
Et sous les oliviers, parmi les chemins verts,
J'allais d'un pas rapide, orgueilleux de mes vers.

  Comme j'étais entré dans la forêt qui grimpe
Mystérieusement au pied du mont Olympe,
Je vis auprès de moi, debout sur un talus,
Un homme fier, pareil aux Géants chevelus
Que la Terre enfanta dans sa force première.
Son visage était pâle et baigné de lumière.
Il touchait de la tête aux chênes murmurants ;
A l'entour, dans les rocs penchés sur les torrents,
Les noirs rameaux touffus, en écoutant son ode,
Frissonnaient, et c'était le chanteur Hésiode.

  Les âges à venir, pour nos regards voilés,
Pensifs, se reflétaient dans ses yeux étoilés ;
Les tigres lui léchaient les pieds dans leur délire,
Et les aigles volaient près de sa grande lyre.

  Le devin se dressa dans les feuillages roux.
Il abaissa vers moi ses yeux pleins de courroux
Où la nuit formidable avec l'aube naissante
Se mêlait, et cria d'une voix menaçante
Qui remplissait les bois devenus radieux :
« Ne fais pas un jouet de l'histoire des Dieux ! »
Je m'inclinai, tremblant et pâle de mon crime.
Il ajouta : « Vois-tu la Nature sublime
Tressaillir ? La forêt fume comme un encens.
Les Immortels sont là sur les monts blanchissants.
Tais-toi. Laisse l'azur célébrer leur louange,

Passant, que ces vainqueurs ont pétri dans la fange,
Et qui, faible et tremblant, sans te souvenir d'eux,
Vas devant toi, soumis à des besoins hideux,
Sorti de la douleur, né pour les funérailles,
Et tout chargé du poids affreux de tes entrailles. »

<small>Janvier 1862.</small>

L'ANTRE

Au milieu d'un monceau de roches accroupies
Sur le chemin qui va de Leuctres à Thespies,
Un antre affreux s'ouvrait, sinistre, horrible à voir.
Des buissons monstrueux tombaient de son flanc noir
Hérissés et touffus comme une chevelure,
Et dans la pierre en feu, qu'une rouge brûlure
Dévore, étaient gravés sur son front ruiné
Ces mots : « Ici gémit l'éternel condamné. »
  Rien n'obstruait le seuil de la sombre caverne.
Hercule entra. Dans l'ombre, auprès d'une citerne
Dont le flot n'a jamais regardé le ciel bleu,
Sur des ossements d'homme était assis un Dieu.
Or il avait vécu plus d'ans que la mémoire
N'en rêve ; son vieux crâne était comme l'ivoire ;
Lui-même d'une flèche il déchirait son flanc ;
A force de pleurer ses yeux n'étaient que sang,
Il semblait un oiseau farouche, pris au piége,
Et le vent frissonnait dans sa barbe de neige.
Près de lui, devant lui, partout, des ossements
Blanchissaient sur le sol ténébreux. Par moments,
Un grand fleuve de pleurs débordait son œil terne,
Et le beau vieillard-dieu pleurait dans la citerne.

Le fils d'Amphitryon fut saisi de pitié.
« Oh ! dit-il, sombre aïeul durement châtié,
Que fais-tu loin du ciel dont notre œil est avide ?
Qui te retient ainsi dans ce cachot hvide ?
Ton désespoir est-il si vaste et si profond
Que tes larmes aient pu remplir ce puits sans fond ?
Viens dans la plaine, où sont les ruisseaux et les chênes !
Sur tes bras affaiblis je ne vois pas de chaînes.
D'ailleurs, je suis celui qui les brise ; je puis,
Si tu le veux, jeter ce rocher dans ce puits ;
Quelque Dieu qu'ait maudit ta bouche révoltée,
Je te délivrerai, fusses-tu Prométhée ! »
Le vieillard exhalait des sanglots étouffants.
Hercule dit : « Suis-moi, laisse aux petits enfants
Cette lâche terreur et cette angoisse folle.
Il n'est pas de douleur qu'un ami ne console ;
Viens avec moi, remonte à la clarté du jour !
— Non, répondit le grand vaincu, je suis l'Amour. »

Janvier 1863.

LA ROSE

Égaré sur l'Othrys après un jour de jeûne,
Le plus ancien des Dieux, l'éternellement jeune
Amour, le dur chasseur que l'épouvante suit,
Né de l'œuf redoutable enfanté par la Nuit
Aux noires ailes, vit la grande Cythérée
Dormant dans son chemin, sur la mousse altérée
Par le matin brûlant, et, pâle d'un tel jeu,
Contempla son visage et ses lèvres de feu.
La Déesse, couchée entre des rocs de marbre,

Reposait, les cheveux épars, au pied d'un arbre
Dont l'abri préservait son front de la chaleur.
Ses beaux yeux étaient clos, mais sur sa joue en fleur,
Dont leur voile exaltait l'impérieuse gloire,
Des franges de longs cils montraient leur splendeur noire.
Comme un prince jaloux qui marque son trésor,
Le soleil éperdu lançait des flèches d'or
Sur son sein éclatant d'une candeur insigne,
Et sa poitrine était de neige comme un cygne,
Et pareille aux brebis errantes d'un troupeau.
Sur sa crinière fauve et sur sa blanche peau
De tremblantes lueurs couraient, surnaturelles.
Entre ses pieds ouverts dormaient deux tourterelles.
Le radieux sourire en pleurs du jour naissant
Folâtrait sur son corps de vierge éblouissant,
Et la nuit du feuillage et l'ombre des érables
Y caressaient, depuis les masses adorables
De la blonde toison jusqu'aux divins orteils,
Les touffes d'or, les lys vivants, les feux vermeils.
  Éros la vit. Il vit ces bras que tout adore,
Et ces rougeurs de braise et ces clartés d'aurore ;
Il contempla Cypris endormie, à loisir.
Alors de son désir, faite de son désir,
Toute pareille à son désir, naquit dans l'herbe
Une fleur tendre, émue, ineffable, superbe,
Rougissante, splendide, et sous son fier dessin
Flamboyante, et gardant la fraîcheur d'un beau sein.
  Et c'est la Rose ! c'est la fleur tendre et farouche
Qui présente à Cypris l'image de sa bouche,
Et semble avoir un sang de pourpre sous sa chair.
Fleur-femme, elle contient tout ce qui nous est cher,
Jour, triomphe, caresse, embrassement, sourire :
Voir la Rose, c'est comme écouter une lyre !
Notre regard ému suit le frémissement
De son délicieux épanouissement ;

Sa chevelure verte avec orgueil la couvre.
Quand nous la respirons, elle est pâmée, et s'ouvre :
Son parfum d'ambroisie est un souffle. On dirait
Que, par je ne sais quel ravissement secret,
Elle prend en pitié notre amour et nos fièvres,
Et son calice ouvert nous baise avec des lèvres.

Mars 1863.

NÉMÉE

Dans la vallée où passe une haleine embaumée,
Hercule combattait le lion de Némée.
Rampant, agile et nu, parmi les gazons ras,
Parfois il étreignait le monstre dans ses bras,
Puis le fuyait; et, plein de fureur et de joie,
Par un bond effrayant revenait sur sa proie.
 Au loin sur les coteaux et dans les bois dormants
On entendit leurs cris et leurs rugissements;
Ils étaient à la fois deux héros et deux bêtes
Mêlant leurs durs cheveux, entre-choquant leurs têtes,
Hurlant vers la clarté des cieux qui nous sont chers,
Avec la griffe et l'ongle ensanglantant leurs chairs;
Haletants, ils ouvraient leurs deux bouches pensives,
Montrant dans la clarté leurs dents et leurs gencives;
Puis, vautrés l'un sur l'autre, ils tombaient en roulant
Sur les pentes en fleur, dans le sable sanglant.
 Enfin, d'un cri sauvage effrayant les ravines,
Hercule prit le monstre entre ses mains divines;
Alors il lui serra si durement le cou,
Que le lion sentit la mort dans son œil fou
Et vit passer sur lui le flot noir de l'Averne.
Le héros le traîna jusque dans sa caverne;

Sombre et morne, elle avait une entrée au levant,
Et l'autre au couchant sombre, où s'engouffrait le **vent**.
    Hercule, contenant d'une main rude et forte
Le lion qui voulait bondir vers cette porte,
Prit un quartier de roche avec son autre main,
Et la boucha ; puis, d'un long effort surhumain,
Qui fit craquer les os de l'horrible mâchoire
Et jaillir un sang rouge entre ses dents d'ivoire,
Il étouffa le monstre, et, penché vers les cieux,
Il écouta monter dans l'air silencieux
Son long râle et sa plainte amère aux vents jetée,
Si triste que la terre en fut épouvantée.
    Puis le héros ouvrit ses bras ; poussant un cri
Suprême, le lion mourant tomba meurtri,
Et, se heurtant au mur de la caverne close,
Il expira, laissant traîner sa langue rose.

    Lundi 6 juillet 1874.

TUEUR DE MONSTRES

Le beau monstre, à demi couché dans l'ombre **noire**,
Laissait voir seulement sa poitrine d'ivoire
Et son riant visage et ses cheveux ardents,
Et Thésée, admirant la blancheur de ses dents,
Regardait ses bras luire avec de molles poses,
Et de ses seins aigus fleurir les boutons roses.
Au loin ils entendaient les aboiements des chiens,
Et la charmante voix du monstre disait : « Viens,
Car cet antre nous offre une retraite sûre.
Ami, je dénouerai moi-même ta chaussure,
J'étendrai ton manteau sur l'herbe, si tu veux,

Et tu t'endormiras, le front dans mes cheveux,
Sans craindre la clarté d'une étoile importune. »
  Mais, comme elle parlait, un doux rayon de lune
Parut, et le héros, dans le soir triste et pur,
Vit resplendir avec ses écailles d'azur
Le corps mystérieux du monstre, dont la queue
De dragon vil, pareille à la mer verte et bleue,
Déroulait ses anneaux, et de blancs ossements
Brillèrent à ses pieds, sous les clairs diamants
De la lune. Alors, sourd à la voix charmeresse
Du monstre, et saisissant fortement une tresse
De la crinière d'or qui tombait sur ses yeux,
Il tira son épée avec un cri joyeux,
Et deux fois en frappa le monstre à la poitrine.
  Et, hurlant comme un loup dans la forêt divine,
Crispant ses bras, tordant sa queue, horrible à voir,
L'Hydre au visage humain tomba dans son sang noir
Tandis que le héros sous l'ombrage superbe,
Essuyant son épée humide aux touffes d'herbe,
S'en allait, calme; et, sans que ce cri l'eût troublé,
Il regardait blanchir le grand ciel étoilé.

    16 novembre 1873.

LA MORT DE L'AMOUR

Une nuit, j'ai rêvé que l'Amour était mort.
  Au penchant de l'Œta, que l'âpre bise mord,
Les Vierges dont le vent meurtrit de ses caresses
Les seins nus et les pieds de lys, les chasseresses
Que la lune voit fuir dans l'antre souterrain,
L'avaient toutes percé de leurs flèches d'airain.

Le jeune Dieu tomba, meurtri de cent blessures,
Et le sang jaillissait sur ses belles chaussures.
Il expira. Parmi les bois qu'ils parcouraient
Les loups criaient de peur. Les grands lions pleuraient.
La terre frissonnait et se sentait perdue.
Folle, expirante aussi, la Nature éperdue
De voir le divin sang couler en flot vermeil,
Enveloppa de nuit et d'ombre le soleil,
Comme pour étouffer sous l'horreur de ces voiles
L'épouvantable cri qui tombait des étoiles.
 Laissant pendre sa main qui dompte le vautour,
Il gisait, l'adorable archer, l'enfant Amour,
Comme un pin abattu vivant par la cognée.
Alors Psyché vint, blanche et de ses pleurs baignée :
Elle s'agenouilla près du bel enfant-dieu,
Et sans repos baisa ses blessures en feu,
Béantes, comme elle eût baisé de belles bouches,
Puis se roula dans l'herbe, et dit : « O Dieux farouches!
C'est votre œuvre, de vous je n'attendais pas moins.
Je connais là vos coups. Mais vous êtes témoins,
Tous, que je donne ici mon souffle à ce cadavre,
Pour qu'Éros, délivré de la mort qui le navre,
Renaisse, et dans le vol des astres, d'un pied sûr
Remonte en bondissant les escaliers d'azur! »
 Puis, comprimant son cœur que brûlaient mille fièvres
Dans un baiser immense elle colla ses lèvres
Sur la lèvre glacée, hélas! de son époux,
Et, tandis que la voix gémissante des loups
Montait vers le ciel noir sans lumière et sans flamme,
Elle baisa le mort, et lui souffla son âme.
Tout à coup le soleil reparut, et le Dieu
Se releva, charmé, vivant, riant. L'air bleu
Baisait ses cheveux d'or, d'où le zéphyr emporte
L'extase des parfums, et Psyché tomba morte.
 Éros emplit le bois de chansons, fier, divin,

Superbe, et d'une haleine aspirant, comme un vin
Doux et délicieux, la vie universelle,
Mais sans s'inquiéter un seul moment de celle
Qui gisait à ses pieds sur le coteau penchant,
Et dont le front traînait dans la fange. Et, touchant
Les flèches dont Zeus même adore la brûlure,
Il marchait dans son sang et dans sa chevelure.

Décembre 1862.

ROLAND

Roncevaux! Roncevaux! que te faut-il encor?
Il s'est éteint l'appel désespéré du cor.
Hauts sont les puys et longs et ténébreux, mais Charles,
Frémissant dans sa chair, entend que tu lui parles,
Et, couchés à jamais pour l'éternel repos,
Les païens gisent morts par milliers, par troupeaux,
Sur le sable, à côté des Français intrépides.
Ah! les vaux sont profonds, et les gaves rapides,
Et la rafale fait tournoyer sur les monts
Ces âmes de corbeaux qu'emportent les démons.
　Tandis que l'Empereur à la barbe fleurie
Accourt, hélas! trop tard vers l'affreuse tuerie,
O douleur! dans le fond des défilés étroits,
Au pied des rocs de marbre, ils ne sont plus que trois :
L'archevêque Turpin, qui, la mort sur la joue,
Navre encor les païens, qu'on l'en blâme ou l'en loue,
Et le brave Gautier de Luz, et puis Roland.
Olivier est tombé, qui, déjà chancelant,
Et l'œil au Paradis qui devant lui flamboie,
Hauteclaire à la main, criait encor : Montjoie!
　Il dort, le fier marquis, auprès de Veillantif.

Cependant, à venger notre France attentif,
Sous son armure d'or, pâle, souillé de fange,
Roland, sanglant, blessé, poudreux, fier comme un Ange,
Combat en vaillant preux qui sait bien son métier.
Turpin de son épieu fait merveille ; Gautier
Est plus rouge partout qu'une grenade mûre ;
Le sang de tous côtés tombe de son armure,
Et Roland frappe, ayant une blessure au flanc.
Durandal avait tant travaillé que le sang
Ruisselait sur sa lame, et l'enveloppait toute
D'un humide fourreau vermeil, et goutte à goutte
Pleuvait en même temps de tous les points du fer.
 On eût dit que Roland, revenu de l'Enfer,
Tint un glaive de feu levé sur les infâmes,
D'où sa main secouait de la braise et des flammes.
Tout ce sang tombait dru sur lui, sur son coursier,
Débordant, émoussait le tranchant de l'acier,
Et, lorsque le héros s'élançait comme en rêve,
Bouillonnait en flot clair à la pointe du glaive.
Son odeur enivrante attirait les vautours.
« Ah! s'écriait le bon Roland frappant toujours
Devant lui, si, ma main étant moins occupée,
Je pouvais seulement essuyer mon épée! »
 Il dit, et sur le front du Sarrasin maudit
Frappe ; alors monseigneur saint Michel descendit
Du ciel, et vers Roland, occupé de combattre,
Accourut, enjambant dans l'éther quatre à quatre
Les clairs escaliers bleus du Paradis. Il vint
Au comte qui luttait, souriant, contre vingt
Mécréants, et son fer n'était qu'une souillure.
Mais l'Archange éclatant, dont l'ample chevelure
De rayons d'or frissonne autour de son front pur,
Essuya Durandal à sa robe d'azur.
 Ensuite il regagna les cieux. Dans la mêlée
Roland continuait sa course échevelée.

Comme le bûcheron s'abat sur la forêt,
Sa grande épée, heureuse et rajeunie, ouvrait
Les fronts casqués ; à chaque estocade nouvelle,
On en voyait jaillir le sang et la cervelle ;
Et les noirs bataillons qu'il touchait en marchant
Disparaissaient, ainsi que les épis d'un champ
Se renversent, courbés sous le vent qui les bouge.
  Une minute après, Durandal était rouge.

Février 1863.

PENTHÉSILÉE

Quand son âme se fut tristement exhalée
Par la blessure ouverte, et quand Penthésilée,
Une dernière fois se tournant vers les cieux,
Eut fermé pour jamais ses yeux audacieux,
Des guerriers, soutenant son front pâle et tranquille,
L'apportèrent alors sous les tentes d'Achille.
  On détacha son casque au panache mouvant
Qui tout à l'heure encor frissonnait sous le vent,
Et puis on dénoua la cuirassse et l'armure ;
Et, comme on voit le cœur d'une grenade mûre,
La blessure apparut, dans la blanche pâleur
De son sein délicat et fier comme une fleur.
La haine et la fureur crispaient encor sa bouche,
Et sur ses bras hardis, comme un fleuve farouche
Se précipite avec d'indomptables élans,
Tombaient ses noirs cheveux, hérissés et sanglants.
  Le divin meurtrier regarda sa victime.
Et, tout à coup sentant dans son cœur magnanime
Une douleur amère, il admira longtemps

Cette guerrière morte aux beaux cheveux flottants
Dont nul époux n'avait mérité les caresses,
Et sa beauté pareille à celle des Déesses.
Puis il pleura. Longtemps, au bruit de ses sanglots,
Ses larmes de ses yeux brûlants en larges flots
Ruisselèrent, et, comme un lys pur qui frissonne,
Il baignait de ses pleurs le front de l'amazone.
 Tous ceux qui sur leurs nefs, jeunes et pleins de jours,
Pour abattre Ilios environné de tours
L'avaient accompagné, fendant la mer stérile,
Frémissaient dans leurs cœurs, à voir pleurer Achille.
Mais seul Thersite, louche boiteux et tortu
Et chauve, et n'ayant plus sur son crâne pointu
Que des cheveux épars comme des herbes folles,
Outragea le héros par ces dures paroles :
« Cette femme a tué les meilleurs de nos chefs,
Dit-il, puis les ayant chassés jusqu'à leurs nefs,
Envoya chez Aidès, les perçant de ses flèches,
Des Achéens nombreux comme des feuilles sèches
Que le vent enveloppe en son tourbillon fou ;
Toi cependant, chacun le voit, cœur lâche et mou,
Qui te plains et gémis comme le cerf qui brame,
Tu pleures cette femme avec des pleurs de femme ! »
 A ces mots, regardant le railleur insensé,
Achille s'éveilla, comme un lion blessé
Sur le sable sanglant qu'un vent brûlant balaie,
Dont un insecte affreux vient tourmenter la plaie,
Et, voyant près de lui ce bouffon sans vertu,
Il le frappa du poing sur son crâne pointu.
 Thersite expira. Car le poing fermé d'Achille
Avait fait cent morceaux de son crâne débile,
De même que l'argile informe cuite au four
Est fracassée avec un grand bruit à l'entour,
Alors que le potier, justement pris de rage
Et fâché d'avoir mal réussi son ouvrage,

En se ruant dessus brise un vase tout neuf.
Il tomba lourdement, assommé comme un bœuf,
Et, regardant encor la guerrière sans armes,
Achille aux pieds légers versait toujours des larmes.

12 octobre 1872.

LA REINE OMPHALE

La reine Omphale était assise, comme un Dieu,
Sur un trône ; ses lourds cheveux d'or et de feu
Étincelaient ; Hermès, pareil au crépuscule,
Posant sa forte main sur l'épaule d'Hercule,
Se tourna vers la reine avec un air subtil,
Et lui dit : « Le marché des Dieux te convient-il ?
— Messager, répondit alors d'une voix grave
La Lydienne, pars, laisse-moi pour esclave
Ce tueur de lions, de sa forêt venu,
Et je l'achèterai pour le prix convenu. »
Hermès, gardant toujours sa pose triomphale,
Reçut les trois talents que lui donnait Omphale,
Et, montrant le héros aux muscles de Titan,
« Cet homme, lui dit-il, t'appartient pour un an. »
Parlant ainsi, le Dieu souriant de Cyllène,
Comme un aigle qui va partir, prit son haleine
Et bondit ; il vola de son pied diligent
Plus haut que l'éther vaste et les astres d'argent ;
Puis au ciel, qu'une pourpre éblouissante arrose,
S'enfuit dans la vapeur en feu du couchant rose.
  La Lydienne au front orné de cheveux roux
Abaissa sur Hercule un œil plein de courroux,
Et lui cria, superbe et de rage enflammée,

En touchant la dépouille auguste de Némée :
« Esclave, donne-moi cette peau de lion. »
Hercule, sans colère et sans rébellion,
Obéit. La princesse arrangea comme un casque,
Sur sa tête aux cheveux brillants, l'horrible masque
Du lion, puis mêla, plus irritée encor,
La crinière farouche avec ses cheveux d'or,
Et, levant par orgueil sa tête étincelante,
Se fit de la dépouille une robe sanglante.
« Esclave, que le sort a courbé sous ma loi,
Reprit-elle en mordant sa lèvre, donne-moi
Tes flèches, ton épée et ton arc, et déchire
Ce carquois. » Le héros obéit. Un sourire
Ineffable éclairait, comme un rayon vermeil,
Son front pensif, hâlé par le fauve soleil.

« Pourquoi vas-tu, couvert de meurtres et de crimes,
Par les chemins, sous l'œil jaloux des Dieux sublimes ?
Dit Omphale. Tu fuis dans l'univers sacré,
Toujours ivre de sang et de sang altéré ;
Tu fais des orphelins désolés et des veuves
Dont le sanglot amer se mêle au bruit des fleuves ;
Ton pied impétueux ne marche qu'en heurtant
Des cadavres ; l'horreur te cherche, et l'on entend
Crier derrière toi les bouches des blessures.

Comme un chien dont les dents sont rouges de morsures,
Et qui, repu déjà, pour se désaltérer
Cherche encore un lambeau de chair à déchirer,
Tu peuples d'ossements la terre et les rivages,
Et tu n'épargnes même, en tes meurtres sauvages,
Ni les rois au front ceint de laurier, ni les Dieux ;
Mais s'ils ont fui devant ce carnage odieux,
Comme rougir la terre est ton unique joie,
Tu cherches les serpents et les bêtes de proie.

C'est par de tels exploits que tu te signalas ;
Mais la terre en est lasse et le ciel en est las ;

Les fleuves rugissants, dans leurs grottes profondes,
Ne veulent plus rouler du sang avec leurs ondes ;
Tes pas lourds font horreur aux grands bois chevelus,
Et, lasse de te voir, la terre ne veut plus
Cacher au fond du lac pâle ou de la caverne
Ta moisson de corps morts promis au sombre Averne.
Et c'est pourquoi les Dieux, qui seront tes bourreaux,
M'ont fait des bras d'athlète et le cœur d'un héros
Pour vaincre l'oiseleur affreux du lac Stymphale,
Car ils réserveront à la gloire d'Omphale
De dompter un brigand, pourvoyeur des tombeaux
Ouverts, dût-elle avoir comme toi des lambeaux
De chair après ses dents et du sang à la bouche,
Et déchirer le cœur d'un assassin farouche. »
 « — O reine, répondit Hercule doucement,
Amazone invincible au cœur de diamant !
Quand tu parais, on croit voir, à ta noble taille,
Un jeune Dieu cruel armé pour la bataille.
Ton regard, que la Grèce a tant de fois vanté,
S'embrase comme un astre au ciel épouvanté,
Et sur ton sein aigu, que la blancheur décore,
Tes cheveux rougissants ont des éclats d'aurore.
 Encor tout jeune enfant par le jour ébloui,
J'eus pour maître Eumolpos, et je puis, comme lui,
Célébrer la fierté charmante et le sourire
D'une Déesse blonde, ayant tenu la lyre.
Mais lorsque je parus sous le regard serein
Des cieux, portant cet arc et ce glaive d'airain,
La terre gémissait, nourrice des colosses,
Sous la dent des brigands et des bêtes féroces.
Des bandits, embusqués près de chaque buisson,
Arrêtaient le passant pour en tirer rançon ;
Dans leur démence avide, ils bravaient les tonnerres
De Zeus ; tout leur cédait, et les plus sanguinaires,
Ayant jeté l'effroi dans les murs belliqueux

Des villes, emmenaient les vierges avec eux.
  Les Dieux même oubliaient la justice. La peste
Soufflait sinistrement son haleine funeste
Dans les marais par l'eau dormante empoisonnés ;
Mordant les arbres noirs déjà déracinés,
Des monstres surgissaient, hideux, couverts d'écailles
Renaissant du sang vil versé dans leurs batailles.
De lourds dragons ailés se traînaient sur les eaux
Dans leur bave, jetant le feu par leurs naseaux,
Et flétrissaient les fleurs de leurs souffles infâmes.
  O guerrière fidèle, est-ce toi qui me blâmes?
Quand j'avais nettoyé les sourds marais dormants
En détournant le cours d'un fleuve aux diamants
Glacés ; quand les dragons, le long des feuilles sèches,
Se traînaient sur le sol, déchirés par mes flèches,
J'allais porter secours à des vierges, tes sœurs ;
Je tuais les brigands furtifs, les ravisseurs,
Et, près des lacs noyés dans les vapeurs confuses,
J'écrasais de mes mains les artisans de ruses,
Afin de ne plus voir leurs vols insidieux,
Et sans m'inquiéter s'ils étaient rois ni Dieux !
Reine, tu te trompais, tout ce qui souffre m'aime.
Ah ! si j'ai quelquefois combattu pour moi-même
Et pour sacrifier à mon orgueil, du moins
Ce fut contre les Dieux indolents, qui, témoins
De mes travaux, craignaient la terre rajeunie,
Et mettaient pour une heure obstacle à mon génie.
  Oui, parfois, las d'errer seul dans leurs durs exils,
Je les ai défiés ; mais comment pouvaient-ils,
Sans craindre avec raison que tout s'anéantisse,
Entraver le héros qui s'appelle Justice ?
Et ne savaient-ils pas que, sur cet astre noir,
Si tout les nomme Loi, je me nomme Devoir ?
Quand, cherchant, pour ma tâche incessamment subie,
Les bœufs de Géryon, j'entrai dans la Libye,

Le dieu Soleil lança sur moi ses traits de feu,
Et moi, de même aussi, je lançai sur le Dieu
Mes flèches, et je vis vaciller à la voûte
Céleste sa lumière, et je repris ma route
Sur l'orageuse mer, dans une barque d'or.
Quand donc ai-je offensé la vertu, mon trésor !
J'ai combattu la Mort qui voulait prendre Alceste ;
J'ai violé la nuit de l'Hadès, où l'inceste
Gémit, et j'ai marché dans le nid du vautour,
Mais pour rendre Thésée à la clarté du jour !
    La femme, dont le front abrite un saint mystère,
Est la divinité visible de la terre.
Elle est comme un parfum dans de riches coffrets ;
Ses cheveux embaumés ressemblent aux forêts ;
Son corps harmonieux a la blancheur insigne
De la neige des monts et de l'aile du cygne ;
Habile comme nous à dompter les chevaux,
Elle affronte la guerre auguste, les travaux
Du glaive, et comme nous, depuis qu'elle respire,
Sait éveiller les chants qui dorment dans la lyre.
    C'est pour elle, qui prend notre âme sur le seuil
De la vie, et pour voir ses yeux briller d'orgueil,
Que j'allais écrasant les hydres dans la plaine,
Sachant, esprit mêlé d'azur, quelle est sa haine
Contre l'impureté des animaux rampants.
Partout, guidant ses pas sur le front des serpents,
Et cherchant sans repos la clarté poursuivie,
J'ai détesté le meurtre et protégé la vie ;
Et, calme, usant mes mains à déchirer des fers,
Quand je ne trouvais plus, entrant dans les déserts,
Les bandits à détruire et leurs embûches viles,
J'y tuais des lions et j'y laissais des villes !
Et si, toujours le bras armé, toujours vainqueur,
J'ai répandu le sang humain, c'est que mon cœur
Est rempli de courroux contre les impostures,

Et que je ne puis voir souffrir les créatures. »
　　La grande Omphale avait les yeux baignés de pleurs.
Palpitante, le front tout blêmi des pâleurs
De l'amour, comme un ciel balayé par l'orage
S'éclaire, elle sentait les dédains et la rage
Loin de son cœur blessé déjà prendre leur vol
Vers le mystérieux enfer, et sur le sol
Tout brûlé des ardeurs de l'âpre canicule,
Elle s'agenouilla, baisant les pieds d'Hercule.
　　Elle courbait son front orgueilleux et vaincu,
Et ses lourds cheveux roux couvraient son sein aigu.
« Digne race des Dieux! vengeur, ô fils d'Alcmène,
Dit-elle, j'ai rêvé. Qui donc parlait de haine?
Je t'ai volé cet arc pris sur le Pélion,
Tes flèches, cette peau sanglante de lion,
Et ce glaive toujours fumant, tes nobles armes.
Vois, je lave à présent tes pieds avec mes larmes.
Ces joyaux, dont les feux embrasent mes habits,
Cette ceinture d'or brillant, où les rubis
Se heurtent quand je marche avec un bruit sonore,
Sont mes armes aussi, que l'univers adore
Et qu'a su conquérir la valeur de mon bras;
Tu peux me les ôter, ami, quand tu voudras.
Mais, afin que je sois à jamais célébrée
Par les chanteurs épars sous la voûte azurée,
Et que cette quenouille, où seule j'ai filé
La blanche laine en mon asile inviolé,
A jamais parmi les mortels surpasse en gloire
Le foudre ailé du roi Zeus et la lance noire
D'Athènè, qui frémit sur son bras inhumain,
Daigne, oh! daigne toucher avec ta noble main
Cette quenouille, chaude encor de mon haleine,
Où je filais d'un doigt pensif la blanche laine,
Et songe que ma mère a tenu ce morceau
D'ivoire, en m'endormant dans mon petit berceau! ».

Hercule souriait, penché ; la chevelure
D'Omphale frissonnait près de sa gorge pure.
La Lydienne, avec la douceur des bourreaux,
Languissante, et levant vers les yeux du héros
Ses yeux de violette où flotte une ombre noire,
Lui posa dans les mains sa quenouille d'ivoire.

Juin 1861.

L'ILE

C'est un riant Éden, un splendide Avalon,
Que le grand Nord féerique a voilé dans sa brume,
Et les chênes géants, l'ombre du frais vallon,
Y montrent pour ceinture une frange d'écume.

Les fiers camellias, les aloès pensifs,
Fleurissent en plein sol dans l'île fortunée
Que la rose parfume, et contre ses récifs
L'inconsolable mer se débat enchaînée.

La mer, écoutez-la rugir! La vaste mer
Dresse, en pleurant, ses monts aux farouches descentes
Et soupire, et ses flots échevelés dans l'air
Hurlent comme un troupeau de femmes gémissantes.

Elle pense, elle songe, et quelque souvenir
L'agite Avec ses cris, avec sa voix sauvage
Elle annonce quelqu'un de grand qui va venir.
Il vient; regardez-le passer sur le rivage.

Regardez-le passer, grave, au bord de la mer,
C'est un sage, c'est un superbe esprit tranquille,
Hôte de l'ouragan sombre et du îlot amer,
Divin comme Hésiode, auguste comme Eschyle.

Il marche, hôte rêveur, lisant dans le ciel bleu.
Son corps robuste est comme un chêne et son front penche,
Son habit est grossier, son regard est d'un Dieu,
Son œil profond contient un ciel, sa barbe est blanche.

Les ans, l'âpre douleur, ont neigé sur son front;
Il n'a plus rien des biens que la jeunesse emporte;
Il a subi l'erreur, l'injustice, l'affront,
La haine; sa patrie est loin, sa fille est morte.

Tant de maux, tant de soins, tant de soucis jaloux
Ont-ils rendu son âme inquiète ou méchante?
Petits oiseaux des bois, il est doux comme vous.
Comment s'est-il vengé des envieux? Il chante.

Jadis il a connu le prestige imposant,
Les applaudissements qu'on est joyeux d'entendre,
Les honneurs, le tumulte; il se dit à présent :
« Qu'était cette fumée, et qu'était cette cendre? »

Contre le mal, pareil aux flèches d'or du jour,
Indigné comme il fut dans la bouche d'Alcée,
Et d'autres fois divin, fait d'azur, plein d'amour,
Le vers éblouissant jaillit dans sa pensée.

A son côté, pareille aux beaux espoirs déçus,
La muse Charité, Grâce fière et touchante,
Au front brillant encor du baiser de Jésus,
Visible pour lui seul, porte une lyre. Il chante.

Et son Ode, si douce au fond des bosquets verts
Qu'elle enchante le lys et ravit la mésange,
Résonne formidable au bout de l'univers
Comme un clairon mordu par la bouche d'un Ange.

Alors, au haut des cieux plus riants et plus chauds,
L'avenir, pénétré, soulève enfin tes voiles,
O Rêve! et le plafond ténébreux des cachots,
Déchiré tout à coup, laisse voir des étoiles.

L'esclave humilié, le pauvre, le maudit,
Sont relevés tandis qu'il accomplit sa tâche,
Et ce rouge assassin de l'ombre, ce bandit,
L'échafaud, démasqué, frissonne comme un lâche.

Esprit caché là-bas dans la brume du Nord,
Il répand sa clarté sur nous, tant que nous sommes.
Qui donc l'a fait si pur? C'est le courroux du sort.
Et qui l'a fait si grand? C'est l'injure des hommes.

Le sage errant n'a plus ici-bas de prison.
Le délaissé qui n'a plus rien n'a plus de chaînes.
Sa demeure infinie a pour mur l'horizon;
Il parle avec la source et vit avec les chênes!

Si cette flamme d'astre éclate dans ses yeux,
Si ce vent inconnu fouette sa chevelure,
C'est parce qu'il entend le mot mystérieux
Que depuis cinq mille ans bégayait la nature!

O mère! dont l'azur est le manteau serein,
Donne tous tes trésors, Nature, sainte fée,
A ce passant connu de l'aigle souverain
Qui connaît ton langage et tes noms, comme Orphée.

Et toi qui l'accueillis, sol libre et verdoyant,
Qui prodigues les fleurs sur tes coteaux fertiles
Et qui sembles sourire à l'Océan bruyant,
Sois bénie, île verte, entre toutes les îles.

Oui, sois bénie. Il a marché dans ton sillon,
Comme passaient ailleurs, laissant leur trace ardente
Et traînant l'un sa pourpre, et l'autre son haillon,
Le voyageur Homère et le voyageur Dante.

Février 1864.

DIONÉ

Abattu par la roche énorme que sans aide,
Seul, avait soulevée en ses mains Diomède,
Énée était tombé sous le char de l'ardent
Fils de Tydée, ainsi qu'un chêne, et cependant
Que sa mère Aphrodite, au vent échevelée,
L'emportait mourant loin de la noire mêlée,
Diomède, sachant qu'elle est faible, et non pas
Intrépide à guider les hommes sur ses pas
Vers le carnage, comme Ényo destructrice
Des citadelles, dont la mort suit le caprice,
Poursuivit Aphrodite en son hardi chemin;
Et de sa lance aiguë il lui perça la main,
D'où le sang précieux jaillit fluide et rose,
Délicieux à voir comme une fleur éclose,
Riant comme la pourpre en son éclat vermeil,
Et tout éblouissant des perles du soleil.
Car, pareils dans leur gloire à la blancheur du cygne,
Les Dieux ne boivent pas le vin noir de la vigne.
Ces rois, pétris d'azur, ne mangent pas de blé,
Et c'est pourquoi leur sang, qui n'est jamais troublé,
Court dans leurs veines, beau de sa splendeur première,
Comme un flot ruisselant d'éther et de lumière.
  Aphrodite poussait des cris, comme un aiglon

Furieux, cependant que Phœbos-Apollon
Cachait Énée au sein d'un nuage de flamme,
De peur qu'un Danaen ne lui vînt ravir l'âme
En frappant de l'airain ce faiseur de travaux.
Mais dans le char brillant d'Arès, dont les chevaux
S'envolèrent au gré de sa fureur amère,
Aphrodite s'enfuit vers Dioné, sa mère;
Iris menait le char rapide, et secouait
Les rênes, et tantôt frappait à coups de fouet
Les deux chevaux, tantôt pour presser leur allure
Leur parlait, caressant leur douce chevelure,
Employant tour à tour la colère et les jeux.

  Ils arrivent enfin à l'Olympe neigeux,
Et dans le palais d'ombre où sur son trône songe
Dioné, dans la nue où sa tête se plonge.
Or, lorsque sans pâlir de l'amère douleur,
Calme, et comme une rose ouvrant sa bouche en fleur,
Aphrodite eut montré sa blanche main d'ivoire
Déchirée et meurtrie et qui devenait noire,
La Titane au grand cœur si souvent ulcéré,
Planant sinistrement d'un front démesuré
Sur les cieux dont au loin la profondeur s'azure,
Tressaillit dans ses flancs et lava la blessure.
Et, rappelant ainsi des crimes odieux,
Elle nommait tout bas les meurtriers des Dieux :
Hercule, nourrisson de la Guerre et, comme elle,
Ivre d'horreur, blessant Héra sous la mamelle;
Ephialte, en dépit du Destin souverain,
Mettant Arès lié dans un cachot d'airain,
Et l'emprisonnant, seul avec la Nuit maudite.

  Puis, prenant en ses bras la céleste Aphrodite,
Sans peine elle étendit ses membres assoupis
Sur des toisons sans tache et de moelleux tapis,
Car déjà le Sommeil, né de l'ombre éternelle,
Roulait un sable fin dans sa noire prunelle;

Et comme Dioné, redoutable aux méchants,
Se souvenait encor des invincibles chants
Avec lesquels, avant de subir leurs désastres,
Les Titans conduisaient le blanc troupeau des Astres
Soucieuse de voir la Déesse frémir,
Elle disait ces chants sacrés pour l'endormir,
Douce et baissant la voix bien plus qu'à l'ordinaire,
Et les mortels croyaient que c'était le tonnerre.

Jeudi 20 août 1874.

LA CITHARE

Déesse, dis comment ce fut le Roi, ton fils,
Guerrier pareil aux Dieux, qui façonna jadis
La Cithare, pieux vainqueur du fleuve sombre,
Puis inventa les Chants soumis aux lois du Nombre,
Envolés et captifs et gardant leur trésor
Comme un voile fermé par une agrafe d'or !
  Le soir baignait de feux les cimes du Rhodope.
Ces grands monts désolés que la nue enveloppe
S'enfuyaient dans la nuit comme de noirs géants.
Joyeux et regardé par les antres béants,
Orphée, au vent affreux livrant sa chevelure,
Ivre d'amour, épris de toute la nature,
Chantait, et, s'envolant comme l'oiseau des airs,
Son Ode avait donné la vie aux noirs déserts,
Car les arbres lointains, entraînés par la force
Des vers, orme touffu, chêne à la rude écorce,
Étaient venus, cédant au charme de la voix ;
Et voici qu'à présent le feuillage d'un bois
Mélodieux, immense et rempli de murmures,
Sur le front du chanteur étendait ses ramures ;

Les rocs avaient fendu la terre en un moment :
Ils s'étaient approchés mystérieusement,
Et le torrent glacé, qui pleure en son délire,
Étouffait le sanglot qui toujours le déchire.
  Du fond de l'éther vaste et des cieux inconnus
Les oiseaux, déployant leur vol, étaient venus ;
Puis, gravissant les monts neigeux, mornes colosses,
Les animaux tremblants et les bêtes féroces
Et les lions étaient venus. Dans le ravin,
Ils écoutaient, léchant les pieds du Roi divin,
Ou pensifs, accroupis dans une vague extase.
Comme un aigle emportant le rayon qui l'embrase,
L'Hymne sainte, agitant ses flammes autour d'eux,
Mettait de la clarté sur leurs mufles hideux ;
Attendris, ils versaient des larmes fraternelles,
Et la douceur des cieux entrait dans leurs prunelles.
Mais le héros chantait, frémissant de pitié.
Son front, par des rougeurs de flamme incendié,
Était comme les cieux qu'embrasent des aurores.
Mêlant ses vers au bruit dont les cordes sonores
Emplissaient le désert par leur voix adouci,
Le pieux inventeur des chants parlait ainsi :
  « O Dieux, s'écriait-il, écoutez la Cithare !
Dieux du neigeux Olympe et du sombre Tartare
Qui portez dans vos mains le sceptre impérieux !
Et vous aussi, Titans, aïeux de nos aïeux !
Kronos ! embrassant tout dans ton vol circulaire !
Et toi, Bienheureux ! Zeus brûlant ! Roi tutélaire,
Indomptable, sacré, terrible, flamboyant !
O Zeus étincelant, tonnant et foudroyant !
Épouse du roi Zeus, Hèra ! qui seule animes
Tout, sur les pics de neige et sur les vertes cimes,
Quand se glissent au sein de l'éther nébuleux
Ta forme aérienne et tes vêtements bleus !
Rhéa ! qui sur ton char vénérable es traînée

Par des taureaux, Déesse, ô vierge forcenée
Qui t'enivres du bruit des cymbales d'airain !
Hypérion ! strident, tourbillonnant, serein,
Titan resplendissant d'or, qui, dans ta colère,
Parais, Œil de justice, avec ta face claire !
O Sélènè fleurie aux cornes de taureau !
O toi, robuste Pan, qui sous le vert sureau
Passes, chasseur subtil, avec tes pieds de chèvre !
Cypris nocturne, ayant des roses sur ta lèvre !
  Écoutez-moi, vous tous, Dieux de gloire éblouis,
Roi Ploutôn ! Poséidôn roi ! qui te réjouis
Des flots ! puissant Érôs ! Et toi, Titanienne,
Vierge, archer au grand cœur, reine Dictynienne,
Qui bondis, et te plais, dénouant tes liens
Sur la montagne verte, aux aboiements des chiens !
Hèphaistos, ouvrier industrieux, qui hantes
Les villes ! Bel Hermès ! Arès aux mains sanglantes !
Perséphonè ! Lètô ! reines aux bras charmants !
Toi qui reçus la foudre en tes embrassements,
Sémélè ! Toi, puissant Bacchos aux yeux affables
Ceint de feuillages, né sur des lits ineffables !
Guerrier au front mitré, Dieu rugissant et doux,
O toi qui meurs pour nous et qui renais en nous !
  Vous, Charites aux noms illustres, florissantes
Dont le fauve soleil dore d'éblouissantes
Parures de rayons les cheveux dénoués !
Euménides ! qui sur vos beaux fronts secouez
Des serpents agitant sinistrement leurs queues,
Et qui regardez l'eau du Styx ! Déesses bleues,
Écoutez la Cithare ! O Démons redoutés !
Esprits des bois et des fontaines, écoutez
La Cithare ! Écoutez le cri de sa victoire !
Viens, écoute-la, Nuit sainte à la splendeur noire !
Écoute-la, splendide Eôs, qui sur les lys
Mets ta rose lumière ! Écoute-la, Thémis.

Écoutez-la, vous tous, Dieux ! Et vous, Muses chastes !
Et vous, Nymphes qui dans les solitudes vastes
Éparpillez dans l'air votre chant innocent,
Courant obliquement et vous réjouissant
Des antres ! qui prenez vos caprices pour guides,
Et, rieuses, marchez par des chemins liquides !
O Vierges qu'on admire en vos jeux querelleurs
Et dont les jeunes fronts sont couronnés de fleurs !
Vous tous, Guerriers, Démons bienfaisants, Rois fidèles !
Vous dont chaque pensée errante en vos prunelles
Contient l'éternité sereine d'une Loi,
Écoutez la Cithare, où gronde avec effroi
L'orage des sanglots humains, et d'où ruisselle
Comme un fleuve éperdu la vie universelle !

   O Dieux, pendant les nuits sereines, anxieux,
J'ai longtemps écouté le bruit qui vient des cieux,
D'où sans cesse le Chant des Étoiles s'élance
Si doux, que nous prenons ses voix pour le silence !
Dieux comme vous, mais faits de flamme et de clarté,
Les grands Astres épars dans la limpidité
De l'azur, triomphants d'orgueil et de bravoure,
Vivent dans la splendeur blanche qui les entoure.
Héros, nymphes, guerriers, chasseurs, parmi les flots
De clairs rayons, les uns de leurs blancs javelots
Percent, victorieux, des monstres de lumière ;
Penchés sur des chevaux à l'ardente crinière,
Coursiers de neige ailés au vol terrible et sûr,
D'autres livrent bataille à des hydres d'azur.

   Des Vierges parmi les lueurs orientales
Volent, de leurs cheveux secouant des opales,
Et le ciel, traversé d'un éclair vif et prompt,
S'enflamme au diamant qui tressaille à leur front.
Celles-là dans la mer de feu blanche et sonore
Puisent des flots ravis, puis renversent l'amphore
Au flanc lourd traversé par un reflet changeant

D'où la lumière tombe en poussière d'argent ;
D'autres, aux seins de lys et de neiges fleuries,
Dansent dans les brûlants jardins de pierreries,
Et des Astres pasteurs, près des fleuves de blancs
Diamants, dont les flots sont des rayons tremblants,
Conduisent leur troupeau d'étoiles qui flamboie.
Et tous chantent, joyeux d'être Lumière et Joie !
   C'est leur Chant écouté dans la tremblante nuit
Par l'arbre muet, par le fleuve qui s'enfuit,
Par la mer furieuse et dont les flots sauvages
Déborderaient bientôt leurs arides rivages,
Qui fait que l'univers par le Nombre enchaîné
Obéit et demeure à la règle obstiné ;
Que l'arbre, noir captif, boit aux sources divines
Sans tenter d'arracher de terre ses racines ;
Que le fleuve sommeille, oubliant ses douleurs,
Et que l'ombre au vol noir, laissant couler ses pleurs
Et son sang, d'où les fleurs du matin vont éclore,
Sans révolte et sans cris s'enfuit devant l'aurore !
   Ce chant nous dit : « Mortels et Dieux, pour ressaisir
La joie, élevez-vous par le puissant désir
Vers le ciel chaste où l'ombre affreuse est inconnue !
Car, si vous le voulez, à votre épaule nue
Des ailes s'ouvriront, et, dévorés d'amour,
Vous monterez enfin vers la Lumière. Un jour,
La Mort, la Nuit, cessant de sembler éternelles,
Fuiront devant le feu sacré de vos prunelles,
Et vos lèvres, buveurs d'ambroisie et de miel,
Boiront la clarté même et la splendeur du ciel ! »
Hélas ! telles vers nous leurs prières s'envolent ;
Mais souvent, en leur clair triomphe, ils se désolent
Parce que, dans la nuit courant vers le trépas,
Les hommes et les Dieux ne les entendent pas ! »
   C'est ainsi que chanta le vénérable Orphée,
Et des antres obscurs une plainte étouffée

Monta comme un soupir dans le désert profond ;
Et les arbres aux durs rameaux venus du fond
De la Piérie, en fendant la terre noire,
Pour ombrager le front du Roi brillant de gloire,
Les hêtres, les tilleuls et le chêne mouvant
Murmuraient comme si dans l'haleine du vent
Leur feuillage eût voulu jeter sa vague plainte.
La gazelle timide, oubliant toute crainte,
Rêvait dans son extase auprès des ours affreux ;
Les tigres, qui semblaient se consulter entre eux,
Echangeaient, frissonnants, des sanglots et des râles ;
Les lions agitaient leurs chevelures pâles ;
Debout sur les rochers qui suivaient les détours
Du fleuve plein d'un bruit sinistre, les vautours
Et les aigles, ouvrant leurs ardentes prunelles,
Se tournaient vers Orphée, ivres, battant des ailes,
Palpitants sous le souffle immense de l'esprit,
Et regardaient ses yeux pleins d'astres. Il reprit :
« O Dieux ! les animaux que notre orgueil dédaigne
Et dont le flanc blessé comme le nôtre saigne,
Ces lions dont la faim répugne aux lâchetés,
Les chevaux bondissants, les tigres tachetés,
Ces aigles dont le vol est comme un jet de flammes,
Ces colombes du ciel, ont comme nous des âmes.
Le farouche animal, par nous humilié,
Si nous y consentions, serait notre allié.
Il nous parle et sans cesse il nous offre à voix haute
D'entrer dans nos maisons sans haine, comme un hôte ;
Mais c'est en vain que les gazelles dans les bois
Et les oiseaux de l'air avec leurs douces voix
Veulent émouvoir l'homme altéré de carnage,
Car il a refusé d'apprendre leur langage.
Haïs par nous, leurs yeux où l'espoir vit encor
Se tournent vaguement vers les demeures d'or
Où leur intelligence aimante vous devine ;

Avides comme nous de la clarté divine,
Ils vous cherchent sans doute, humbles et résignés,
Mais vainement ! Pas plus que nous, vous ne daignez
Pardonner à la brute en vos haines funestes,
Et vous détournez d'elle, ô Dieux, vos fronts célestes !
 J'ai vu cela ! j'ai vu que dans le firmament
Comme ici-bas, souffrant du même isolement
Et séparés toujours par d'invincibles voiles,
L'homme et les animaux, les Dieux et les Étoiles
Vivaient en exil dans l'univers infini,
Faute d'avoir trouvé le langage béni
Qui peut associer ensemble tous les Êtres,
Les Dieux-Titans avec les Satyres champêtres
Et la brute avec l'homme et les Astres vainqueurs,
Celui qui domptera par sa force les cœurs
De tous ceux dont le jour fait ouvrir les paupières,
Et qu'entendront aussi les ruisseaux et les pierres !
 Car les rocs chevelus à la terre enchaînés,
Les fleuves par le cours des astres entraînés,
Les arbres frissonnants sous leurs écorces rudes,
Les torrents dans la morne horreur des solitudes
Voudraient aussi vous voir et pouvoir vous parler,
Puisqu'en prêtant l'oreille on entend s'exhaler
Parmi leur masse inerte et dans leurs chevelures
Des essais de sanglots, des restes de murmures ;
Et ces vaincus, ô Dieux, que les noirs ouragans
Tourmentent dans la nuit de leurs fouets arrogants
Et que mord la tempête aux haleines de soufre,
Voudraient vous dire aussi que la Nature souffre,
Vainement attentifs au seul bruit de vos pas :
Aveugles et muets, ils ne le peuvent pas.
Et tel est le martyre ineffable des choses !
Vous n'entendez jamais crier le sang des roses
Et nous demeurons sourds aux plaintes des soleils.
J'ai vu que tous ces durs exils étaient pareils

Et que tout gémissait de cette loi barbare,
Alors j'ai de mes mains façonné la Cithare !
 Et dans ses flancs polis au gracieux contour
Le Chant s'est éveillé, terrible et tour à tour
Caressant, qui bondit en son vol avec rage
Et gronde, sillonné de feux, comme l'orage,
Et jusqu'aux cieux meurtris ouvre son large essor
Et prend les cœurs domptés en ses doux liens d'or.
Il s'est éveillé dans les flancs de la Cithare
Et s'est enfui ; puis, comme un oiseau qui s'effare,
Après avoir erré dans son vol éperdu
Jusqu'aux astres d'argent, il est redescendu
Vers moi, souffle en délire, et s'est posé, farouche,
Avec l'essaim des mots sonores, sur ma bouche.
 Muses, que l'Olmios charme par son fracas
Et dont on voit les pieds légers et délicats
Bondir autour de la fontaine violette
Où toujours votre Danse agile se reflète !
Vos chants ambroisiens, vierges aux belles voix,
Illustrent par des chœurs les triomphes des rois,
Et votre Hymne, éclatant comme un cri de victoire
Vole et fait retentir au loin la terre noire.
Déesses, dont les pieds mystérieux et prompts
Glissent, et dont la Nuit baise les chastes fronts !
Vous dites le grand Zeus déchaînant sur la plèbe
Des Titans monstrueux les Dieux nés de l'Érèbe,
Puis enfermant au fond d'un cachot souterrain
Briarée au grand cœur dans un enclos d'airain ;
Et vous dites l'archer Apollon à l'épée
D'or, plantant ses lauriers sur la roche escarpée
Que leur feuillage obscur couvre d'un noir manteau,
Et foudroyant d'un trait la serpente Pytho,
Monstre énorme, sanglant, dont la force sacrée
D'Hypérion pourrit la dépouille exécrée.
 Vous dites Lysios, nourrisson triomphant

Des Nymphes, enlevé sous les traits d'un enfant
Près de la mer, faisant par un prodige insigne
Sur le mât des voleurs croître et grimper la vigne,
Et, sur la nef rapide où coulait un vin doux,
Devenant un lion rugissant de courroux ;
Vous dites, bondissant en vos danses hardies,
Aphrodité d'or aux paupières arrondies
Qui par le doux Désir prit les Olympiens
Et les hommes et les oiseaux aériens,
Et qui, vivante fleur que sa beauté parfume,
Apparut sur la mer dans la sanglante écume !
　Et les Heures alors, filles du Roi des cieux,
Parèrent sa poitrine et son cou gracieux
De colliers brillants dont la splendeur environne
Sa chair de neige, puis ornant d'une couronne
Son front ambroisien, s'empressèrent encor
Pour attacher à ses oreilles des fleurs d'or !
O Muses ! bondissant près des eaux ténébreuses,
Vous célébrez ainsi les victoires heureuses
Et Cypris rayonnant sur les flots onduleux
Et Bacchos couronné de ses beaux cheveux bleus !
　Mais moi, je chante l'Homme et sa dure misère
Et les maux qui toujours le tiennent dans leur serre,
Pauvre artisan boiteux, qui sous l'ombre d'un mur
Travaille et forge, ayant l'appétit de l'azur !
Victime qui, de gloire et de fange mêlée,
Ne possède ici-bas qu'une flamme volée
Et voit mourir les lys entre ses doigts flétris !
Être affamé d'amour, qui dans ses bras meurtris
Ne peut tenir pendant une heure son amante
Sans qu'un génie affreux venu dans la tourmente
La lui prenne sitôt que cette heure s'enfuit
Et, blanche, la remporte aux gouffres de la nuit !
Je dis le chant plaintif des âmes prisonnières
Et des monstres fuyant le jour en leurs tanières :

Ce chant est deuil, espoir, mystère, amour, effroi ;
Il naît dans ma poitrine et s'exhale de moi,
Et, lorsque vient le soir dans la plaine glacée,
Il porte jusqu'à vous la profonde pensée
Des tigres, des lions songeurs au large flanc
Condamnés comme nous à répandre le sang,
Et des chevaux ardents que la forêt protége,
Et des chiens affamés dans les déserts de neige,
Et des oiseaux de flamme au plumage vermeil,
Et des aigles qui, pour s'approcher du soleil,
Volent dans la lumière au-dessus de nos tombes,
Et des biches en pleurs et des blanches colombes !
  Surtout je suis la voix, prompte à vous célébrer,
De tout ce qui n'a pas de larmes à pleurer.
Le rocher vous regarde. Hélas ! pendant qu'il songe,
Il sent la goutte d'eau sinistre qui le ronge.
Le flot tumultueux déchiré de tourments
Voudrait mêler des mots à ses gémissements,
Et son hurlement sourd expire dans l'écume.
L'arbre en vain tord ses bras désolés dans la brume :
La terre le retient ; son feuillage mouvant
N'a qu'un vague soupir déchiré par le vent.
Tous ces êtres que tient la morne somnolence
Sont pour l'éternité murés dans le silence.
  C'est pourquoi la Cithare inconsolée, ô Dieux,
Pleure et gémit pour eux en cris mélodieux,
Et c'est pourquoi, sentant dans mon cœur les morsures
Cruelles et le feu cuisant de leurs blessures,
Je vous adjure encor pour que votre pitié
Tombe parfois sur l'être obscur et châtié,
Et délivre surtout de leurs douleurs secrètes
L'immobile captif et les choses muettes ! »
  Ayant ainsi chanté pour tous, le Roi divin
Se tut ; mais emplissant les gorges du ravin,
Un reste de sa plainte émue errait encore

Douloureusement sur la cithare sonore.
La nuit tombait ; alors, dans le grand désert nu,
Comme si le neigeux Olympe fût venu
Vers l'inventeur des chants, et, pour trouver sa trace,
Eût traversé le golfe où dort la mer de Thrace,
Et, portant sur sa tête un ciel de diamants,
Franchi les sables d'or et les grands lacs dormants,
Un mont parut, sauvage, ébloui, grandiose
Et noyé de lumière, où dans la clarté rose
Les Immortels vêtus de pourpre étaient debout.
Secourables, semblant avoir pitié de tout,
Leurs regards enchantaient par leurs clartés ailées
La forêt sombre et les étoiles désolées ;
Et le divin Orphée, interrogeant leurs yeux,
Sentit grandir en lui l'homme victorieux
Et bénit l'art des chants en son cœur plein de joie ;
Car sur le front des cieux où leur blancheur flamboie
Les Astres, dont la voix perçait l'éther jaloux,
Resplendissaient de feux plus riants et plus doux ;
Et, consolés dans leur mystérieux martyre,
Les monstres effrayants voyaient les Dieux sourire.

 Déesse, vers l'oubli, chargés de nos remords,
Les longs siècles s'en vont ; beaucoup de Dieux sont morts
Depuis la nuit où l'Hèbre en son eau révoltée
Roulait avec horreur la tête ensanglantée
Du poëte, jouet adorable des flots.
Toujours depuis ce temps des milliers de sanglots
Humains, jusqu'au seuil d'or des célestes demeures,
Inexorablement suivent le vol des Heures ;
L'homme désespéré ne voit devant ses yeux
Qu'un voile noir cloué sur la porte des cieux,
Et, muré tout vivant dans la nuit ténébreuse,
Ne sait plus rien, sinon que sa douleur affreuse
Doit à jamais rester muette, et qu'il est seul.
Mais moi, baisant les pas sacrés du grand aïeul,

J'entends, j'entends encor l'âme de la Cithare
Exhaler ses premiers cris vers le Ciel avare
Que sa voix frémissante essayait d'apaiser,
Et soupirer avec la douceur d'un baiser!

Novembre 1869.

UNE FEMME DE RUBENS

Nymphe blanche et robuste,
Dont les bras et le buste
Défieraient les Titans
    Et les autans ;

Délice de la lyre,
Qui dus naître et sourire,
Colosse harmonieux,
    Au temps des Dieux,

Ne crains plus, forme altière,
De mourir tout entière,
Puisque tu m'enivras.
    Non, tu vivras!

Tu vivras par ces rimes,
Comme la neige aux cimes
Où volent des milans
    Dure mille ans.

Oh! reste ainsi! déploie
Les trésors de ta joie
Pour guérir mon souci.
    Oh! reste ainsi!

Dans le calme athlétique
De ta pose héroïque
Marche pour m'enchanter :
   Je veux chanter.

O folâtre Céphise,
Que le dieu de Venise
Eût livrée au courroux
   Du soleil roux ;

Fille aux yeux pleins d'étoiles,
Qui naquis pour les toiles
De l'enchanteur d'Anvers,
   Ou pour mes vers,

Ta tête de faunesse
Est folle de jeunesse
Et de rires ardents
   Aux blanches dents.

Un sang pur et farouche,
Enfant, donne à ta bouche
Cet éclat de la chair
   Qui m'est si cher,

Et comme un coquillage
Le rose cartilage
De ton nez retroussé
   Est nuancé.

Ton folâtre visage,
Gai comme un bon présage,
Fait songer à des fleurs
   Par ses couleurs ;

Et ta petite oreille,
Qui n'a pas sa pareille,
Semble un joyau fini
   Par Cellini.

Tes yeux, tes yeux étranges
Recèlent sous les franges
Soyeuses de tes cils
   Des feux subtils.

Dans tes vagues prunelles
Courent des étincelles
D'or fauve, comme au fond
   D'un ciel profond;

Et tes cheveux, où l'ombre
Court transparente et sombre,
S'embellissent encor
   De reflets d'or.

Ils couvrent ta poitrine
Et ta gorge ivoirine
D'un large flot mouvant;
   Et, bien souvent,

Tant s'épaissit, profonde,
Leur masse, qui s'inonde
De suaves parfums,
   On les voit bruns.

Pourtant des flammes vives
S'égarent fugitives,
Dans leurs anneaux épars
   De toutes parts,

Et quand tu la dénoues,
Ruisselant sur tes joues
Et baignant dans ses jeux
 Ton sein neigeux,

Cette ample chevelure,
Qui te sert de parure,
Illumine ton flanc
 D'or et de sang.

Tes blanches mains royales,
Aux lignes idéales,
Jettent comme un éclair
 De rose clair,

Et les bras et le torse,
Éblouissants de force,
Ont tout l'emportement
 De l'art flamand.

Ton cou, blanc comme un cygne,
Montre une douce ligne
D'un suave dessin ;
 Et ton beau sein,

Ton sein lourd, où se pose
Un divin rayon rose,
Est fait d'un marbre dur
 Veiné d'azur.

O jeune chasseresse
Dont la folle paresse
Doit tressaillir encor
 Au bruit du cor,

Toi que la Nuit dévore,
Et que baisait l'Aurore
Au temps où tu courais
   Dans les forêts,

Laisse que je contemple
Cet adorable temple
Que le cruel Amour
   Veut pour séjour ;

Oh ! laisse que j'admire
Ces haleines de myrrhe,
Ces ivoires, ces ors,
   Tous ces trésors !

J'aime tes jambes fières,
Ton dos où des lumières
Baignent les arcs sereins
   De tes beaux reins ;

Et ce pied de Diane
Agile et diaphane
Dont les doigts écartés
   Ont des clartés ;

Et ces ongles solides,
Polis et translucides,
Brillants sur les orteils
   De tons vermeils !

O Néréide ! O muse
Digne de Syracuse !
Quand j'écoute ta voix,
   Quand je te vois

Courir, lascive et rose,
Dans le bois grandiose
Où si vite a bondi
   Ton pied hardi ;

Ou, quand sous les ombrages,
Paresseuse, tu nages,
Sans déranger les flots,
   Près des îlots,

Mon rêve idéalise
Ta fraîche mignardise
En cent déguisements
   Toujours charmants !

La nature discrète
Et merveilleuse prête
A mes illusions
   Ses visions.

Les bocages des rives
Où des ailes furtives
Voltigent par milliers,
   Les peupliers

Et la noire broussaille,
Tout s'anime et tressaille
D'un invincible émoi ;
   Et devant moi

Un essaim d'amazones
Aux brillantes couronnes
Passent dans le gazon
   En floraison.

C'est Diane ingénue
Livrant sa gorge nue
Aux caresses des airs,
    Dans les déserts;

C'est la grave Cybèle,
Comme un troupeau qui bêle,
Conduisant sans courroux
    Ses lions roux ;

C'est l'ange Cythérée
Dans la mer azurée
Appuyant ses pieds fins
    Sur les dauphins;

C'est Ariane heureuse
Dans sa coupe amoureuse
Tordant, par un beau soir,
    Le raisin noir;

C'est l'arrogante Omphale,
En robe triomphale,
Énervant un héros
    Sur ses carreaux;

C'est Léda qui s'indigne
Sous le baiser du cygne
Et le cherche à son tour
    Folle d'amour ;

C'est Hélène, embrasée
De désirs, que Thésée
Emporte dans ses mains
    Par les chemins;

C'est la jeune Amphitrite
Et sa cour favorite
Guidant aux flots ouverts
   Les coursiers verts;

C'est la brune Antiope
Dont le cheval galope
Au bruit des javelots
   Et des sanglots.

Les voilà, ce sont elles!
Ce sont les immortelles
Qui vivront à jamais
   Sur les sommets!

Non, ces grandes guerrières
Qui vont dans les clairières
En me glaçant d'effroi,
   C'est toujours toi.

C'est en toi que je trouve
Leurs blanches dents de louve,
Leurs crinières que fuit
   La sombre nuit,

Leurs muscles, où respire
Avec tout son empire
L'immortelle vigueur
   Qui vient du cœur;

Et cet éclat de l'ange,
Qu'un glorieux mélange
De neige et de carmin
   Rend surhumain!

Mais, ô sage Aphrodite,
Qu'une race maudite
Et vouée au trépas
 Ne connaît pas !

A ces superbes formes
Il faut les plis énormes
Des manteaux éperdus
 Au vent tordus ;

Il leur faut l'écarlate
Qui les baise et les flatte,
Le voile aérien
 Du Tyrien,

La pourpre qui s'envole
Au zéphire frivole
Et qui semble frémir
 Ou s'endormir,

Et ces étoffes rares,
Aux ornements barbares,
Que parent les métaux
 Orientaux.

Mais non, la pourpre même
Nuit dans un tel poëme
En mêlant ses ardeurs
 A tes splendeurs ;

O nymphe de la Thrace !
Il faut que l'œil embrasse
Avec sérénité
 Leur nudité

Arrachée au plus rare
Filon du blanc Carrare
Par un nouveau Scyllis,
    Père des lys,

Ta puissante nature
Se trouve à la torture
Dans les noirs casaquins
    Aux plis mesquins,

Et, faite pour Corinthe,
Elle est lourde et contrainte
Sous le flot des pompons
    Et des jupons.

Car, pour une Déesse
Tordant sa longue tresse,
Nous voulons des habits
    Faits de rubis.

En vain Gavarni l'aide,
Vénus Victrix est laide
Avec le falbala
    De Paméla,

Et, pour orner sa gloire,
Choisit la perle noire
Arrachée à la mer
    Du gouffre amer.

Donc, rayonne et sois belle,
Mystérieux modèle,
Mais pour l'œil contempteur
    Du grand sculpteur.

Sois belle, ô nymphe blonde,
Sans que jamais le monde,
Ce vain historien,
 En sache rien !

Mais dans mon ode pleine
De chansons, comme Hélène
Tu te réveilleras ;
 Tu brilleras

Pour la race future,
En ta haute stature,
Sous le baiser riant
 De l'Orient ;

Comme une fleur d'Asie,
Épandant l'ambroisie
D'un buisson de rosiers
 Extasiés ;

Magnifique, vêtue,
Ainsi qu'une statue,
De la seule fraîcheur
 De ta blancheur,

Et montrant emmêlée,
Au vent échevelée,
Ta sauvage toison
 Riche à foison.

Alors, quand nos idoles
Mourantes et frivoles,
Aux yeux irrésolus,
 Ne seront plus

Que des chimères vaines,
Toi, le sang de tes veines
Montera vif, et prompt,
    Jusqu'à ton front.

On verra luire encore
Ton sein qui se décore
De ses lys éclatants ;
    Et dans ce temps

Où ceux dont l'âme fière
Tient la vile matière
En souverain mépris
    Seront épris

De tes formes parfaites,
On verra les poëtes,
Tourmentés par le mal
    De l'idéal,

Attester par leurs larmes
Le pouvoir de tes charmes
Et l'immortalité
    De ta beauté.

Juin 1859.

L'ÉDUCATION DE L'AMOUR

Quand le premier des Dieux, Amour, pendant mille ans
Eut tenu sous son joug les cieux étincelants,
La terre immense et tous les êtres qui respirent,

Las de souffrir par lui, les Immortels se dirent :
« Ah ! qu'un autre vainqueur, formidable et serein,
Paraisse, armé de l'arc et des flèches d'airain ;
Qu'il porte dans un flot de flamme et de fumée
Sa torche au Phlégéthon furieux allumée ;
Qu'il étende sur tous l'inflexible niveau,
Et nous respirerons sous ce maître nouveau.
Car comment sa colère, où grondera l'orage,
Pourrait-elle égaler jamais l'aveugle rage
Du Dieu Titan, du roi funeste qui n'eut pas
De mère, et qui sema la terreur sur ses pas
Quand frémissaient encor du mot qui les sépare
Le noir Chaos, la Terre énorme et le Tartare ! »
  Tels les Olympiens se plaignaient dans l'éther.
Bientôt d'une Déesse à l'œil limpide et fier
Un autre Éros naquit, charmant, sa lèvre pure
Tout en fleur, agitant de l'or pour chevelure
Et portant haut son front de neige, où resplendit
L'éclat sacré du jour. Mais quand Zeus entendit
Ses premiers bégaiements, plus doux qu'un chant de lyre,
Quand il vit ses regards de femme et son sourire
Où la caresse, les aveux, les doux refus
Erraient, il devina dans l'avenir confus
Tant de colère, tant de larmes, tant de crimes
Hâtant leurs pieds sanglants sur le bord des abîmes,
Tant de douleurs penchant le front, tant de remords
Hurlant de longs sanglots à l'oreille des morts ;
Il vit si clairement la trahison vivante,
Qu'il sentit dans son cœur s'amasser l'épouvante,
Et fronça par trois fois son sourcil triomphant.
Alors il ordonna que le petit enfant,
Nu, froid, maudit, victime au noir Hadès offerte,
Fût porté dans le fond d'une forêt déserte
De l'Inde, dans un lieu du jour même exécré,
Où jamais l'homme ni les Dieux n'ont pénétré,

Et dont les sourds abris et les rochers colosses
N'ont pour hôtes vivants que des bêtes féroces.
　　C'était un bois funèbre et pourtant merveilleux ;
Splendide et noir, baignant ses pieds dans les flots bleus
D'un golfe de saphir. Debout près de cette onde,
Il la voyait depuis les premiers jours du monde
Réfléchir son front noir. Tel son abri géant
Était sorti de l'ombre et du chaos béant,
Tel il avait grandi, sans que nulle aventure
Entamât une fois sa frondaison obscure,
Et sans que la bataille humaine aux durs éclairs
Tourmentât follement ses lacs profonds et clairs.
　　Les aloès, les grands tulipiers aux fleurs jaunes
Vivaient sans avoir vu les Nymphes et les Faunes
Qui brisent des rameaux pour en orner leur front.
Les énormes jasmins fleurissaient sans affront ;
D'autres arbres mêlaient, comme un riche cortége,
Des corolles de sang à des feuilles de neige.
Au fond d'un antre noir d'érables entouré,
Tout à coup surgissait un fleuve enamouré,
Mystérieux, baisant ses rives délicates
Et, par endroits, bordé de lotus écarlates.
Puis des rocs ; puis des monts neigeux, où les torrents
Charriaient des rubis ; dans les lointains mourants,
On ne sait quel flot bleu passe, et traverse encore
L'insondable océan de verdure sonore.
　　Là, la Création gigantesque apparaît
Toute nue. Un figuier plus grand qu'une forêt
Enfonce avec fierté, grand aïeul solitaire,
Trois cents troncs effrayants dans le cœur de la terre
Pour y prendre le suc de ses fruits au doux miel,
Et par mille rameaux boit la clarté du ciel.
Puis une fleur qui, même auprès du figuier, semble
Prodigieuse, au fond d'un calice qui tremble
Garde assez d'eau de pluie, alors que la forêt

Brûle, pour faire boire un Titan qui viendrait.
Ses boutons, sur lesquels un épervier se pose,
Qui paraissent des blocs polis de marbre rose,
Et que ne peut ouvrir le soleil étouffant,
Ont déjà la grosseur d'une tête d'enfant.
  La vigne monstrueuse étreint les arbres comme
Un lutteur, puis en troncs pareils à des corps d'homme
Retombe, puis remonte et va bondir plus loin.
La végétation en démence n'a soin
Que de cacher le ciel avec ses créatures.
Le feuillage se dresse en mille architectures,
Forme une colonnade aux corridors profonds,
Sur les pics effarés pose de noirs plafonds,
Tapisse l'antre, grimpe aux montagnes, s'élance
Dans l'air bleu, tout à coup éclate en fers de lance,
Puis, noire frondaison que l'œil en vain poursuit,
Devient un néant fait de verdure et de nuit,
Là ruisselle de pourpre et d'argent, partout maître
Du sol, dans la liane en courant s'enchevêtre ;
Et des gémissements, des hurlements, des cris
Retentissent. Au bas des lourds buissons fleuris,
Des prunelles de flamme, ainsi que des phalènes,
S'allument, et l'on sent se croiser des haleines.
Aux racines traînant leurs cheveux, sont mêlés
Des reptiles ; dans les rameaux échevelés
Volent de grands oiseaux peints d'azur et de soufre ;
Des yeux rouges parmi l'obscurité du gouffre
Luisent, et les petits des louves dans leurs jeux
Se détachent tout noirs sur un plateau neigeux
Où brillent sur le blanc tapis jonché de branches
Des flaques de sang rose et des carcasses blanches.
  Donc le petit enfant Éros fut apporté
Dans cette forêt, où, de spectres escorté,
Le meurtre au front joyeux par les espaces vides
Court, teignant dans le sang mille gueules avides,

6.

Où la nature vierge, ivre de son pouvoir,
Sachant bien que les Dieux ne peuvent pas la voir,
Heurte ses ouragans, ses ondes, ses tonnerres,
Brise les rocs, meurtrit les arbres centenaires,
Déchaîne, groupe fou vers le mal entrainé,
Ses forces qu'elle emporte en un vol effréné
Et que jamais les lois célestes ne modèrent.
Quand il fut là, les grands lions le regardèrent.
  Puis vinrent les bœufs blancs bossus, les loups aux dents
D'ivoire, le chacal, le tigre aux yeux ardents,
Les léopards, les lynx, les onces, les panthères,
Les sangliers, les doux éléphants solitaires,
L'hyène ; puis, sortis des arbres à leur tour,
Les oiseaux, l'aigle altier, le milan, le vautour
Cachant dans un lambeau souillé son bec infâme,
Les condors dont le vol est comme un jet de flamme,
Les rapides faucons, l'épervier qui sait voir
L'infini, le corbeau capuchonné de noir
Dont l'aile suit d'en haut les guerres infertiles,
Et les paons somptueux qui mangent des reptiles ;
Puis les serpents aux plis hideux ; et tous, formant
Un cercle, regardaient le pauvre être charmant
Sans défense, et déjà savouraient avec joie
La douceur de meurtrir cette facile proie.
  Mais tout à coup, lancé d'en haut par l'arc vermeil
D'Apollon, un trait d'or, un rayon de soleil
Enflamma les cheveux d'Éros, sa lèvre rose,
Son front pur, sa narine où le désir repose,
Et, miracle! sur son doux visage, le Dieu,
Le meurtrier parut, et, sur sa bouche au feu
Céleste et dans ses yeux brûlants qui nous attirent,
Ce que Zeus avait vu, ces animaux le virent.
Ils se dirent alors dans leur langage obscur :
  « Pourquoi tuer ce prince, échappé de l'azur?
Regardez sa prunelle aventureuse, où nage

Dans la poussière d'or l'appétit du carnage,
Et ce sourire fait de miel et de poison,
Où déjà les baisers menteurs, la trahison,
Le meurtre, le courroux, les embûches, la ruse
Naissent, et cet attrait de l'enfance confuse
Dont sa mère a paré l'éternel ennemi !
Qui mieux que cet enfant né dans les cieux, parmi
Les éblouissements formidables des astres,
Sèmera sur ses pas la haine et les désastres,
Accablera de maux sans fin l'homme odieux
Et saura nous venger de la race des Dieux ?

Puisqu'il doit, ce fléau de la faiblesse humaine,
Prospérer pour le crime et grandir pour la haine,
Ne le déchirons pas ! qu'il vive parmi nous
Dans la grande forêt des vautours et des loups,
Où nul abri ne peut servir au daim timide,
Où, sous le verdoyant gazon toujours humide,
La terre boit toujours du sang frais, où la mort,
Toujours prête et jamais lassée, égorge et mord
Et dévore la vie, et comme elle fourmille
Élevons-le plutôt ; nous serons sa famille. »

Sous l'ombrage, écartant les rameaux querelleurs,
Ils lui firent un lit de feuilles et de fleurs,
Et sous ses boucles d'or, doucement protégées,
Ils mirent des toisons de bêtes égorgées.
Les louves, s'avançant vers lui d'un pas hautain
Léchaient pour le polir son visage enfantin ;
Les lionnes voyant qu'il était fier comme elles,
Sur sa bouche de rose abaissaient leurs mamelles ;
Les gueules aux crocs blancs, ces fournaises de feu,
Baisaient le petit roi frissonnant du ciel bleu.
Des serpents, s'enroulant sur sa gorge ivoirine,
S'étalaient en colliers vermeils sur sa poitrine ;
D'autres, tordant leurs nœuds en soyeux annelets,
A ses jolis bras nus faisaient des bracelets,

Et, comme un Pharaon d'Égypte, en son repaire
Il avait pour bandeau royal une vipère.
 Tout ce qui sait combattre et détruire et briser
L'enveloppait ainsi d'un immense baiser.
Le Dieu, passant de l'une à l'autre en ses caprices,
Buvait avidement le lait de ses nourrices,
Tout joyeux d'assouvir ses rudes appétits
De héros, ne laissait plus rien pour leurs petits,
Et, chaque soir, gorgé de vie et de caresses,
Il s'endormait repu sur le flanc des tigresses.
 Au réveil, tous ces durs artisans de trépas
Étayaient de leurs corps puissants les premiers pas
De l'Exilé divin, né pour la grande lutte,
L'aidant, le consolant d'une légère chute,
Et lui donnant aussi pour supporter le mal
La résignation morne de l'animal.
Il grandit, il devint fauve comme ses hôtes,
Marchant, courant déjà parmi les herbes hautes,
Nu, superbe, et portant, sauvage enfantelet,
Sur son épaule en fleur, que le soleil hâlait
Et dévorait jusqu'à l'heure du crépuscule,
La peau d'un lionceau, comme un petit Hercule.
Lui-même, de sa main mignonne, avait cueilli
La massue; alors ceux qui l'avaient recueilli
Connurent qu'ils pouvaient, sans tarder davantage,
Donner au jeune roi des leçons de carnage.
 Son heure était venue, et, déjà belliqueux,
Il s'en alla dès lors à la chasse avec eux.
Comme Ariane dans Naxos, l'île enchantée,
Étendu sur un tigre à la peau tachetée,
Il les suivait, mêlant sa voix aux hurlements;
Joyeux, montrant devant les torrents écumants
L'impassibilité magnifique des bêtes,
Il s'en allait pensif en guerre, en chasse, aux fêtes,
Au meurtre, et quand passaient, avec des bonds soudains,

La gazelle aux yeux bleus, l'antilope, les daims,
Les chèvres, les troupeaux de cerfs, les bœufs difformes,
Son tigre le posait sous les feuilles énormes,
Dans une solitude où rien ne le gardait,
Et là, les yeux tout grands ouverts, il regardait.
　Il voyait le combat sinistre, la vaillance,
La victoire, comment le fier lion s'élance
Sur sa victime avec de grands bonds souverains,
La terrasse d'un coup de griffe sur les reins,
Puis la déchire; et quand ce beau guerrier qui tue
Marchait, crinière au vent, sur sa proie abattue,
Quand le cerf éventré sur la terre appelait
Sa compagne en versant des larmes, et râlait,
Quand tout n'était que deuil, massacres, funérailles,
Quand le sol tout humide était jonché d'entrailles,
Quand tout autour du bois l'épouvante criait,
Le petit Éros blond et charmant souriait.
　Plus tard même il entra nu parmi ces mêlées,
Ses tresses d'or au vent orageux déroulées,
Et sur les monts toujours le premier aux assauts
Il aidait à leurs jeux les petits lionceaux,
Se jetant sur sa proie, étouffant dans ses courses
D'humbles victimes; puis se lavant dans les sources,
Et n'ayant rien qui hors le combat lui fût cher;
Dépeçant, enfonçant ses ongles dans la chair,
Dans les cris des mourants cherchant des harmonies
Et tout le long du jour enivré d'agonies,
De râles, de sanglots et de cris triomphants,
Excitant les lions contre les éléphants,
Tuant et se gorgeant de meurtre avec délices,
Poussant d'un pied haineux la panthère et les lices,
Donnant la chasse même aux monstres inconnus,
Pour les atteindre mieux montant des chevaux nus,
Orgueilleux de pouvoir, en ses fières allures,
Mordre, briser des dents, tordre des chevelures,

Et s'éveillant aussi quand le tigre avait faim.
C'est ainsi que l'enfant jouait, et lorsqu'enfin
Las de voir sur les monts tout souillés de sa gloire
De larges ruisseaux noirs baigner ses pieds d'ivoire,
Il posait sa massue inerte sur son flanc,
Ses mains et ses bras nus étaient rouges de sang.

Pour rendre devant lui toute feinte inutile,
Il pouvait au besoin ramper comme un reptile;
Il savait, se voilant d'un sourire amical,
Des cruautés de loup, des ruses de chacal,
Attendait l'ennemi dans l'ombre, et, taciturne,
Avait des yeux de feu comme un hibou nocturne.
Comme le bouc lascif il grimpait sur les rocs,
Et, sans être effrayé de leurs terribles chocs,
En poussant dans le flot sonore un bloc de marbre
S'élançait, comme un singe, aux minces branches d'arbre.

Puis, trouvant qu'il était le plus doux des fardeaux,
Les aigles, les condors l'emportaient sur leur dos,
Et, calme, il traversait l'éther comme une plume.
Souvent une cascade affreuse au front d'écume
Sans arrêter leur vol tombait sur leur chemin.
Le Dieu, pâle et riant, essuyait de sa main
Le vaste flot poudreux qui lui fouettait la face
Et dans l'air ébloui continuait sa chasse,
Fondant comme un milan sur quelque oiseau ravi,
Et tout aise et criant quand l'aigle inassouvi,
Ayant vu sur la terre une proie assez belle,
Descendait de l'azur et s'élançait sur elle,
Et, pour mieux divertir l'enfant malicieux,
L'emportait pantelante au plus profond des cieux.

Souvent encor, parmi les riants groupes d'îles
Éros voguait, porté par de bruns crocodiles,
Apprenant d'eux comment dans les ruisseaux taris,
Cachés par les joncs verts, ils imitent les cris
D'un nouveau-né qui pleure; il suivait les batailles

Des poissons monstrueux aux luisantes écailles;
Hôte guerrier du fleuve, il nageait sur ses bords
Près des chevaux marins et des alligators,
Ou parfois, se cachant dans une île écartée,
Penchait ses yeux ravis sur l'onde ensanglantée.
  Enfin il se lassa de ces monstres soumis.
Ayant pensé qu'ailleurs de puissants ennemis
Pourraient occuper mieux sa bravoure et ses charmes,
Il voulut se munir de véritables armes
Pour secouer l'ennui d'un repos importun,
Et, quoiqu'il n'eût jamais vu d'arc, il en fit un.
Il cueillit une branche avec soin, lisse, droite,
Plus dure que l'airain, et de sa main adroite
La courba; puis tressa des fibres, dont il fit
Une corde, et, mettant le désert à profit,
Sans souci de meurtrir la dépouille superbe
De ses compagnons morts, pour avoir une gerbe
De traits, il ajusta sur des bouts de roseau
Une griffe de tigre et des plumes d'oiseau.
Alors, sans un adieu jeté vers les clairières,
Fier d'avoir assorti ces flèches meurtrières,
Il prit sa course à l'heure où le ciel se dorait,
Et, le cœur tout joyeux, sortit de la forêt.
  Il arriva d'abord près d'un lac dont l'eau pure
Réfléchissait le ciel dans la haute verdure,
Et dont le flot qu'un souffle émeut, rideau changeant,
S'effaçait à demi sous les lotus d'argent,
Ces lys chastes, ces lys faits en forme de rose!
Là, mêlant leurs beaux corps polis que l'onde arrose,
Des Nymphes s'y baignaient, fuyant l'âpre chaleur,
Couronnant leurs cheveux de la divine fleur,
Rieuses, folâtrant, voguant sur les eaux calmes,
Et parfois sur leurs fronts cueillant de vertes palmes
Pour leurs jeux, ou tressant des colliers odorants,
Ou, parmi la fraîcheur des doux flots murmurants,

Sœurs dociles, fendant l'écume en longues lignes,
Si belles qu'on eût dit une troupe de cygnes
Dans l'azur! Mais voici que le cruel Amour,
Ayant tendu son arc les frappa tour à tour
De ses flèches de feu. Les Nymphes éperdues,
Quittant le lac, au loin sur les roches ardues
Couraient, folles, sentant brûler leurs seins meurtris,
Arrachant leurs cheveux touffus, poussant des cris,
Ne sachant plus où fuir l'épouvantable outrage,
Et se roulaient dans l'herbe avec des pleurs de rage.
L'enfant Éros, content de ce premier exploit,
Regarda les grands cieux qu'il menaça du doigt,
Et, sans vouloir entendre une plainte importune,
Entra dans l'univers pour y chercher fortune.

O Muse, c'est ainsi que le dessein prudent
Du roi Zeus fut trompé; c'est ainsi que, pendant
Son enfance, l'Amour apprit des tigres même
La cruauté, la ruse et la fureur suprême,
S'endormit près des grands lions dans les bois sourds,
Et fut le compagnon de guerre des vautours.
C'est ainsi que ce fils éclatant d'une mère
Adorable épuisa la jouissance amère
De voir pleurer, de voir souffrir, de voir mourir
Et de causer des maux que rien ne peut guérir.

Et c'est pourquoi tu fais notre dure misère,
C'est pourquoi tu meurtris nos âmes dans ta serre,
Amour des sens, ô jeune Éros, toi que le roi
Amour, le grand Titan, regarde avec effroi,
Et qui suças la haine impie et ses délices
Avec le lait cruel de tes noires nourrices!

Novembre 1864.

ÉRINNA

A MON CHER PHILOXÈNE BOYER

*Qui a ressuscité la grande figure de Sappho
dans un poëme impérissable*

Près du flot glorieux qui baise Mitylène,
Marchent, vierges en fleur, de jeunes poétesses
Qui du soir azuré boivent la fraîche haleine
Et passent dans la nuit comme un vol de Déesses.

Elles vont, emportant la brise dans leurs voiles,
Vers le parfum sauvage et les profonds murmures.
Les lumières d'argent qui tombent des étoiles
Sur leurs dos gracieux mordent leurs chevelures.

Celle qui les conduit vers la plage marine,
C'est Érinna, l'orgueil des roses éphémères,
L'amante en qui revit dans sa blanche poitrine
Le grand cœur de Sappho, pâture des chimères.

Elle leur parle ainsi, grave, tenant la lyre,
Le regard ébloui de clartés radieuses,
Et mêlant tendrement la voix de son délire
Aux plaintes sans repos des eaux mélodieuses :

« Vierges, dit-elle, enfants baignés de tresses blondes,
Vous dont la lèvre encor n'est pas désaltérée,
Le Rhythme est tout ; c'est lui qui soulève les mondes
Et les porte en chantant dans la plaine éthérée.

Poétesses, qu'il soit pour vous comme l'écorce
Étroitement unie au tronc même de l'arbre,
Ou comme la ceinture éprise de sa force
Qui dans son mince anneau tient notre flanc de marbre !

Qu'il soit aussi pour vous la coupe souveraine
Où, pour garder l'esprit vivant de l'ancien rite,
Le vin, libre pourtant, prend la forme sereine
Moulée aux siècles d'or sur le sein d'Aphrodite !

Le cercle où, par les lois saintes de la musique,
Les constellations demeurent suspendues,
N'affaiblit pas l'essor de leur vol magnifique
Et dans l'immensité les caresse éperdues.

Tel est le Rhythme. Enfants, suivez son culte aride.
Livrez-lui le génie en esclaves fidèles,
Car il n'offense pas l'auguste Piéride,
En entravant ses pieds il l'enveloppe d'ailes !

Mais surtout, mais surtout que vos âmes soient blanches
Comme la neige où rien d'humain n'a mis sa trace !
Blanches comme l'horreur pâle des avalanches
Qui roule au flanc des monts irrités de la Thrace !

Ah ! s'il est vrai qu'il faut à la fureur lyrique
Des victimes dont l'âpre Amour ait fait sa proie
Et que l'ardente soif d'un bonheur tyrannique
Torture encor par la douleur et par la joie,

Ah ! du moins, jeunes sœurs, que la Pensée altière
Affranchisse vos sens de toutes les souillures !
Ivres de volupté pourtant, que la Matière
Ne vous offense pas de ses laideurs impures !

Car celle qui, pour fuir le fardeau de la vie,
Impose à son extase une forme sensible,
Et veut boire, au festin où son Dieu la convie,
Le vin matériel dans la coupe visible,

Ne connaîtra jamais l'implacable démence
Qui met dans nos regards la clarté des aurores
Et qui fait résonner comme un sanglot immense
L'hymne de nos douleurs sur des cordes sonores !

Celle qui n'ose pas mépriser la nature
Et qui, par les désirs terrestres endormie
Dans l'engourdissement où vit la créature,
Ne sait pas, en tenant la main de son amie,

Chaste et vierge, oublier les liens qui l'étreignent,
Et sentir qu'à ses pieds se déchire un abîme
Et que son pouls s'arrête et que ses yeux s'éteignent
Et que la mort tressaille en son cœur magnanime ;

Si, meurtrie et glacée, au monde évanouie,
Le sein brûlé des feux de ses pleurs solitaires,
Elle n'adore pas la douleur inouïe
Dont les ravissements courent dans ses artères,

Eh bien, que celle-là, promise à l'hyménée,
Reste dans la maison où son devoir l'attache,
Et, souriante, près d'un jeune époux menée,
File pensivement une laine sans tache !

Elle n'entendra pas les plaintes de la lyre,
Et son pied, plus vermeil que la rose naissante,
N'abordera jamais sur un léger navire
La Cythère adorable et toujours gémissante

Mais vous, de vos grands cœurs, du vol de vos pensées,
Vous dont les doigts charmants ne filent pas de laine,
Suivez jusqu'à l'éther les ailes élancées,
O vierges sans souillure, orgueil de Mitylène !

Et dites au ruisseau dont la voix se lamente
Que rien n'est plus martyre après la Poésie,
Et qu'il n'est pas de flot pour rafraîchir l'amante
Dont la bouche brûlante a goûté l'ambroisie ! »

Telle Érinna, livrée à ses mâles tristesses,
Sur le rivage ému que le laurier décore
Enseignait le troupeau rêveur des poétesses,
Et l'écho de son cri jaloux me trouble encore !

Et j'ai rimé cette ode en rimes féminines
Pour que l'impression en restât plus poignante,
Et, par le souvenir des chastes héroïnes,
Laissât dans plus d'un cœur sa blessure saignante.

O Rhythme, tu sais tout ! Sur tes ailes de neige
Sans cesse nous allons vers des routes nouvelles,
Et, quel que soit le doute affreux qui nous assiége,
Il n'est pas de secret que tu ne nous révèles !

Tu heurtes les soleils comme un oiseau farouche.
Ce n'est pour toi qu'un jeu d'escalader les cimes,
Et, lorsqu'un temps railleur n'a plus rien qui te touche,
Tu rêves dans la nuit, penché sur les abîmes !

Septembre 1861.

LA SOURCE

A INGRES

Jeune, oh! si jeune avec sa blancheur enfantine,
Debout contre le roc, la Naïade argentine
Rit. Elle est nue. Encore au bleu matin des jours,
La céleste ignorance éclaire les contours
De son corps où circule un sang fait d'ambroisie.
Svelte et suave, tel près d'un fleuve d'Asie
Naît un lys; le désert voit tout ce corps lacté,
Sans tache et déjà fier de sa virginité,
Car sur le sein de neige à peine éclos se pose
Le reflet indécis de l'églantine rose.
 O corps de vierge enfant! temple idéal, dont rien
Ne trouble en ses accords le rhythme aérien!
L'atmosphère s'éclaire autour du jeune torse
De la Naïade, et, comme un Dieu sous une écorce,
Tandis que sa poitrine et son ventre poli
Reflètent un rayon par la vie embelli,
Une âme se trahit sous cette chair divine.
La prunelle, où l'abîme étoilé se devine,
Prend des lueurs de ciel et de myosotis;
Ses cheveux vaporeux que baisera Thétis
Étonnent le zéphyr ailé par leur finesse;
Elle est rêve, candeur, innocence, jeunesse;
Sa bouche, fleur encor, laisse voir en s'ouvrant
Des perles; son oreille a l'éclat transparent
Et les tendres couleurs des coquilles marines,
Et la lumière teint de rose ses narines.
La nature s'éprend de ce matin vermeil
De la vie, aux clartés d'aurore. Le soleil

Du printemps, qui de loin dans sa grotte l'admire,
Met un éclair de nacre en son vague sourire.
 La vierge, la Naiade argentine est debout
Contre le roc ; pensive, amoureuse de tout,
Et son bras droit soulève au-dessus de sa tête
L'urne d'argile, chère au luth d'or du poete,
Qui dans ses vers, où gronde un bruit mélodieux,
Décrit fidèlement les attributs des Dieux.
Son corps éthéréen se déroule avec grâce
Courbé sur une hanche, et brille dans l'espace,
Léger comme un oiseau qui va prendre son vol.
Seul, un de ses pieds blancs pose en plein sur le sol.
Le vase dont ses doigts ont dû pétrir l'ébauche
S'appuie à son épaule, ô charme ! et sa main gauche
Supporte le goulot, d'où tombe un flot d'argent.
Les perles en fusée et le cristal changeant
Ruissellent, et déjà leur écume s'efface
Dans l'ombre du bassin luisant, dont la surface
Répète dans son clair miroir de flots tremblants
Les jambes de l'enfant naïve et ses pieds blancs.
 Oh ! parmi les lotos ouverts et les narcisses,
Où vont tes pieds glacés, Source aux fraîches délices ?
Où tes flots, à présent dans la mousse tapis,
Baigneront-ils au loin des champs mouvants d'épis ?
Où verras-tu frémir aussi dans tes opales
Le pin, et l'olivier que tordent les rafales ?
T'enfuis-tu dans la nuit vers le vallon désert,
Vers le sentier rougeâtre où croit l'euphorbe vert,
Où l'on voit se flétrir sous les pieds des bacchantes
La violette aux yeux mourants et les acanthes ?
Où vas-tu, bleue et froide en tes sombres chemins,
Clarté ? Chercheras-tu les buissons de jasmins
Ou la cité bruyante et pleine d'allégresse
Que parent les héros issus d'une Déesse,
Les tueurs de lions, qui sur leur large flanc

Tourmentent de la main des glaives teints de sang?

  O Source, dans les champs de la fertile Épire,
L'Achéron se courrouce et l'Aréthon soupire ;
Le Pénée, aux baisers des Nymphes échappé,
Court, ivre de désir, vers la molle Tempé ;
L'Étolie a des bois odorants où circule
L'Achéloos meurtri par le divin Hercule ;
Près du doux Ilissos qui reflete le ciel,
Sur les coteaux penchants l'abeille fait son miel,
Et le Strymon, qui pousse une plainte étouffée,
Roule avec des sanglots un dernier chant d'Orphée.

  Tous ces fleuves sont beaux, et dans leur libre essor
Apportent à la mer des ruisseaux brodés d'or :
Un chœur dansant bondit sur les bords du Céphise ;
L'harmonieux Pénée a vu Daphné surprise
Se changer en laurier verdoyant sur ses bords ;
Le Sperchios entend mourir le bruit des cors ;
Le long de l'Axios passent des hécatombes ;
La douce Thyamis a des vols de colombes
Qui vont en secouant leurs ailes vers les cieux.
Tous ces fleuves d'azur au cours délicieux
Ont de leurs noms vivants charmé la grande lyre,
O Source enfant, mais nul d'entre eux n'a ton sourire!

  Oh! je te reconnais, Source enfant, tu seras
Le limpide Eurotas, où, levant leurs beaux bras,
Les guerrières de Sparte aux âmes ingénues
Dans la nappe d'argent se baignent toutes nues ;
L'Eurotas, tout glacé de suaves pâleurs,
Où croît le laurier-rose au front chargé de fleurs!
C'est dans ton flot riant, à l'ombre de la vigne,
Que Léda frémira sous le baiser du cygne,
Pâle d'horreur, serrant les ailes de l'oiseau
Sur sa poitrine folle où l'ombre d'un roseau
Se joue, et sur le lit de fleurs que l'onde arrose
Mordant un col de neige avec sa lèvre rose !

Le fleuve ému la berce en un riant bassin,
Et des soupirs brûlants s'échappent de son sein
Mollement caressé par les eaux fugitives.
Ah ! toujours l'Eurotas gardera sur ses rives,
Que les enchantements choisissent pour séjour,
L'écho tumultueux de ses grands cris d'amour,
O Source ! et c'est aussi près de ton onde claire
Qu'Hélène aux cheveux d'or, tremblante de colere,
Passera, saluant d'un rire méprisant
Le palais délaissé de Tyndare, et baisant
De sa lèvre enfantine encore inapaisée
Les noirs cheveux touffus de son amant Thésée.
   La petite Naiade est pensive. Elle rit.
Devant ses pieds d'ivoire un narcisse fleurit.
Oiseaux, ne chantez pas ; taisez-vous, brises folles,
Car elle est votre joie, ailes, brises, corolles,
Verdures ! Le désert, épris de ses yeux bleus,
Écoute murmurer dans le roc sourcilleux
Son flot que frange à peine une légère écume.
L'aigle laisse tomber à ses pieds une plume
En ouvrant dans l'éther son vol démesuré ;
L'alouette vient boire au bassin azuré
Dont son aile timide agite la surface.
Quand la pourpre céleste à l'horizon s'efface,
Les étoiles des nuits silencieusement
Admirent dans le ciel son visage charmant
Qui rêve, et la montagne auguste est son aïeule.
Oh ! ne la troublez pas ! La solitude seule
Et le silence ami par son souffle adouci
Ont le droit de savoir pourquoi sourit ainsi
Blanche, oh ! si blanche, avec ses rougeurs d'églantine,
Debout contre le roc, la Naiade argentine !

   Avril 1861.

LES TORTS DU CYGNE

Comme le Cygne allait nageant
Sur le lac au miroir d'argent,
Plein de fraîcheur et de silence,
Les Corbeaux noirs, d'un ton guerrier,
Se mirent à l'injurier
En volant avec turbulence.

« Va te cacher, vilain oiseau ! »
S'écriaient-ils. « Ce damoiseau
Est vêtu de lys et d'ivoire !
Il a de la neige à son flanc !
Il se montre couvert de blanc
Comme un paillasse de la foire !

Il va sur les eaux de saphir,
Laid comme une perle d'Ophir,
Blanc comme le marbre des tombes
Et comme l'aubépine en fleur !
Le fat arbore la couleur
Des boulangers et des colombes !

Pour briller sur ce promenoir,
Que n'a-t-il adopté le noir !
Un fait des plus élémentaires,
C'est que le noir est distingué.
C'est propre, c'est joli, c'est gai ;
C'est l'uniforme des notaires.

Cuisinier, garde ton couteau
Pour ce Gille, cher à Wateau !
Accours ! et moi-même que n'ai-je

Le bec aigu comme un ciseau,
Pour percer le vilain oiseau
Barbouillé de lys et de neige ! »

Tel fut leur langage. A son tour
Dans les cieux parut un Vautour
Qui s'en vint déchirer le Cygne
Ivre de joie et de soleil ;
Et sur l'onde son sang vermeil
Coula comme une pourpre insigne.

Alors, plus brillant que l'Œta
Ceint de neige, l'oiseau chanta,
L'oiseau que sa blancheur décore ;
Il chanta la splendeur du jour,
Et tous les antres d'alentour
S'emplirent de sa voix sonore.

Et l'Alouette dans son vol,
Et la Rose et le Rossignol
Pleuraient le Cygne. Mais les Anes
S'écrièrent avec lenteur :
« Que nous veut ce mauvais chanteur?
Nous savons des airs bien plus crânes. »

Il chantait toujours. Et les bois
Frissonnants écoutaient la voix
Pleine d'hymnes et de louanges
Alors, d'autres êtres ailés
Traversèrent les cieux voilés
D'azur. Ceux-là, c'étaient des Anges

Ces beaux voyageurs, sans pleurer,
Regardaient le Cygne expirer

Parmi sa pourpre funéraire,
Et, vers l'oiseau du flot obscur
Tournant leur prunelle d'azur,
Ils lui disaient : « Bonsoir, mon frère. »

Décembre 1861.

LE PANTIN

DE LA PETITE JEANNE

A présent, le pantin est accroché devant
Votre table. Il est là, bien tranquille, et souvent
Il sourit. On l'a fait avec une poupée
Habillée en Pierrot. Sa taille est bien drapée ;
Puis il est gracieux comme le jour qui naît.
Il songe, avec des yeux bleu sombre. Si ce n'est
Que les rubans, les nœuds d'amour et les bouffettes
De son habit sont bleus, et ses deux lèvres faites
En vermillon, il est tout blanc, comme l'hiver.
A son petit chapeau tient un anneau de fer
Pour qu'on puisse le pendre avec un fil. Sa face
Est d'un rose charmant que jamais rien n'efface,
Et l'habit est de neige et les agréments bleus.
Il garde la douceur des êtres fabuleux :
Il est sérieux, mais avec un air de fête.
Il est blanc. Ses cheveux, qui volent sur sa tête,
Sont blancs aussi, naïve innocence des jeux !
Ils sont en ouate ; ils font comme un ciel nuageux
Sous le chapeau pointu qui lui couvre le crâne,
Et c'était le joujou de la petite Jeanne.

Oh ! je vous tresse, fleurs pâles du souvenir !
Elle n'aurait pas eu la force de tenir
Ce jouet de fillette avec sa main trop tendre ;
Mais on avait trouvé cela, de le suspendre

Avec un léger fil au-dessus du berceau.
La douce enfant, tremblant de froid comme un oiseau,
En voyant la poupée essayait de sourire.
Ses deux mains y touchaient alors, chère martyre!
D'un geste maladif, vaguement enfantin,
Et l'on voyait trembler à peine le pantin.

   C'est qu'elle était si faible, elle était si petite!
Pensive, elle ployait sous l'atteinte maudite
D'un mal mystérieux, privée encor de tout,
Ne pouvant ni marcher ni se tenir debout.
Pendant ce temps qu'elle a vécu, toute une année!
Elle a souffert toujours, pauvre rose fanée,
Qui frissonnait, brisée et blanche, au moindre vent.
Dans ses profonds yeux bruns brillait un feu mouvant
Et la douleur brûlait sa prunelle ingénue.
Mais, après, elle était vite redevenue
Charmante. Reposée après ce long effort,
Elle semblait dormir tranquillement. La mort
Bienfaisante, effaçant la tristesse et le hâle,
Avait rendu la grâce au doux visage pâle,
Et sur le petit front par le calme enchanté
Comme un lys immobile avait mis la beauté.

   Elle était belle; mais qu'elle est plus belle encore
Aux cieux! Elle est la vie en fleur qui vient d'éclore.
Maintenant, maintenant, mère, je vous le dis,
Elle est là-haut, avec les saints du Paradis.
Elle est forte, elle peut marcher; ses pieds sont lestes
Et s'envolent, guidés par les harpes célestes.
Son front est plus riant qu'une perle d'Ophir.
Elle a de beaux pantins d'opale et de saphir,
Et triomphante, et rose, et libre de ses langes,
Elle joue en chantant sur les genoux des Anges.

     18-19 avril 1863.

A MA MÈRE

O ma mère et ma nourrice !
Toi dont l'âme protectrice
Me fit des jours composés
Avec un bonheur si rare,
Et qui ne me fus avare
Ni de lait ni de baisers !

Je t'adore, sois bénie.
Tu berças dans l'harmonie
Mon esprit aventureux,
Et loin du railleur frivole
Mon Ode aux astres s'envole :
Sois fière, je suis heureux.

J'ai vaincu l'ombre et le doute.
Qu'importe si l'on écoute
Avec dédain trop souvent
Ma voix par les pleurs voilée.
Quand sur ma lyre étoilée
Tu te penches en rêvant !

Va, je verrai sans envie
Que le destin de ma vie
N'ait pas pu se marier
Aux fortunes éclatantes,
Pourvu que tu te contentes
D'un petit brin de laurier.

16 février 1858.

AU LAURIER DE LA TURBIE

Toi qui jusques au ciel montes, colosse droit,
Et qui poses tes pieds dans le roc dur et froid,
O symbole! géant! bel arbre aux feuilles lisses!
Laurier, ma lâche envie et mes saintes délices!
Fantôme que Pindare ému reconnaîtrait!
Compagnon de la Lyre idéale! Portrait
De tout ce que j'adore et de tout ce qui m'aime!
Arbre mélodieux, grand comme Phœbos même!
Sombre feuillage, hélas! mon immortel affront!
Jamais ton noir rameau ne couvrira mon front;
Ami, c'est comme un vain passant que tu m'accueilles;
A peine si dans l'ombre une seule des feuilles
Que l'âpre vent du soir t'arrache avec effroi,
Brille, chimère folle, et glisse autour de moi.

Et pourtant, Laurier vert, gloire de la campagne,
Je n'ai souhaité, moi, ni la douce compagne
Dont les regards nous font un ciel dans la maison,
Ni les petits enfants à la blonde toison,
Ni la richesse aux doigts parfumés d'ambroisie,
Et tout ce dont l'esprit jaloux se rassasie,
Ni le repos, si cher à des bohémiens;
Et ces enchantements sans nombre, et tous ces biens
Que notre solitude avidement réclame,
Arbre mouvant! Laurier! tu le sais, moi dont l'âme
Bondissait jusqu'aux cieux d'un vol démesuré,
Je n'en ai rien connu, je n'ai rien désiré!

J'ai vécu seul, penché sur le monde physique,
Toujours étudiant le grand art, la Musique,
Dans le cri de la pourpre et dans le chant des fleurs
Où doit la symphonie immense des couleurs,
Dans les flots que la mer jette de ses amphores,

Dans le balancement des étoiles sonores,
Dans l'orgue des grands bois éperdus sous le vent!
J'ai mis tout mon orgueil à devenir savant,
Pâle et muet, j'entends le murmure des roses ;
Et de tous les trésors et de toutes les choses
Qui plantent dans nos cœurs un regret meurtrier,
Tu le sais bien, je n'ai voulu que toi, Laurier!

Nice, février 1860.

CHIO

Chio, l'île joyeuse, est pleine de sanglots.
Au fond d'une demeure où l'on entend les flots,
La jeune fille morte, ô père misérable!
Dans ses longs cheveux blonds dort sur un lit d'érable.
Ses yeux de violette, hélas! quand le jour luit,
Contiennent à présent la formidable nuit.
O Dieux! c'est le moment où fleurit la pervenche!
Le père, avec horreur tordant sa barbe blanche,
S'en est allé gémir sur le bord de la mer.
Dans l'abîme grondant il verse un fleuve amer,
Et marche, déchiré par sa douleur sans bornes.
 La jeune fille dort. Trois Divinités mornes,
Leurs beaux voiles épars et leurs cheveux flottants,
Sont là debout, tressant les roses du printemps
Près de la morte en fleur qu'elles avaient vu naître
Et se plaignent. Soudain, un disciple du maître
S'avance et, les voyant, leur dit : « Que faites-vous
Auprès du lit où s'est penché ce front si doux,
O Déesses, (car tout en vous fait qu'on devine
L'immortelle splendeur d'une race divine,)

Puisque les Dieux, exempts du mal et du remords,
Ne sauraient sans souillure être en face des morts,
Qui n'ont plus que la nuit sous leurs paupières lasses ? »
    Il dit. Mais Aglaia, la plus jeune des Grâces,
Se tourna vers ses sœurs pâles, et faisant voir
Au disciple ébloui dans la pourpre du soir
Leurs visages mouillés d'une rosée amère,
Murmura : « Nous pleurons sur la fille d'Homère. »

Février 1864.

A GEORGES ROCHEGROSSE

Enfant dont la lèvre rit
Et, gracieuse, fleurit
Comme une corolle éclose,
Et qui sur ta joue en fleurs
Portes encor les couleurs
Du soleil et de la rose !

Pendant ces jours filés d'or
Où tu ressembles encor
A toutes les choses belles,
Le vieux poete bénit
Ton enfance, et le doux nid
Où ton âme ouvre ses ailes.

Hélas ! bientôt, petit roi,
Tu seras grand ! souviens-toi
De notre splendeur première.
Dis tout haut les divins noms !
Souviens-toi que nous venons
Du ciel et de la lumière.

Je te souhaite, non pas
De tout fouler sous tes pas
Avec un orgueil barbare,
Non pas d'être un de ces fous
Qui sur l'or ou les gros sous
Fondent leur richesse avare,

Mais de regarder les cieux !
Qu'au livre silencieux
Ta prunelle sache lire,
Et que, docile aux chansons,
Ton oreille s'ouvre aux sons
Mystérieux de la lyre !

Enfant bercé dans les bras
De ta mère, tu sauras
Qu'ici-bas il faut qu'on vive
Sur une terre d'exil
Où je ne sais quel plomb vil
Retient notre âme captive.

Sous cet horizon troublé,
Ah ! malheur à l'Exilé
Dont la mémoire flétrie
Ne peut plus se rappeler,
Et qui n'y sait plus parler
La langue de la patrie !

Mais le ciel, dans notre ennui,
N'est pas perdu pour celui
Qui le veut et le devine,
Et qui, malgré tous nos maux,
Balbutie encor les mots
Dont l'origine est divine.

Emplis ton esprit d'azur!
Garde-le sévère et pur,
Et que ton cœur, toujours digne
De n'être pas reproché,
Ne soit jamais plus taché
Que le plumage d'un cygne!

Souviens-toi du Paradis,
Cher cœur! et je te le dis
Au moment où nulle fange
Terrestre ne te corrompt,
Pendant que ton petit front
Est encor celui d'un ange.

Septembre 1865.

LE BERGER

Tandis qu'autour de nous la Nature se dore
Ivre de fleurs, d'amour et de clartés d'aurore,
Et que tout s'embellit de rayons souriants,
Les chercheurs, les penseurs, les esprits, les voyants,
Les sages, dont la main croit à ce qu'elle touche,
Tiennent dans leur compas l'immensité farouche,
Et disent : « Ce berger, que vous appelez Dieu,
N'existe pas. Là-haut, dans les plaines de feu,
Les blancs troupeaux, suivant la trace coutumière,
Sans nul guide, au hasard, marchent dans la lumière
Et, sans que jamais rien ne gêne leur essor,
Rentrent, quand ils sont las, dans leurs cavernes d'or. »
 Puis dans leur noir réduit, plein d'ombre et de fumée,
Les orgueilleux savants, dont l'oreille est fermée,

Murmurent, en montrant d'en-bas les vastes cieux :
« Là tout est vide, car tout est silencieux. »
 Cependant, pour bercer l'infini qui respire,
Le doux Berger pensif touche sa grande lyre ;
Il conduit par ses chants tous les monstres vermeils,
Les Constellations, les Hydres, les Soleils,
Et, sans souci du vil chasseur qui tend des toiles,
Fait marcher devant lui ses grands troupeaux d'Étoiles.

Mars 1864.

LA FLEUR DE SANG

Enfant encore, à l'âge où sur nos fronts éclate
La beauté radieuse, un jour dans la forêt
Je vis un Dieu vêtu d'une robe écarlate.

Secouant ses cheveux que le soleil dorait,
Il me cria : « Veux-tu m'adorer, vil esclave ? »
Et je sentis déjà que mon cœur l'adorait.

Ses flèches, que tourmente une main forte et brave,
S'agitaient sous ses doigts ; le lourd carquois d'airain
Tremblait de son courroux et rendait un son grave.

Implacable, attachant sur moi son œil serein,
Il me cria : « Veux-tu baiser, de cette bouche
Tout en fleur, ma chaussure et mon pied souverain ?

Je suis le Dieu sanglant, je suis le Dieu farouche,
L'âpre ennemi, le fier chasseur ailé, vainqueur
Des monstres, le cruel archer que rien ne touche ;

Je suis l'Amour ; veux-tu me servir, faible cœur?
Je te ferai sentir la griffe des Chimères
Et je te verserai ma funeste liqueur.

Je prendrai les meilleurs des instants éphémères
Que doit durer ici ton corps matériel,
Et tu fuiras en vain les angoisses amères.

J'éteindrai tes beaux yeux qui reflètent le ciel,
Je flétrirai ta joue, et dans mes noirs calices
Tu trouveras un vin plus amer que du fiel.

Savoure sans repos mes atroces délices!
Car tu n'espères pas, tant que durent tes jours,
Épuiser ma colère, et lasser mes supplices.

Mes serpents font leurs nœuds dans l'abîme où tu cours,
Et pour manger ton foie au pied d'un roc infâme,
Ne vois-tu pas venir des milliers de vautours?

Quand la lâcheté vile aura souillé ton âme,
Ton martyre hideux ne sera pas fini;
Tu te consumeras sans éclair et sans flamme.

Toi que j'aurai cent fois quitté, cent fois banni,
Mordu par l'aiguillon de ta vieille habitude,
Tu me suivras encor, par ma froideur puni !

Tu vivras dans la haine et dans l'inquiétude
Jusqu'au jour où, brisé, tu connaîtras l'horreur
De la vieillesse affreuse et de la solitude. »

Ainsi le jeune Dieu parlait, et sa fureur
Était comme les flots amers qu'un gouffre emporte,
Et moi je pâlissais de rage et de terreur.

Je tressaillais, sentant mon âme à demi morte,
Comme sous le couteau du boucher la brebis,
Quand le chasseur Amour me parla de la sorte.

Et pourtant j'admirais sa beauté, ses habits
De pourpre, que le vent harmonieux soulève,
Et surtout, ô mon cœur, ses lèvres de rubis,

Larges roses de feu, comme on en voit en rêve,
Et dont le fier carmin, d'un sourire enchanté,
Ressemble à du sang frais sur le tranchant d'un glaive.

J'égarais mes regards sur son col indompté,
Neige pure, et tandis qu'il m'insultait encore,
Fou de honte, éperdu sous l'âcre volupté,

J'ai crié : « Dieu farouche et sanglant, je t'adore. »

Mars 1857.

HERMAPHRODITE

Dans les chemins foulés par la chasse maudite,
Un doux gazon fleuri caresse Hermaphrodite.
Tandis que, ralliant les meutes de la voix,
Artémis court auprès de ses guerrières, vois,
Le bel Être est assis auprès d'une fontaine.
Il tressaille à demi dans sa pose incertaine,
En écoutant au loin mourir le son du cor
D'ivoire. Quand le bruit cesse, il écoute encor.
Il songe tristement aux Nymphes et soupire,

Et, retenant un cri qui sur sa lèvre expire,
Se penche vers la source où dans un clair bassin
Son torse de jeune homme héroïque, et son sein
De vierge pâlissante au flot pur se reflète,
Et des pleurs font briller ses yeux de violette.

Mars 1858.

LE CHER FANTÔME

O larmes de mon cœur, lorsque la bien-aimée
Fut morte, et que sa tombe, hélas ! fut refermée,
Quand tout fut bien fini, quand je demeurai seul,
Ayant vu cette enfant cousue en son linceul,
Oh ! je ne pleurai pas son âme, non, sans doute !
Car tout me disait bien que l'âme prend sa route
Vers les déserts du ciel éthéré ; qu'étant Dieu,
Elle s'élancera vers les astres de feu
Comme un puissant oiseau, pour se plonger, ravie,
Dans les ruissellements de joie et dans la Vie.
Mais je pleurais sa forme adorable, son corps
Où la grâce divine avait mis ses accords,
Et dans son effrayante et chaste et fière allure
Cet or en fusion qui fut sa chevelure !
  Quoi ! disais-je, cet or, ces roses, ces blancheurs,
Cette chair, où couraient les plus douces fraîcheurs,
Ces noirs sourcils, les cils que la brise querelle,
Sa prunelle où la flamme était surnaturelle,
Son bras pur, ces lueurs fauves qui m'enivraient,
Ces pourpres, ces rougeurs, ces lèvres qui s'ouvraient
Voluptueusement ainsi que des corolles,
Tout cela n'est plus rien désormais ; ses paroles

Ne dérouleront plus des notes de cristal !
O douleurs, ô ruine, ô délire fatal !
Quoi ! ce chef-d'œuvre entier de formes et de lignes,
Son jeune sein, plus blanc que la plume des cygnes,
Et ce vague frisson de rose d'Orient
Où la lumière passe et joue en souriant,
Ces dents où la caresse aimante se mutine,
Cet ensemble de grâce et de force enfantine,
Ce beau type idéal sur la terre jeté
Dans sa perfection et son étrangeté,
Va s'endormir sous l'herbe et, dépouille flétrie,
Cet objet merveilleux de mon idolâtrie
Dans la nuit du tombeau, dans l'immuable hiver,
Lambeau meurtri, pâture effroyable du ver,
Sentira donc sur lui ces bouches assassines
Dans la terre gluante où passent des racines !

 Puis sa chair, ses os même en cendre s'en iront ;
L'arbre insensible et dur poussera dans son front,
Et les buissons, les fleurs, l'herbe du cimetière,
Nourris d'elle à jamais, la boiront tout entière !
Elle fera grandir les rameaux chevelus,
Et de tant de trésors il ne restera plus
Que le lys meurtrier et la rose sanglante !

 C'est ainsi qu'en ma tête en feu, de pleurs brûlante,
Je roulais ma misère et mon affreux souci.
Moi, le fougueux athlète à la lutte endurci,
Je sentais mon courage, archer vainqueur de l'ombre,
Fuir étonné devant l'horreur de la nuit sombre,
Comme aussi ma vertu, ce cavalier géant,
Frissonner sur le gouffre immense du néant.
Pâle, éperdu, pensif, pris dans un noir délire,
Je n'osais même plus toucher la grande lyre.
Pendant plus de trois ans privé de ma raison,
Et revoyant toujours le verre de poison
Dans sa petite main tremblante, avec délice

Je pleurai cette enfant qui fut mon Eurydice,
Et, comme un naufragé qui sous le gouffre vert
Évanoui, rigide et par les eaux couvert,
Ne sentant même plus le froid qui le dévore
Ni le ruissellement glacé, gémit encore
Parmi l'obscurité murmurante des flots.
Même dans mon sommeil je poussais des sanglots.

  Mais une nuit, au sein des sinistres féeries,
Tandis que je dormais sous le fouet des Furies,
Et que dans le cruel silence mes tourments
S'exhalaient par des pleurs et des gémissements,
Je la revis, c'était bien elle ! dans un rêve.
Oh ! si belle toujours ! Sa chevelure d'Ève,
Comme une vapeur d'or, voltigeait à l'entour
De son front ; son visage étincelait d'amour,
Et mes regards, fermés pour les choses profanes,
Voyaient le sang courir dans ses bras diaphanes !
Lumineuse, traînant un long vêtement bleu,
Contre la cheminée où brûlait un grand feu
Elle appuya sa main d'opale radieuse,
Et toute son allure était mélodieuse !

  L'ardent rayonnement que projette l'esprit
La faisait resplendir tout entière ; elle ouvrit
Sa bouche dont la ligne eût ravi Praxitèle
Et parla : « Cher, ô cher exilé, disait-elle
En laissant résonner le cristal de sa voix,
Ne pleure plus ! Je vis telle que tu me vois,
Fraîche comme le lys et la rose trémière.
Mes cheveux fulgurants, effluves de lumière,
Vivent ; et ces couleurs, ces formes, ces contours
Que tu nommais jadis mon corps, vivent toujours,
Mais beaux, mais rajeunis par une apothéose,
Et ma lèvre d'enfant sourit, sanglante et rose !
L'âme silencieuse et le corps sont tous deux
Immortels sans retour, et ce serpent hideux

Qui mord, en se tordant, le talon de ses maîtres,
La Mort, ne détruit pas la figure des êtres.
Ce qui meurt ici-bas naît dans l'infini bleu.
Écoute bien ceci : Quand le pouce de Dieu
S'est imprimé, rêveur, sur une face humaine,
L'empreinte vit, malgré la mort, malgré la haine,
Malgré la sombre nuit d'où l'esclave aux beaux yeux
Une seconde fois s'élance radieux.

Oui, sans doute, la Mort, l'être affreux que tu nommes
La Mort, mange et détruit l'enveloppe des hommes ;
Elle plante sa dent cruelle dans nos chairs,
Et, pour le désespoir de ceux qui nous sont chers,
Avec les ossements d'où veut sortir un ange
Elle fait de la cendre inerte et de la fange ;
Mais, quand son noir travail est fini, quand sa main
A pendant bien des jours torturé l'être humain,
Lorsqu'elle a transformé ce chef-d'œuvre en poussière,
Alors, du limon vil, de la cendre grossière,
Où tout s'arrêterait pour le stoïcien,
Renaît un corps nouveau, tout pareil à l'ancien,
Effrayant comme lui pour la Mort altérée,
Mais fait d'une substance encor plus éthérée.

Dans ses veines, après le formidable exil
De la terre, circule un sang vif et subtil ;
Sa lèvre, qu'un rayon touche, se rassasie
D'air immatériel saturé d'ambroisie ;
Son esprit est lumière, et ses sens plus parfaits
Pénètrent d'un seul coup la cause et les effets.
Mais ce qui fut d'abord sa beauté sur la terre
Survit dans son aspect divin que rien n'altère,
Et, lorsqu'il est permis à l'homme sans remords
De les voir dans un rêve, il reconnaît les morts.
Oui, regarde-moi bien, je vis, blanche, enflammée,
Pure, mais telle enfin que tu m'as tant aimée,
Superbe comme Hélène à la clarté du jour.

Et quand, né de la fange et de l'ombre, à ton tour
Tu te verras surgir éperdu vers l'aurore,
N'emportant d'ici-bas que ta lyre sonore,
Nos chers liens d'amour ne seront pas brisés,
Et tu retrouveras mon front sous tes baisers.
    Seulement, désormais, les ombres sépulcrales
Ont fui mes yeux emplis de lueurs sidérales ;
Mon pied, qui de l'espace ouvert n'est plus banni,
Bondit d'un vol charmant dans le libre infini ;
Mes sens plus compliqués et qui percent les voiles
Perçoivent dans l'éther le parfum des étoiles
Et voient distinctement les formes de l'azur.
La musique des cieux, le chant jadis obscur
Des sphères, dans son rhythme arrive à mon oreille ;
Les constellations de la voûte vermeille
Pendent à ma portée, et je touche à leurs nœuds
Épars, et dénouant mes cheveux lumineux
Au vent du ciel baigné dans le concert des astres,
Je l'écoute, appuyée au pied des bleus pilastres,
Tandis que tout un chœur au vol démesuré
Accourt au flamboiement de mon vol azuré.
Vois-les, ces cheveux d'or où le rayon se pose,
Ce front, ces bras de neige et ce talon de rose,
Et cette bouche folle heureuse de fleurir,
Ne pleure plus jamais ce qui ne peut mourir,
Et que ta voix parmi les hommes se déploie
Dans un immense chant lyrique, ivre de joie. »
    Vision, vision ! toujours tu brilleras
Devant ma face, avec la neige de ses bras,
Et je suivrai toujours dans une ombre sacrée
Sa chevelure d'or par des flammes dorée.
C'est pourquoi je serai joyeux, comme un sculpteur
Dont l'âme virginale et dont l'œil contempteur
Ne veut pas une tache à la blancheur des marbres ;
Près de la source froide, ange, et sous les grands arbres,

Dans un chant triomphal qui se rit du tombeau,
Je redirai la gloire immortelle du Beau.
Tout brûlant du baiser céleste d'Eurydice,
Je chanterai l'Amour, la Clarté, la Justice,
Et les hommes pensifs s'éblouiront de voir
Mes regards de héros, fixés sur le Devoir,
Mépriser tous les vils intérêts de la terre,
Cependant que mon Ode ouvre, fleur solitaire,
Son calice de pourpre ardente épanoui,
Et que je sentirai, dans un rêve inouï,
Cet Ange glorieux, vainqueur des épouvantes,
Secouer sur mon front des étoiles vivantes.

Juin 1860.

L'AME DE CÉLIO

Ce calme Célio, ce fils de la Chimère
Qui passa comme un rêve, et qu'on pleure aujourd'hui,
Ce jeune homme pensif, beau comme un dieu d'Homère,
Je l'ai connu ; je veux parler encor de lui.

Mais parmi nous, d'ailleurs, son image est vivante !
Terrible, et secouant dans l'air un feu subtil,
Sa lourde chevelure inspirait l'épouvante,
Et sa bouche, ô douceur ! charmait le mois d'avril.

Poete, comme il fut adoré dès ce monde !
Oh ! que de fois, songeant à nous, il déroula
Du bout de ses doigts fins l'or d'une tresse blonde,
Sans savoir qu'à ses pieds une femme était là !

Adoré ! tout l'aimait dans sa grâce première.
Pourtant l'âme féroce et lâche de Don Juan
N'habita point ce corps pétri dans la lumière
Que berçaient les sanglots du sauvage Océan !

Non, pour voir jusqu'à lui de pâles favorites
Lever l'œil extatique et voilé du martyr,
Il n'avait pas versé de larmes hypocrites,
Et jamais Célio n'eut besoin de mentir.

Car la séduction émanait de son être,
Comme du diamant le rayon étoilé.
Il n'avait qu'à venir pour dominer en maître ;
Sa voix persuadait avant d'avoir parlé.

Oh ! savez-vous combien de femmes que dévore
Même à présent son nom, traînant de longs ennuis,
Le murmuraient aux soirs, et criaient à l'aurore :
Je l'aime ! et se plaignaient aux haleines des nuits !

Et les vierges en fleur, troupe folle et timide,
Honteuses de sentir frissonner leurs bras nus,
Le suivaient dans le bal d'un long regard humide,
Et, blanches, étouffaient leurs soupirs ingénus.

Mais ce ne fut pas lui, cet amant des orages,
Qui put se réjouir à voir couler des pleurs,
Ou qui suivit la gloire et ses fuyants mirages.
Avenir, avenir, son âme était ailleurs !

Que disait-il aux bois, quand, sous leur sombre voûte,
Il écoutait, caché dans le feuillage noir,
L'eau céleste filtrer et pleurer goutte à goutte,
Délicieusement, comme son désespoir ?

Car il fut un vrai fils des antiques Orphées,
Et la création l'accueillait en ami
Dans la clairière obscure et près des sources fées
Où brille le serpent, sur le sable endormi.

Que disait-il, penché sur le flot des fontaines,
Aux fleurettes de l'herbe, aux nids dans les roseaux,
Quand d'une voix si tendre il leur contait ses peines,
Lui qui savait aussi la langue des oiseaux ?

Ou bien, avec l'aurore il fuyait dans la brume,
Farouche et, comme l'Ange horrible du trépas,
Monté sur un cheval effaré, blanc d'écume,
Qu'il faisait obéir en lui parlant tout bas.

Mais il aima surtout cette consolatrice,
La Nuit, la grande Nuit qui, dans ses cheveux bruns,
De nos seins déchirés baise la cicatrice,
Et berce nos tourments au milieu des parfums ;

La Nuit et ses lueurs de diamant, froissées
Par l'aube, dont l'opale éclate au front du ciel,
Et le frissonnement des étoiles glacées
Qui guérit les transports de nos cœurs pleins de fiel.

Il contemplait, de l'ombre où nos larmes tarissent,
Dans le jardin de joie à nos pas défendu,
Ces guirlandes, ces lys de clarté qui fleurissent,
Et leur parlait alors, de douleur éperdu !

Il leur disait, noyé dans les horreurs du gouffre
Que l'insondable azur suspend sur notre effroi :
« O constellations, vous voyez que je souffre,
Flambeaux de l'éther vaste, ayez pitié de moi ! »

Et les hommes, voyant ce beau porteur de lyre
N'avoir pour seuls amis que les astres des cieux,
Dans lesquels ses regards pénétrants savaient lire,
Voulaient prendre en pitié son cœur silencieux.

« Oh ! disaient-ils, songeur caressé par les flammes,
La beauté resplendit sur ton visage altier
Baigné par des flots d'or, enchantement des âmes,
Et ta lèvre est pareille aux fleurs de l'églantier.

Quand tu lèves tes yeux à la clarté fidèles,
Dans tes prunelles d'or l'éclair semble jaillir ;
Les vierges de seize ans, quand tu passes près d'elles,
Sentent leur voix s'éteindre et leur sang tressaillir.

La vertu dédaigneuse et la pudeur farouche
Se changent pour toi seul en désirs embrasés ;
Tu charmes l'innocence elle-même, et ta bouche
Est comme un seuil divin meurtri par les baisers.

Comme un Dieu triomphant tu parus dans la vie,
Dont ta pensée agile a déjà fait le tour ;
Mais qui pourrait remplir ton âme inassouvie,
Sinon le flot immense et clair d'un seul amour ?

Ah ! sans doute, bel Ange effrayé de ton rêve,
Tu chercheras bientôt la fraîcheur du matin,
Et tu te guériras des voluptés sans trêve
Près d'une blonde épouse au regard enfantin.

Ainsi qu'un matelot fatigué des tourmentes,
Et las de voir toujours le gouffre tournoyer,
Tu renaîtras alors, et loin de tes amantes
Tu connaîtras enfin la douceur du foyer. »

Tels ils parlaient ; mais lui, bercé par la musique
Suave qu'il écoute au fond du ciel obscur,
Répondait lentement de sa voix héroïque,
Dont la sérénité fait songer à l'azur :

« Oui, le calme plairait à ma fierté jalouse,
Et j'aspire en silence à l'oubli des combats.
Oui, mon cœur tout sanglant appelle son épouse ;
Mais que me parlez-vous de bonheur ici-bas ?

Croyez-vous que je puisse en des routes fleuries
Oublier les déserts d'épouvante peuplés,
Quand mes frères tremblants, sous le fouet des Furies,
Baissent avec horreur des fronts échevelés ?

Ah ! donnez-leur aussi l'épouse blonde et fière
Qui tend sa lèvre en fleur plus douce que le vin,
Et le vieux lit de chêne, et la pure lumière
Du rajeunissement, sans lequel tout est vain !

Mais s'ils doivent, sans cesse abreuvés d'amertume,
Leur bâton dans la main poursuivre l'horizon,
Sans voir pendant les mois de frimas et de brume
Une lampe fidèle éclairer leur maison ;

S'il faut que chaque jour avive leur blessure,
Et qu'à peine échangeant quelque parole entre eux,
Toujours ces voyageurs gardent sur leur chaussure
La trace des cailloux et des chemins poudreux ;

Tant qu'il ne viendra pas une heure de délices
Pour guérir tous les maux dont leur cœur est navré,
Je refuse ma lèvre aux suprêmes calices
Du bonheur ; et comme eux jusque-là je vivrai

Avec l'âpre douceur de l'oiseau solitaire
Qui fuit d'un vol affreux les arbres et les nids,
Et qui plane toujours, altéré de mystère,
Ou sur la foule en pleurs ou dans les cieux bénis !

Car, puisque nous parlons dans ce temps misérable
Où les Exilés seuls ont encor soif du beau,
Et, dans leur piété pour la muse adorable,
Gardent le lys sans tache et le sacré flambeau,

Non, je ne saurais pas chanter aux pieds d'une ange
Et voir à mes côtés dormir de beaux enfants,
Tandis que je les vois qui marchent dans la fange,
Tristes, désespérés, maudits, mais triomphants.

Comme à présent la pourpre est une chose vile
Que les passants haineux peuvent injurier,
Je montrerai la mienne à ce troupeau servile :
Je veux ma part de honte et ma part de laurier.

Ma place est près de ceux qui sur leur sein d'ivoire
Etalent, sans souci du railleur odieux,
Ce lambeau d'écarlate auguste et dérisoire
Qui désigne ici-bas les bouffons et les Dieux.

Pour si peu qu'il leur reste un éclair de génie
Dont les buveurs de flamme un jour s'enivreront,
Je veux, je veux ma part de leur ignominie ;
Je veux porter comme eux de la boue à mon front.

Je ne suis pas celui qui peut goûter la gloire
Loin des miens, et me plaire aux loisirs du vainqueur,
Lorsque derrière moi, dans l'ombre épaisse et noire,
On foulerait aux pieds ces morceaux de mon cœur.

Ainsi, ne tentez pas mes heures de délire,
Foyer, chaste bonheur qu'envierait ma raison !
Je mêle mes fureurs aux sanglots de la lyre ;
Je n'ai pas de famille et n'ai pas de maison.

Ma maison, c'est le roc aimé des tourterelles,
La grotte dont le lierre a tapissé le mur,
C'est le palais empli de joie et de querelles
Dont le dôme est bâti de feuillage et d'azur.

C'est l'abri sourcilleux que la nature enchaîne
A la bouche des flots tordus par les autans ;
C'est la nuit du ravin ; c'est le tronc noir du chêne
Meurtri par le tonnerre et creusé par le temps.

C'est l'antre d'où l'on voit courir les blanches voiles
Dans les flocons d'écume et sur le gouffre amer ;
C'est la caverne au front baisé par les étoiles,
D'où l'on entend gronder et sangloter la mer !

Ma famille, ce sont tous ces pâles convives
Qui, n'ayant pas eu faim du terrestre repas,
Tremblent comme des lys au bord des sources vives,
Et qui ne filent pas et ne travaillent pas !

C'est vous, poëtes forts que les épines blessent,
Vous qui sur tous les maux tenez vos fronts penchés,
Et dont les mains, toujours vierges et blanches, laissent
Une odeur d'ambroisie à ce que vous touchez !

C'est vous chez qui la grâce a conservé son culte,
Statuaires, démons obstinés et chercheurs,
Fiers de vivre éperdus pour un art qu'on insulte,
Dans l'éblouissement lumineux des blancheurs !

C'est vous tous dont le pied bondit sur les rivages,
Et qui dans les buissons où rit une clarté,
Cueillez en même temps que les mûres sauvages
Ce fruit des grands chemins qu'on nomme liberté.

C'est le vieux mendiant farouche, qui s'enivre
De la sierra vermeille et du ciel espagnol ;
C'est toi dont le parfum m'encourageait à vivre,
Rose de la montagne, et c'est toi, rossignol !

C'est vous, derniers amants de la lyre assassine,
Pauvres comédiens, qui le long du coteau
Emportez au soleil Marivaux et Racine,
Sous le manteau riant que vous donna Wateau !

Idoles aux beaux yeux, c'est vous ! dont le poëte
Consolera pendant toute l'éternité
La beauté sculpturale et grandiose, faite
Pour l'infamie, ou bien pour la divinité.

Vous roulez au ruisseau, race éclatante et rose !
Dans les jours de cet âge aveugle et sans essor,
Qui ne se hausse pas jusqu'à l'apothéose
De vos fronts de lumière et de vos tresses d'or !

Il vous jette à l'enfer plein d'ombres sépulcrales,
Parce qu'il ne saurait, dans son dédain jaloux,
Allumer sur vos fronts les clartés sidérales !
Venez, je vous le dis, ma famille c'est vous.

Victime aux longs cheveux, muse, beauté, génie !
Grande vierge promise au supplice immortel,
C'est toi que chaque jour, comme une Iphigénie,
Le couteau du grand prêtre égorge sur l'autel !

Ah! peut-être qu'enfin, race pleine de joie !
Quand les vautours de l'air acharnés sur ton flanc
Seront las de te mordre et de manger ton foie,
Et d'agrandir ta plaie et de boire ton sang,

Nourrice de héros, sainte aristocratie,
Tu régneras avec ton regard azuré
Sur ce monde qui rêve à peine et balbutie,
Et certes, ce jour-là, je me reposerai ! »

C'est ainsi que parlait aux passants de la terre
Le divin Célio, que regrettent les fleurs.
Il est mort sans avoir à son lit solitaire
Une timide épouse échevelée en pleurs.

Mais sur l'âpre montagne où parmi l'herbe haute
Frémit le bouton d'or, par la brise plié,
La forêt, dont il fut le compagnon et l'hôte,
Depuis qu'il est parti, ne l'a pas oublié !

Et les trembles d'argent, les chênes, les érables,
Et la grotte où frissonne un luth éolien,
Et l'eau vive, si douce au cœur des misérables,
Et les grands sapins noirs se le rappellent bien !

Et la mer, et la mer plaintive, son amante,
Et l'Océan houleux brisé par les récifs,
Murmurent sans repos son nom dans la tourmente
Et l'apprennent encore aux matelots pensifs.

Et quand viennent les jours d'été, blancs et féeriques,
Les sculpteurs amoureux des symboles anciens,
Les peintres éblouis, les poètes lyriques,
Les chanteurs vagabonds et les musiciens

Songent sans désespoir au marbre funéraire
De ce martyr d'amour beau comme Alaciel,
Et disent : « Parfumez l'âme de notre frère !
Aimez-le, fleurissez pour lui, roses du ciel ! »

Et ce troupeau toujours blessé, les amoureuses,
Qui se donnent en rêve à cet homme indompté
Et relisent ses vers dans leurs heures fiévreuses
Avec les longs frissons de l'âcre volupté,

Et le mendiant, fils de gueux, qui s'extasie
De voir briller l'Aurore en son riche appareil,
Et qui sur ses haillons, comme un prince d'Asie,
Porte joyeusement un habit de soleil,

Et ces divinités mornes sous leur dentelle
Dont les attraits, au lieu de durer deux mille ans,
S'effaceront demain faute d'un Praxitèle,
Et qui n'ont plus d'abri dans les temples croulants.

Et les petits oiseaux donneurs de sérénades
Avec le barde ailé des cieux, le rossignol,
Et les filles d'amour qui vont par les bourgades
Jouer en corset d'or Chimène et doña Sol ;

Et tous ceux qui mourront pour l'amante de pierre,
Tous les pauvres, tous les rêveurs, tous les maudits
Répètent chaque soir, en faisant leur prière :
« Accueillez-le, Seigneur, dans votre Paradis ! »

Nice, janvier 1860.

LA BELLE AUDE

En arrivant dans sa ville aux cent tours,
Charles s'écrie : « Ah! cœurs pleins d'artifice!
Ah! mécréants! pourvoyeurs de vautours!
Il faut enfin qu'on vous anéantisse.
Que tous les pairs de ma cour de justice
Viennent, dit-il, me trouver sans délais :
Je veux qu'on parte et qu'on les avertisse. »
Mais en passant le seuil de son palais,

Sous un habit d'argent où l'émeraude
Jette ses feux près du rubis sanglant,
Il voit venir près de lui la belle Aude
Aux fins cheveux d'or pâle et ruisselant.
« Sire, dit-elle au roi pâle et tremblant
Que le désir de la vengeance affame,
Où donc est-il votre neveu Roland,
Qui m'a juré de me prendre pour femme? »

A ce discours le puissant Empereur,
Le vieux lion couronné, le grand chêne,
Baisse la tête et frémit de terreur.
De larges pleurs brûlants, des pleurs de haine,
Tombent à flots dans sa barbe hautaine :
« Hélas! dit-il, ce faiseur de travaux,
Cet artisan d'exploits, mon capitaine,
Le bon Roland, est mort à Roncevaux.

Mais, ô ma sœur! amie au col du cygne,
Je te promets un époux, fils d'aïeux
Fiers de lignage et de valeur insigne

Pour te servir à la face des cieux.
Il séchera les larmes de tes yeux
Qui pleureraient toujours de chers fantômes.
C'est mon Louis, je ne puis dire mieux :
Il est mon fils, il aura mes royaumes. »

Aude sourit. Vite, un rayon charmant
Fleurit sa lèvre austère que l'on vante :
« Je le vois bien, dit-elle doucement
A l'Empereur tout glacé d'épouvante,
Vous vouliez donc railler votre servante!
Vous m'avez dit ces choses-là par jeu!
Que, Roland mort, Aude reste vivante!
Cela ne plaise à notre seigneur Dieu! »

Elle pâlit. Comme dans la campagne
Se brise un lys, la jeune fille ainsi
Se laisse choir aux pieds de Charlemagne,
Le cœur brisé par un si grand souci.
Sa lèvre est blême et son cœur est transi,
La voilà morte et froide et son front penche
Morte à toujours! Dieu lui fasse merci
Et dans les cieux prenne son âme blanche!

L'Empereur tremble et tressaille; d'abord
Il ne la croit que pâmée ; il la frôle ;
Il la soulève en tremblant, lui si fort!
La tête, hélas! retombe sur l'épaule.
Va, c'en est fait, ô perle de la Gaule!
Ses longs cheveux, tandis qu'elle s'endort,
Tombent pareils à des branches de saule :
C'est bien le doigt farouche de la mort.

Charles, pensif, navré dans ses tristesses,
Ayant connu cette vaillante amour,

Au même instant mande quatre comtesses
Qu'il fit venir en grand deuil à sa cour
Pour veiller Aude aux bras blancs nuit et jour.
Et puis elle eut sa place aux pieds des Anges,
Dans un moutier de nonnains, doux séjour
Où de Marie on chante les louanges.

Sa blanche tombe est sous un noir buisson
Où l'aubépine étend ses longues branches.
Le rossignol en suave chanson
Y vient la nuit jeter ses notes franches;
La violette et les sombres pervenches
Semblent gémir sur un trépas si beau,
Et l'on verra des roses toutes blanches
Pendant mille ans fleurir sur son tombeau.

Car elle est morte, aimable entre les vierges!
Et Ganelon attend son jugement,
Vil, enchaîné, meurtri, fouetté de verges.
Mais Aude morte égale son amant.
Dans le sépulcre elle dort fièrement,
Et Charles pleure encor cette pucelle
Qui fut sans tache ainsi qu'un diamant,
Et brave cœur et gente demoiselle.

Nice, janvier 1860.

ROUVIÈRE

Rouvière! Il fut de ceux que l'Art prend pour victimes
Il fut de ceux qu'on voit se plonger dans la nuit
Où le poëte parle avec des mots sublimes
Mêlant aux ouragans leurs sanglots et leur bruit.

Ces artistes, ces rois, ces lutteurs qui, sans règles,
S'offrant à la tempête et cherchant ses baisers,
Gravissaient la montagne où fuit le vol des aigles,
En reviennent un jour pâles, muets, brisés.

Ils reviennent muets d'épouvante, et la foule,
Indifférente, hélas! qui ne devine rien,
En voyant la sueur qui sur leurs tempes coule,
Murmure : « Qu'a-t-il donc, notre comédien?

Qu'a-t-il donc? souffre-t-il de ces chimères vaines? »
O bon public, parfois tendre et parfois moqueur!
Il a qu'il sent le froid aigu mordre ses veines,
Parce qu'il t'a donné tout le sang de son cœur.

Oui, c'est étrange. Il est des acteurs qui succombent,
Jouet de leur amour et de leur passion,
Et que le Drame étreint dans sa serre, et qui tombent
Flagellés par le vent de l'Inspiration

Nous en avons connu : Dorval échevelée
Et Frédérick versant les larmes de Ruy Blas,
Malibran qui tenait sa lyre désolée,
Rachel mourante et blanche, et lui, Rouvière, hélas!

Et lui, car il n'est pas d'audaces impunies!
Lui qui subit l'horreur de son destin fatal,
Parce qu'il s'enivrait au festin des génies
De ce vin enflammé qu'on nomme l'Idéal.

Shakspere l'emportait dans la forêt hantée
Que son puissant esprit peuple d'illusions,
Et l'artiste, vaincu par ce grand Prométhée,
Revenait devant nous en proie aux visions.

Hamlet, ô jeune Hamlet, sombre amant d'Ophélie !
Pauvre cœur éperdu, que cette morte en fleur
Emporte dans la nuit de sa douce folie,
Non, ce n'est pas en vain qu'on touche à ta douleur.

Tu prononces des mots trop divins pour nos lèvres !
On a le front pensif et le regard flétri
Dès que l'on a connu tes douloureuses fièvres,
Et pour toute la vie on en reste meurtri.

Oh ! que Rouvière aima ce tragique poeme
Dont on meurt, et combien c'était un noble jeu,
Quand le peuple naïf, qui l'admire et qui l'aime,
Le voyait se débattre, effaré, sous le Dieu !

Il l'aimait aussi, lui, ce peuple dont la bouche
Hait les vins frelatés que nous lui mélangeons,
Et, traînant devant lui le chef-d'œuvre farouche,
Il lui disait : « Voilà Shakspere. Partageons. »

O fiers combats où l'homme est vaincu par le rêve !
O lutte formidable avec le grand aïeul,
Où l'artiste, à la fin, las d'un effort sans trêve,
Succombe ! Il est malade, il est pauvre, il est seul.

Seul ! Non. Lorsque Rouvière en cette angoisse amère
Tombait, sa sœur aux traits désolés et flétris
Le consolait avec la douceur d'une mère,
En attachant sur lui ses yeux, déjà taris !

La pauvre créature essayait de sourire,
Oh ! quand je la revois ainsi, mon cœur se fend !
Et plus que lui malade, et plus que lui martyre,
L'endormait dans ses bras comme un petit enfant.

Ah ! du moins, que mon Ode (ô siècle misérable !)
Les bénisse tous deux, le lutteur abattu.
L'artiste magnanime et sa sœur adorable,
Et garde une louange à leur mâle vertu !

Bénis soient-ils ! bénis soient ceux que sacrifie
L'imbécile faveur du vulgaire odieux,
Et qui pensent, et dont la bouche glorifie
Les poëtes sacrés et la race des Dieux.

Car, s'ils n'ont pas suivi la trace coutumière,
Si les chemins battus ont ignoré leurs pas,
Ils laissent après eux des traces de lumière,
Et leur nom est de ceux qui ne périssent pas.

Bénissons-les surtout d'être exilés au monde,
Bénissons-les d'avoir vécu pauvres et nus,
Austères, enfermés dans une foi profonde,
Pleins d'amour pour le temps qui les a méconnus.

Car, dans l'éternité qui leur garde ses fêtes,
La pauvreté, les pleurs, l'injustice, l'affront,
La haine, sont les purs rayons dont seront faites
Les vivantes clartés qu'ils auront sur le front !

  Mars 1866.

L'AVEUGLE

Un cavalier disait à Milton : « Je vous plains !
Car vos yeux, de colère et d'espérance pleins,
Qui déchiraient la voûte où le soleil gravite,
S'égarent, fous d'horreur, dans la nuit sans limite.

Comme un aigle banni du mont aérien
Dans un sombre cachot, vous ne voyez plus rien
Sur cette terre aux feux du ciel irradiée ;
Ni le couchant avec sa pourpre incendiée,
Ni le terrible azur et la blancheur des lys !
— Il est vrai, dit Milton, que mes regards, jadis
Plus éclatants que ceux des poetes célèbres,
Succombent maintenant sous d'épaisses ténèbres :
Mais c'est parce que Dieu, voyant mes ennemis
Jaloux de cette paix profonde où je frémis
Seulement d'allégresse en chantant ses louanges,
A pour me soutenir envoyé ses grands Anges.
Calmes, armés du glaive et répandant l'effroi,
Invisibles pour tous, ils volent devant moi
Épouvantant ma face et cachant mes prunelles,
Et cette nuit farouche est l'ombre de leurs ailes »

 Nice, mai 1860.

L'ATTRAIT DU GOUFFRE

Oh ! que me voulez-vous, lueurs vertigineuses ?
Divin silence, attrait du néant, laisse-moi !
Ainsi la mer, songeant par les nuits lumineuses,
Me faisait tressaillir de tendresse et d'effroi.

Ces yeux où les chansons des sirènes soupirent,
Océans éperdus, gouffres inapaisés,
Bleus firmaments où rien ne doit vivre, m'inspirent
La haine de la joie et l'oubli des baisers.

Les yeux pensifs, les yeux de cette charmeresse
Sont faits d'un pur aimant dont le pouvoir fatal
Communique une chaste et merveilleuse ivresse
Et ce mal effréné, la soif de l'Idéal.

Ils ne s'abritent pas, solitudes sans voiles,
Sous des cils baignés d'or et sous de fiers sourcils ;
Ondes où vont mourir les flèches des étoiles,
Rien ne cache au regard leur mirage indécis.

Ce sont les lacs sans borne où s'égare mon âme ;
Leur azur éthéré, vaste et silencieux,
Saphir terrible et doux, sans lumière et sans flamme,
Vole sa transparence à d'ineffables cieux.

Je sais que ce désert plein de mélancolie
Engloutit mon courage en vain ressuscité,
Et que je ne peux pas, sans trouver la folie,
Chercher ta perle, Amour! dans cette immensité.

L'éblouissement clair de ces froides prunelles
Où le féroce Ennui voudrait à son loisir
Savourer le poison des langueurs éternelles
M'enchante et me ravit dans un vague désir.

Il n'est plus temps de fuir, laisse toute espérance !
Ils m'ont appris, ces flots aux cruelles pâleurs,
Les voluptés du calme et de l'indifférence,
Et l'extase a tari la source de mes pleurs.

L'abîme où, sans retour, mon rêve s'embarrasse,
Semble immobile ; mais je le sens tournoyer.
Comme une lèvre humide, il m'attire et m'embrasse,
Et ma lâche raison frémit de s'y noyer.

Eh bien, je poursuivrai mon destin misérable :
Par-delà le fini, par-delà le réel,
Je veux boire à longs traits cette angoisse adorable
Et souffrir les ennuis de ce bonheur mortel.

    Bellevue, avril 1858.

LES FORGERONS

Rhythmé par le marteau sonore,
Le chant joyeux des forgerons
S'envole à grand bruit vers l'aurore,
Plus fier que la voix des clairons.

JEAN et JACQUES.

La forge mugissante allume
Nos fronts par la bise mordus,
Et son reflet parmi la brume
Chasse les corbeaux éperdus.

De la Noël au jour de Pâques,
Nuit et jour, c'est comme un enfer.

JACQUES.
Mon frère Jean,

JEAN.
    Mon frère Jacques,

JACQUES.
Soufflons le feu!

JEAN.
    Battons le fer!

JACQUES.
Fer grossier que la cheminée
Couvre ici de son noir manteau,
Jusqu'à la fin de la journée
Tremble et gémis sous le marteau!

JEAN.

Pour subir ta métamorphose,
Tu vas sortir, obscur encor,
De la fournaise ardente et rose,
Au milieu d'une gerbe d'or!

JACQUES.

Puis tu seras l'âpre charrue!
Tu répandras sur les sillons
La moisson blonde, que salue
Le chœur ailé des papillons

JEAN.

Tu seras le coursier de flamme.
Le coursier terrible et sans peur
Qui dans ses flancs emporte une âme
De charbon rouge et de vapeur.

JACQUES.

Tu seras la faux qui moissonne,
Tu courberas le seigle mûr,
Cette mer vivante où frissonne
L'écarlate et la fleur d'azur.

JEAN.

Lumière, d'ombre enveloppée,
Tu renaîtras au grand soleil;
Tu seras le fer de l'épée
Qui se rougit de sang vermeil.

JACQUES.

Ton destin vil enfin s'élève !
Tu vas surgir dans la clarté,
Pour te mêler, charrue ou glaive,
A la mouvante humanité !

JEAN.

Tu frémiras pour la justice!

JACQUES.

Tu serviras à déchirer
Le sein de la terre nourrice.

JEAN.

Tu vas combattre

JACQUES.

Et labourer!

Octobre 1859.

A AUGUSTE BRIZEUX

Poète, il est fini l'âpre temps des épreuves.
    Quitte nos solitudes veuves,
Et dors, libre et pensif, bercé par tes grands fleuves !

    Au milieu des brumes d'Arvor
Repose ! Ta chanson va retentir encor
    Sur la lande où sont les fleurs d'or.

Heureux qui resta pur en ces âges profanes !
　　　Longtemps les jeunes paysannes
Répéteront tes vers, de Tréguier jusqu'à Vannes !

　　　Ton poëme, génie ailé,
Volera sur le Scorf et sur le doux Ellé,
　　　Aux voix de leurs brises mêlé.

Oui, le repos est bon à l'homme qui travaille !
　　　Calme au sortir de la bataille,
Dors, Celte aux cheveux blonds, honneur de la Cornouaille.

　　　Je n'étais qu'un enfant joyeux
Lorsque tu vins, armé de l'arc mystérieux :
　　　Alors je te suivis des yeux.

Et, tel que les héros à la belle chaussure,
　　　Toi, tu lançais d'une main sûre
Les traits dont l'univers adore la blessure.

　　　Savant artiste, comme moi
Tu chéris l'harmonie et son étroite loi :
　　　Elle eut les trésors de ta foi.

O prodige inouï ! magnifique mystère !
　　　Malgré ses liens, l'Ode austère
S'envole, et ses pieds blancs ne touchent pas la terre.

　　　Qu'un esprit saturé de fiel
Boive à sa coupe, où brille un vin substantiel,
　　　Elle l'emporte au fond du ciel.

En vain ses préjugés aiguillonnaient ses haines.
　　　C'en est fait, il n'a plus de chaînes :
Tu le sais, fils béni de la mer et des chênes !

O Brizeux, nous pouvons mourir
Seuls, avant d'avoir vu les roses refleurir !
Mourons sans pousser un soupir.

Amoureux du vrai bien, notre lyre sonore
Saluait le feu qui colore
Au lointain rougissant la merveilleuse aurore.

Nous avons frappé le vautour
Qui se gorgeait de sang dans les cœurs pleins d'amour;
Nous avons crié : « C'est le jour ! »

Eh bien, que le vulgaire en ses funèbres fêtes
Accoure aux grandeurs qu'il a faites !
Le bruit et la louange aiment les faux prophètes.

Nous, contents d'avoir mérité
Qu'elle n'ait pas pour nous un regard irrité,
Suivons la sainte Vérité !

Quand se déchirera sur le temple d'ivoire
La nuée orageuse et noire,
Elle se chargera d'éclairer notre gloire;

Et, beaux de la haine du Mal,
Elle nous donnera son reflet triomphal
Sur le seuil du ciel idéal !

Mais, hélas ! tant d'amis perdus à la même heure !
Permets une fois que je pleure,
Muse ! car le silence envahit ta demeure.

Ce prince parmi tes amants,
Le grand Heine périt au milieu des tourments,
Les mains pleines de diamants.

O Déesse ! il tomba sous le laurier insigne.
    Puis l'Ange implacable désigne
Musset pâle et sanglant, qui s'éteint comme un cygne.

    O cher et sage paresseux !
Et tous deux pleins de jours ! Et voici qu'après eux
    La tourmente emporte Brizeux !

Laisse-moi, laisse-moi le pleurer ! la nature
    Allait bien à cette âme pure
Qui rêve maintenant sous une dalle obscure !

    Gémissez, fleuves qu'il chanta,
Terre dont la mamelle auguste l'allaita,
    Iol, et toi riant Létâ !

Oiseaux, feuillages, mer à la voix de tonnerre,
    Qui jettes un cri funéraire,
Enchantez son sommeil : il était votre frère !

    Près de vous, au jour redouté,
Il se réveillera pour l'immortalité,
    Brillant d'orgueil et de beauté.

    Bellevue, juin 1858.

CELLE QUI CHANTAIT

Voix solitaire, ô délaissée !
Victime tant de fois blessée,
Chère morte dont l'âme eut faim
Et soif d'azur, ô Marceline,
Dors-tu, sous la froide colline ?
As-tu trouvé le calme, enfin ?

Quand, parmi la lente agonie,
La douleur, qui fut ton génie,
T'arrachait de tremblants aveux,
Le souffle du maître farouche
En passant déliait ta bouche,
Et frissonnait dans tes cheveux.

Pâle, vouée à ta chimère,
Tes dents mordaient la cendre amère
T'en souvient-il, t'en souvient-il,
A présent que tes yeux sans voiles
S'emplissent de flamme et d'étoiles ?
Tu n'acceptais pas ton exil !

Tu t'écriais, inassouvie :
« Amour ! je veux, dès cette vie,
Ton délire immatériel
Et tes voluptés immortelles :
Puisque l'âme a gardé ses ailes,
Il faut bien qu'on lui rende un ciel ! »

Non ! tout désir qui nous déchire
N'est qu'un avant-goût du martyre !
Non, l'univers déshérité,
Où toute vertu saigne et pleure,
Ne peut pas nous donner une heure,
Fût-ce au prix de l'éternité.

Qu'importe ! marchons vers le rêve.
L'Ange a beau secouer son glaive
Sur le seuil que cherchent nos pas,
Rôdons aux portes entr'ouvertes !
Cherchons sur les cimes désertes
La rose qui n'y fleurit pas !

Allons-nous-en vers le mirage !
Écoutons à travers l'orage
La voix qui nous a désignés
Pour la félicité sereine,
Et que l'ombre à la fin nous prenne,
Vaincus, mais non pas résignés.

Vous le savez, brises fécondes,
Torrents qui roulez dans vos ondes
Une poussière d'astres clairs,
Cascades qui volez en poudre,
Sapins noirs brisés par la foudre,
Rochers mordus par les éclairs !

Vous le savez ; et toi, nuit noire,
Tu le vois, ce n'est pas la gloire
Que suit le poete aux beaux yeux.
Ce n'est pas pour elle, ô nature !
Qu'il verse à la race future
Un flot de chant mélodieux.

Ce n'est pas lui qu'on rassasie
Avec cette vaine ambroisie ;
Et dédaigneux du laurier vert,
Au milieu de la multitude
Il garde la morne attitude
D'un sphinx regardant le désert.

Mais quand ses odes ingénues
Sur le front immense des nues
Devancent l'aigle et le vautour,
C'est qu'il dit à l'antre sonore
La brûlure qui le dévore,
Seulement altéré d'amour !

<small>Octobre 1859.</small>

AMÉDINE LUTHER

A MADAME ANNA LUTHER

Adieu, bras de neige, adieu, front de rose !
    Adieu, lèvre hier déclose !

Amédine, hélas ! notre cher trésor !
    Blanche, douce, enfant encor !

Elle était rieuse, elle était vermeille,
    Plus légère que l'abeille !

Ses cheveux tombaient en flots triomphants,
    Blonds comme ceux des enfants,

Et resplendissaient, fiers de leur finesse,
    Sur ce front pur de Déesse.

Ils prenaient dans l'ombre, et comme par jeu,
    Des ruissellements de feu,

Et l'air se jouait parmi la dorure
    De cette noble parure.

O pâle ornement d'un front sidéral,
    Vapeur d'un or idéal !

Nulle n'aura plus, nulle enfant au monde,
    L'or sacré, la toison blonde

Qu'on voyait frémir autour de ton front !
    Jamais ils ne renaîtront

Ces rayons riants qui dans les ravines
   Jetaient des lueurs divines,

Lorsque tu courais, avec tes seize ans !
   O mort farouche ! O présents

Qu'ici-bas l'exil ne garde qu'une heure !
   Muse, gémis ! lyre, pleure !

N'est-ce pas hier qu'en sa voix passait
   La tendresse de Musset,

Et qu'elle parut, foulant le théâtre
   De son petit pied folâtre,

Si jeune, oh ! si jeune, espoirs adorés !
   Avec ses cheveux dorés

Et sa voix naïve, et son front qui penche !
   Sa petite robe blanche,

Hélas ! je la vois encor. Nous disions :
   « L'ange des illusions,

C'est elle ! Jamais lèvre plus choisie
   Ne versa la poésie.

Celle-ci n'est pas jeune pour un jour !
   Mais éclatante d'amour,

Pour jamais la grâce en fleur la décore
   Comme le lys et l'aurore ! »

Et déjà, déjà, pauvre ange mortel,
   Tu fuis dans l'horreur du ciel,

Dans l'immensité bleue aux sombres voiles
   Où frissonnent les étoiles !

Le lys est brisé. C'est fini. Plus rien
    Qu'un fantôme aérien

Dont les cheveux blonds aux mourantes flammes
    Caressent encor nos âmes.

Mais, va, jeune Grâce aux yeux si touchants !
    Tu renaîtras dans les chants

Des rimeurs plaintifs qui savent encore
    Éveiller le luth sonore.

Ils diront comment tu fus notre sœur
    Par l'enfantine douceur,

Et comment ta voix eut l'attrait magique
    D'une suave musique.

Amédine ! Aux champs tout la saluait,
    L'églantine et le bleuet!

Oh! rien qu'en disant ce nom d'Amédine,
    Je la revois enfantine

Et riante; l'air baisait son bras nu ;
    Son petit cœur ingénu

Dans la forêt verte, où rit la pervenche,
    Soulevait sa robe blanche.

Elle était la joie, elle était l'orgueil
    De sa mère, que le deuil

Entoure à présent de crêpes funèbres!
    Ah! coulez dans les ténèbres,

Pleurs désespérés, pleurs silencieux !
    Quand les étoiles aux cieux

Scintilleront, moi j'évoquerai celle
    Dont le front pâle étincelle.

Elle reviendra, mais, comme jadis,
    Jeune enfant pareille au lys,

Libre en sa Bretagne, errante et sans chaînes,
    Attentive aux bruits des chênes;

Ou, comédienne aux riches habits,
    Sous les éclairs des rubis

Et des robes d'or, semant sa parole
    Pensive, ingénue et folle.

Et d'un pas léger grimpant le coteau
    Du vieux parc cher à Wateau!

Et plus tard, tous ceux dont la Muse est reine,
    A l'heure où la nuit sereine

Sur le front des fleurs met ses diamants,
    Les rêveurs et les amants,

Écoutant avec le souffle des brises
    Pleurer mes strophes éprises,

Reverront son pur visage, arrosé,
    Neige en fleur, d'un feu rosé.

Et toi, lueur vive, aux reflets d'opale,
    O toison, flamme idéale

Qui baignais de feu son col et ses bras,
    A jamais tu brilleras,

Clair rayonnement, chevelure d'Ève,
    Par mes vers; car en mon rêve

Amédine vit, ange au front doré !
    Oh ! que de fois je croirai,

Cherchant ses regards qui versaient les charmes,
    Les voir à travers mes larmes !

Bordeaux, 15 août 1861.

L'ENAMOURÉE

Ils se disent, ma colombe,
Que tu rêves, morte encore,
Sous la pierre d'une tombe :
Mais pour l'âme qui t'adore,
Tu t'éveilles ranimée,
O pensive bien-aimée !

Par les blanches nuits d'étoiles,
Dans la brise qui murmure,
Je caresse tes longs voiles,
Ta mouvante chevelure,
Et tes ailes demi-closes
Qui voltigent sur les roses !

O délices ! je respire
Tes divines tresses blondes !
Ta voix pure, cette lyre,
Suit la vague sur les ondes,
Et, suave, les effleure,
Comme un cygne qui se pleure !

Octobre 1859.

LES JARDINS

Parfois, lorsque mon âme échappe aux soins jaloux,
Je revois dans un songe épouvantable et doux,
Plein d'ombre et de silence et d'épaisses ramées,
Les jardins où jadis passaient mes bien-aimées.
Mais voici qu'à présent les rosiers chevelus
Sont devenus broussaille et ne fleurissent plus ;
Le temps a fracassé le marbre blanc des urnes ;
Le rossignol a fui les chênes taciturnes ;
Les nymphes de Coustou, les Sylvains et les Pans
S'affaissent éperdus sous les lierres rampants ;
La flouve, le vulpin, les herbes désolées
Ont envahi partout le sable des allées ;
Les larges tapis d'herbe aux haleines de thym,
Où la lune éclairait les habits de satin
Et les pierres de flamme aux robes assorties,
Foisonnent maintenant de ronces et d'orties ;
Dans les bassins, les flots aux sourires blafards
Sont cachés par la mousse et par les nénufars ;
L'étang, où tout un monde effroyable pullule,
Ne voit plus sur ses joncs frémir de libellule ;
Le chaume est tout couvert d'iris ; les églantiers
Pendent, et de leurs bras couvrent des murs entiers ;
L'ombre triste, le houx luisant, les eaux dormantes
Ont pris les oasis où riaient mes amantes ;
La noire frondaison me dérobe les cieux
Qu'elles aimaient, et dans ces lieux délicieux,
Naguère tout remplis d'enchantements par elles,
Meurt le gémissement affreux des tourterelles.

Nice, mai 1880.

A THÉOPHILE GAUTIER

O toi, Gautier ! sage parmi les sages
      Aux regards éblouis,
Toi, dont l'esprit vécut dans tous les âges
      Et dans tous les pays,

Tu fus surtout un Grec, et tu contemples
      De tes yeux immortels
Les purs profils harmonieux des temples
      Dans les bleus archipels.

Tu les aimas, les doux porteurs de glaive,
      Plus forts que la douleur,
Et dans le rêve où bouillonnait la sève
      De ta pensée en fleur,

Tu fus rhapsode, et pour charmer les heures
      Chez les rois étrangers,
Tu leur chantas dans les hautes demeures
      Achille aux pieds légers.

Tu modelas auprès de Polyclète,
      Car tu n'ignorais rien,
Et tu sculptais des figures d'athlète
      Avec ce Dorien.

Sur les gazons où rit la marguerite,
      Des Dieux même enviés,
Ta claire enfance apprit de Théocrite
      Les chansons des bouviers.

Avec Pindare aimant la sainte règle,
    Aux oiseleurs pareil,
Tu fis monter les Odes au vol d'aigle
    Vers le rouge soleil,

Et tu raillas avec Aristophane,
    Par des mots odieux,
Le philosophe indocile et profane,
    Vil contempteur des Dieux.

Et maintenant qu'avec des pleurs moroses,
    Tristes, nous nous plaignons,
Tu reconnais sous les grands lauriers-roses
    Tes anciens compagnons.

Pour que ta lèvre enfin se rassasie,
    Dans le festin charmant,
Au milieu d'eux, tu goûtes l'ambroisie
    En causant longuement.

Auprès de toi le riant paysage
    Est fait comme tu veux,
Et tu souris à côté de la sage
    Hélène aux beaux cheveux,

Qui déchaîna l'effroyable désastre
    Des guerriers et des rois,
Et sa beauté resplendissante d'astre,
    A présent tu la vois!

Novembre 1872.

BAUDELAIRE

Toujours un pur rayon mystérieux éclaire
En ses replis obscurs l'œuvre de Baudelaire,
Et le surnaturel, en ses rêves jeté,
Y mêle son extase et son étrangeté.
  L'homme moderne, usant sa bravoure stérile
En d'absurdes combats, plus durs que ceux d'Achille,
Et, fort de sa misère et de son désespoir,
Héros pensif, caché dans son mince habit noir,
S'abreuvant à longs traits de la douleur choisie,
Savourant lentement cette amère ambroisie,
Et gardant en son cœur, lutteur déshérité,
Le culte et le regret poignant de la beauté ;
La femme abandonnée à son ivresse folle
Se parant de saphirs comme une vaine idole,
Et tous les deux fuyant l'épouvante du jour,
Poursuivis par le fouet horrible de l'Amour ;
La Pauvreté, l'Erreur, la Passion, le Vice,
L'Ennui silencieux, acharnant leur sévice
Sur ce couple privé du guide essentiel,
Et cependant mordu par l'appétit du ciel,
Et se ressouvenant, en sa splendeur première,
D'avoir été pétri de fange et de lumière ;
L'être vil ne pouvant cesser d'être divin ;
Le malheureux noyant ses soucis dans le vin,
Mais sentant tout à coup que l'ivresse fatale
Ouvre dans sa cervelle une porte idéale,
Et, dévoilant l'azur pour ses sens engourdis,
Lui donne le frisson des vagues paradis ;
Le libertin voyant, en son amer délire,
Que l'ongle furieux d'un Ange le déchire,

Et le force, avivant cette blessure en feu,
A traîner sa laideur sous l'œil même de Dieu ;
La Matière, céleste encor même en sa chute,
Impuissante à créer l'oubli d'une minute,
Pâture du Désir, jouet du noir Remord,
Et souffrant sans répit jusqu'à ce que la Mort,
Apparaissant, la baise au front et la délivre ;
O mon âme, voilà ce qu'on voit dans ce livre
Où le calme songeur qui vécut et souffrit
Adore la vertu subtile de l'esprit ;
Voilà ce que l'on voit dans ces vivantes rimes
Où Baudelaire, épris de l'horreur des abîmes
Et fuyant vers l'azur du gouffre meurtrier,
Dédaigne de descendre au terrestre laurier ;
Dans cette œuvre d'amour, d'ironie et de fièvre,
Où le poëte au cœur meurtri penche sa lèvre
Que les mots odieux ne souillèrent jamais,
Vers la Foi pâlissante, ange des purs sommets,
Et, triste comme Hamlet au tombeau d'Ophélie,
Pleure sur notre joie et sur notre folie.

Lundi 7 septembre 1874.

LA BONNE LORRAINE

Livrée aux léopards anglais par Ysabeau,
Notre France allait être un cadavre au tombeau.
Elle n'avait plus rien de sa fierté divine,
Et Suffolk et Talbot lui broyaient la poitrine ;
Plus de vaillance, plus d'espoir, c'était la fin.
Affolés par la peur affreuse et par la faim,
Les paysans quittaient par troupes leurs villages.

Ils s'enfuyaient et, las de subir les pillages,
Ils allaient vivre au fond des bois avec les loups.
Le roi de Bourges, cœur inquiet et jaloux,
Sans toucher son épée où s'amassait la rouille,
Docile, abandonnait sa vie à la Trémouille;
Orléans semblait pris déjà plus qu'à moitié,
Lorsque Dieu vit la France et la prit en pitié.

C'est alors qu'il choisit, pour sauver cette reine,
Un champion, qui fut la robuste Lorraine,
La Lorraine où jamais le travail ni les ans
N'abattent la vertu mâle des paysans.
Dieu, nous plaignant, voulut qu'elle prît la figure
D'une vierge donnant au ciel son âme pure,
Comme une hostie offerte à Jésus triomphant
Et qu'elle tînt la hache avec un bras d'enfant,
Forte de son amour et de son ignorance,
Pour chasser l'étranger qui dévorait la France
Comme un troupeau de bœufs mange l'herbe d'un parc,
Et la Lorraine alors se nomma Jeanne d'Arc!

O toi, pays de Loire, où le fleuve étincelle,
Tu la vis accourir, cette rude Pucelle
Qui, portant sa bannière avec le lys dessus,
Combattait dans la plaine au nom du roi Jésus!
Faucheuse, elle venait faucher la moisson mûre,
Et le joyeux soleil dorait sa blanche armure.
Elle pleurait d'offrir des festins aux vautours,
Et montait la première aux échelles des tours.
Partout sûre en son cœur de vaincre, Orléans, Troyes,
Malgré le Bourguignon vorace, étaient ses proies
Lorsqu'elle pénétrait dans ces séjours de rois,
On entendait sonner dans le vent les beffrois
Avec de grands cris d'or pleins d'une joie étrange,
Et le peuple ravi la suivait comme un ange.

Puis elle retournait, héros insoucieux,
A la bataille, et saint Michel, au haut des cieux

Flamboyants, secouait devant elle son glaive.
Le roi Charles conduit par elle comme en rêve,
Et sacré sous l'azur dans l'église de Reims ;
Tant de succès hardis, tant d'exploits souverains,
Tant de force, Dunois, Xaintrailles et Lahire
Suivant, joyeux, ce chef de guerre au doux sourire ;
Le grand pays qui met des lys dans son blason
Ressuscité des morts malgré la trahison,
Tout cela, tant l'Histoire est un muet terrible !
Devait finir un jour à ce bûcher horrible
Où la Pucelle meurt dans un rouge brasier ;
Et le songeur ne sait s'il doit s'extasier
Davantage devant l'adorable martyre,
Ou devant la guerrière enfant qu'un peuple admire,
Le rendant à l'honneur après ses lâchetés,
Et dont le sang d'agneau nous a tous rachetés !

O sainte, ô Jeanne d'Arc, toi la bonne Lorraine,
Tu ne fus pas pour nous avare de ta peine.
Devant notre pays aveugle et châtié,
Pastoure, tu frémis d'une grande pitié.
Sans regret tu pendis au clou ta cotte rouge,
Et toi qui frissonnais pour une herbe qui bouge,
Tu mis sur tes cheveux le dur bonnet de fer.
Pour déloger Bedford envoyé par l'enfer,
Tu partis à la voix de sainte Catherine !
Et porter un habit d'acier sur ta poitrine,
Et t'offrir, brebis sainte, au couteau du boucher,
Et chevaucher pendant les longs jours, et coucher
Sur le sol nu pendant l'hiver, comme un gendarme ;
Tu faisais tout cela sans verser une larme,
Jusqu'à ce que ta France eût vengé son affront,
Et, comme un lion fier, secoué sur son front
Sa chevelure, et par tes soins, bonne pastoure,
Eût retrouvé son los antique et sa bravoure !

Mais, oh ! pourquoi dans tous les temps blessée au flanc

Laisse-t-elle aux buissons des taches de son sang ?
Jeanne, à présent c'est toi, c'est la Lorraine même
Que tient dans ses deux poings l'étranger qui blasphème,
Et qui brave ta haine aux farouches éclairs.
C'est lui, le dur Teuton d'Allemagne aux yeux clairs,
Qui fauche tes épis rangés en longue ligne
Dans la plaine, et c'est lui qui vendange ta vigne.
Tes fleuves désormais ont des noms étrangers,
Un bracelet hideux pèse à tes pieds légers,
O guerrière intrépide et que la gloire allaite !
Une chaîne de fer serre ton bras d'athlète,
Et la morne douleur est au pays lorrain.
Mais laisse venir Dieu, le juge souverain
Que servit ton génie, et qui voit ta souffrance.
Ne désespère pas, regarde vers la France !

Tu rallumas ses yeux éteints, comme un flambeau ;
C'est toi qui la repris toute froide au tombeau
Et qui lui redonnas ton souffle ; elle te nomme
Depuis ces jours anciens Libératrice, et comme
Alors tu te donnas pour elle sans faillir,
Elle n'entendra pas non plus sans tressaillir
Jusqu'en sa moelle, et sans que la pitié la prenne,
Le long sanglot qui vient des marches de Lorraine !

30 mai 1872.

LA CHIMERE

Monstre Inspiration, dédaigneuse Chimère,
Je te tiens ! Folle ! En vain, tordant ta lèvre amère,
Et demi-souriante et pleine de courroux,
Tu déchires ma main dans tes beaux cheveux roux.
Non, tu ne fuiras pas. Tu peux battre des ailes ;

Tout ivre que je suis du feu de tes prunelles
Et du rose divin de ta chair, je te tiens,
Et mes yeux de faucon sont cloués sur les tiens !
C'est l'or de mes sourcils que leur azur reflète.
Lionne, je te dompte avec un bras d'athlète ;
Oiseau, je t'ai surpris dans ton vol effaré,
Je t'arrache à l'éther ! Femme, je te dirai
Des mots voluptueux et sonores, et même,
Sans plus m'inquiéter du seul ange qui m'aime,
Je saurai, pour ravir avec de longs effrois
Tes limpides regards céruléens, plus froids
Que le fer de la dague et de la pertuisane,
Te mordre en te baisant, comme une courtisane.
Que pleures-tu? Le ciel immense, ton pays ?
Tes étoiles? Mais non, je t'adore, obéis.
Vite, allons, couche-toi, sauvage, plus de guerres
Reste là ! Tu vois bien que je ne tremble guères
De laisser ma raison dans le réseau vermeil
De tes tresses en feu de flamme et de soleil,
Et que ma fière main sur ta croupe se plante,
Et que je n'ai pas peur de ta griffe sanglante !

Bellevue, 19 décembre 1857.

A ÉLISABETH

Hélas ! qu'il fut long, mon amie,
  T'en souvient-il ?
Ce temps de douleur endormie,
  Ce noir exil

Pendant lequel, tâchant de naître
  A notre amour,
Nous nous aimions sans nous connaître !
  Oh ! ce long jour,

Cette nuit où nos voix se turent.
  Cieux azurés
Qui voyez notre âme, oh ! qu'ils furent
  Démesurés !

J'avais besoin de toi pour vivre ;
  Je te voulais.
Fou, je m'en allais pour te suivre,
  Je t'appelais

Et je te disais à toute heure
  Dans mon effroi :
« C'est moi qui te cherche et qui pleure.
  Viens. Réponds-moi. »

Hélas ! dans ma longue démence,
  Dans mon tourment,
 avais tant souffert de l'immense
  Isolement,

Et de cacher mon mal insigne,
  Émerveillé
De gémir tout seul, comme un cygne
  Dépareillé ;

J'étais si triste de sourire
  Aux vains hochets
Dont s'était bercé mon délire ;
  Et je marchais,

Si las d'être seul sous la nue,
  Triste ou riant,
Que je ne t'ai plus reconnue
  En te voyant.

Et je t'ai blessée et meurtrie,
         Et je n'ai pas,
Au seuil de la chère patrie,
         Baisé les pas

De l'ange qui dans la souffrance
         A combattu,
Et qui me rendait l'espérance
         Et la vertu !

O toi dont sans cesse mes lèvres
         Disent le nom,
Pardonne-moi tes longues fièvres,
         Tes pleurs ! mais non,

J'en cacherai la cicatrice
         Sous un baiser
Si long et si profond qu'il puisse
         Te l'effacer.

Je veux que l'avenir te voie,
         Le front vainqueur,
Serrée et tremblante de joie
         Près de mon cœur ;

Écoutant mon ode pensive
         Qui te sourit,
Et me donnant la flamme vive
         De ton esprit !

Car à la fin je t'ai trouvée,
         Force et douceur,
Telle que je t'avais rêvée,
         Épouse et sœur

Qui toujours, aimante et ravie,
    Me guériras,
Et qui traverseras la vie
    Entre mes bras.

Plus d'exil ! Vois le jour paraître
    A l'orient :
Nous ne sommes plus qu'un seul être
    Fort et riant,

Dont le chant ailé se déploie
    Vers le ciel bleu
Gardant, comme une sainte joie,
    L'espoir en Dieu,

Poursuivant, sans qu'on l'avertisse,
    L'humble lueur
Qu'on nomme ici-bas la justice
    Et le bonheur,

N'ayant plus ni regrets ni haine
    Dans ce désert,
Et se ressouvenant à peine
    Qu'il a souffert.

Oui, je t'ai retrouvée, et telle
    Que je t'aimais,
Toi qui, comme un miroir fidèle,
    Vis désormais

Ma vie, et je t'aime, je t'aime,
    Je t'aime ! et pour
L'éternité, je suis toi-même,
    O cher amour !

9 novembre 1866.

A LA MUSE

Je n'ai pas renié la Lyre. Je puis boire
Encor dans la fontaine à la profondeur noire,
Où le Rhythme soupire avec les flots divins.
O Déesse, j'étais un enfant quand tu vins
Pour la première fois baiser ma chevelure.
J'étais comme un avril en fleur. Nulle souillure
Ne tachait la fierté de mon cœur ingénu.
Plus de vingt ans se sont passés : mon front est nu.
 Nous nous en souvenons ! en ce temps-là, Déesse,
Vingt autres comme moi, beaux, forts de leur jeunesse,
Musiciens aux fronts pensifs, que décoraient
Aussi de longs cheveux d'or éclatant, juraient
De t'adorer, jaloux, jusqu'à leur dernière heure,
Et de rester toujours dans la haute demeure
Que tes yeux azurés emplissent de clarté.
Les autres sont partis, Muse. Je suis resté.

  10 septembre 1865.

LE FESTIN DES DIEUX

J'eus cette vision. Les siècles sans repos
Avaient passé dans l'ombre, ainsi que des troupeaux
Que le berger pensif ramène à leurs étables
A l'heure où, pour calmer nos maux inévitables,
Descend sur nous l'obscur silence de la nuit.
Dans le brillant palais du roi Zeus, reconstruit
Au sommet d'un Olympe idéal et céleste,

Je vis les Dieux. Vainqueurs de cet exil funeste
Que leur avait jadis imposé le Destin,
Ils étaient réunis dans l'immortel festin
Visible seulement pour le regard des sages,
Et l'orgueil du triomphe était sur leurs visages.
　Tout ouvert sur le vaste azur mystérieux
Et laissant voir au loin les mondes et les cieux,
Le palais reconstruit dans sa forme première,
Était fait de splendeur intense et de lumière.
Innombrables, penchant sur lui leurs fronts charmants,
Fixant sur lui d'en haut leurs yeux de diamants,
Les Constellations, les Étoiles-Déesses,
Les Astres-Dieux, laissant voler leurs blondes tresses
De flamme dans l'éther qui n'était plus désert,
Unissaient leurs voix d'or en un tendre concert,
Et, dansant et jouant dans les ondes sonores,
Couraient d'un pas agile en portant des amphores.
Dans le calme océan aérien, vibrant
Comme une lyre dont le doux rapsode errant
Éveille sous ses doigts les cordes amoureuses,
Se baignaient en riant les âmes bienheureuses.
　Sur la table des Dieux que paraient leurs couleurs,
Brillait une forêt rouge de grandes fleurs
Ouvrant avec orgueil pour les apothéoses
Leurs calices d'amour, écarlates et roses.
Sur les plats de rubis et d'or éblouissants,
De beaux fruits merveilleux, sanglants et rougissants,
Où rayonnait la pourpre avec sa frénésie,
Montraient leur duvet clair et leur chair d'ambroisie.
Le vin dormait, vermeil, dans les amphores d'or,
D'où, par milliers, courant en leur agile essor,
Des nymphes aux beaux bras, formant de riants groupes,
Avec des cris charmants le versaient dans les coupes.
Et les Heures au haut du ciel oriental,
Tressant diligemment leurs notes de cristal,

Montaient et descendaient la gamme ardente encore
De l'escalier sonore où s'éveille l'Aurore.

Rattachant à la chaîne auguste chaque anneau
Vivant du souvenir, Théa, Mousa, Hymno
Chantaient. Elles disaient les généalogies
Des Dieux, les saintes Lois domptant les Énergies
Premières, et comment Typhôeus tout en feu
Fut vaincu par le Roi rayonnant du ciel bleu
Qui le précipita dans le large Tartare.
Elles disaient comment du noir Chaos barbare
Put naître l'Harmonie éternelle, et comment
Au firmament les clairs astres de diamant,
Entraînés par la joie amoureuse et physique
Du nombre, sont la Lyre immense et la Musique
Sans fin! Les Immortels les écoutaient, ravis,
En savourant le vin vermeil, et je les vis!

Je vis Zeus que le Mal en sa haine déteste,
Zeus ayant sur le front la lumière céleste!
Je vis les Rois-Soleils, les gloires de l'azur :
Héraklès radieux, vainqueur du monstre impur,
Le beau Dionysos, dont le regard essuie
Les cieux et fait tomber la bienfaisante pluie
Qui s'élance, flot d'or, dans les pores ouverts
De notre terre, et fait gonfler les bourgeons verts ;
Hypérion, qui fait planer sur nos désastres
Le mouvement toujours mélodieux des astres,
Et celui que Délos révère, Apollon-Roi,
Le clair témoin, l'archer qui lance au loin l'effroi,
Et qui donne à la terre, où son regard flamboie,
Les chansons et l'orgueil des blés d'or et la joie.

Puis je vis Hermès, qui, sur le mont déjà noir,
Vole avec ait les gais troupeaux roses du soir ;
Puis Héphaistos, qui sait, ingénieux artiste,
Sertir la chrysolithe en flamme et l'améthyste ;
Puis Arès effrayant, pour la Justice armé,

Qui sans repos s'élance au combat enflammé,
Arès au cœur d'airain qui combat pour la Règle,
Et dont le casque noir a les ailes d'un aigle.
Eux et mille autres Dieux armés, beaux, rayonnants,
Fils des Titans, guerriers au haut des cieux tonnants,
Je les vis, et près d'eux, sereines dans leurs belles
Demeures, je vis les Déesses immortelles !

 Je vis Hèrè ; je vis portant sur son manteau
Les plaines, Dèmèter ; puis Korè, puis Lèto,
Puis Athènè dont l'œil bleu, brillant de courage,
Ressemble à la clarté du ciel après l'orage ;
La belle Dioné, Thétis, puis Artémis,
La Reine au fuseau d'or, plus blanche que les lys
Et que l'Œta couvert de neige et que les cygnes,
Qui parcourt sur son char Claros féconde en vignes
Et la fertile Imbros ; puis encor des milliers
D'autres Déesses, qui sur les bleus escaliers
Triomphaient. Leurs beaux fronts parfois touchaient aux frises
Du grand palais d'azur, et je les vis, assises
Dans leur gloire sur leurs trônes d'or, ou debout,
Reines de clarté, dans la clarté. Mais surtout
Je la vis, celle dont la mer avec ses îles
Riantes réfléchit les doux regards mobiles,
Celle dont la prunelle est noire, et dont le corps
Harmonieux, rhythmé comme les purs accords
Des sphères, de clartés tremblantes s'illumine,
L'auguste Aphrodìtè, reine de Salamine !

 Grande et svelte, et naïve en son charme enfantin,
Et portant sur son front la splendeur du matin,
Ses lourds cheveux riants, dont la Nuit s'épouvante,
Etaient comme la mer de feux éblouissante.
Son corps, nu, vigoureux, comme un grand lys éclos,
S'élançait adorable et poli sous les flots
De cette toison folle, et, triomphant sans vaines
Entraves, ses beaux seins aigus montraient leurs veines

D'un pâle azur et leurs boutons de rose ardents.
Ses cils courbés faisaient une ombre d'or. Ses dents
Ressemblaient à la neige où le soleil se pose,
Et ses lèvres de rose étaient comme une rose.
Ces lèvres, je les vis tout à coup s'entr'ouvrir
Comme une fleur au cœur brûlant qui va fleurir ;
Penchant son cou rosé, la reine de Cythère
Délicieusement regarda vers la terre.
Ses yeux humides, noirs, mystérieux, où luit
Notre désir, étaient plus profonds que la nuit,
Et, secouant ses lourds cheveux épars aux fines
Lueurs d'or, elle dit ces paroles divines :

« Homme ! ce n'était pas assez d'être pareils
A toi ! nous les grands Dieux qui tenons les soleils
Dans nos mains, et, Rois faits de lumière et de flamme,
D'avoir tes yeux, ton front, ton visage et ton âme !
Ce n'était pas assez d'être pareils à toi
Par le rhythme ailé, par le chant qui t'a fait roi,
Par l'orgueil de la pourpre en feu, par le délire
Du glaive, par la joie immense de la Lyre,
Par les fureurs d'Éros, jaloux de nos autels,
Qui triompha d'unir à des hommes mortels
Les Déesses des cieux à leur sang infidèles,
Et de même d'unir à des femmes mortelles
Les Dieux, de qui naissaient alors, jouet du sort,
Des enfants beaux et fiers, mais sujets à la mort.
Non ! tu voulus aussi nous voir mourir nous-mêmes !
Car tu gémis sur tes destins, et tu blasphèmes
Amèrement tes Dieux, s'ils n'ont suivi tes pas
Dans la nuit, et subi comme toi le trépas.

Donc, chassés par ta haine, et pour que tu nous pleures
Dans ton cœur, nous avons fui nos belles demeures
Pour l'exil ; nous avons, loin de nos clairs palais,
Subi l'affreuse mort, puisque tu le voulais !
Et, nous ta vertu, nous ton délice et ta gloire,

Emportés loin des cieux jaloux par l'aile noire
De l'orage, fuyant dans la brume des soirs,
Fantômes éperdus qu'en leurs longs désespoirs
Suivaient sinistrement l'insulte et les huées,
Nous flottions, errants, dans le frisson des nuées
Et des fleuves, dans les forêts et sur les monts
Sourcilleux ; les méchants nous appelaient démons,
Et, frappés comme nous de ta haine si lourde,
Le ciel était aveugle et la terre était sourde.
Mais, sois béni ! voici qu'en des âges plus doux
Les poëtes nouveaux ont eu pitié de nous !
Tout est ressuscité dans l'aurore vermeille,
Et la sainte Louange avec nous se réveille.
Vois, le ciel est vivant, les astres sont vivants ;
Une ode ivre de joie éclate aux quatre vents.
Partout, dans le flot clair et sur l'âpre colline,
Brille, nue en sa fleur, la beauté féminine ;
Les fleuves, tout emplis de rires ingénus,
Se soulèvent, charmés, sous les jeunes seins nus
Qu'on voit fuir et glisser vers les grottes obscures ;
Chevelures d'azur et vertes chevelures,
Les ondes, les rameaux frémissent de plaisir.
    Tu ris à l'univers que tu vas ressaisir !
Oui, c'est pour toi que les étoiles resplendissent ;
Devant tes yeux charmés des chœurs dansants bondissent;
Tu revois dans l'eau vive et dans l'air agité
Mille reflets divers de ta divinité,
Et tu n'es plus seul ! dans nos palais grandioses
L'échelle des héros et des apothéoses
Qui joint la terre au ciel pour tes yeux éclairci,
Se relève, sublime escalier d'or. Ainsi
Les Dieux et l'Homme et la Nature au flanc sonore
Sont comme une famille immense qui s'adore ;
Et dans ce grand festin de la terre et des cieux
Tandis que nous buvons le vin délicieux

Et la force de vie intense qu'il recèle
A la félicité de l'âme universelle,
Enivrés comme toi de sons et de rayons
Dans l'immuable azur, Homme, nous te voyons,
Revêtu de nouveau de ta force première,
Puissant Génie ailé, monter vers la lumière ! »
 C'est ainsi que parla vers l'avenir naissant
La grande Aphrodite, caressante et laissant
Courir sur son dos sa chevelure embaumée,
Et les Sphères, suivant leur route accoutumée,
Regardaient ses yeux noirs, carquois inépuisés,
Avec des tremblements et des bruits de baisers.
 Goûtant les mets divins après de si longs jeûnes,
Les grands Dieux se penchaient vers moi, bienveillants, jeunes
Régénérés, heureux d'avoir, grâce à l'effort
Des poëtes, vaincu les horreurs de la mort,
Et le joyeux titan Amour, levant sa coupe
Que rougit le nectar, vers les Charités, groupe
Adorable, naguère encor du ciel banni,
Disait : « Que l'Homme soit béni ! que l'Infini
Peuplé d'Astres-amants pour lui n'ait plus de voiles ! »
Et j'entendis le chant merveilleux des Etoiles.

Septembre 1866.

ODELETTES

..... Ego Dis amicum
Sæculo festas referente luces
Reddidi carmen, docilis modorum
    Vatis Horati

        HORACE, *Odes*, livre IV.

A SAINTE-BEUVE

Cher Maitre

Vous avez retrouvé la France des rimeurs d'odelettes, et c'est vous qui nous avez appris à lire dans Ronsard. Quand vous avez pratiqué votre critique, vous avez fondu les plus rares suavités du sentiment personnel dans une forme travaillée de main d'ouvrier, et qui touche d'un côté à Callimaque, de l'autre côté à Belleau. C'est à cause de cela que je vous dédie ces quelques pages. Votre œuvre entière, n'est-ce pas l'odelette du dix-neuvième siècle? *Volupté,* ce roman de toutes les âmes, ce n'est au fond que l'odelette d'un cœur à trois cœurs. *Les Consolations,* cette *Vie Nouvelle* d'à présent, c'est l'odelette d'un seul Dante à vingt Virgiles plus ou moins authentiques. *Port-Royal,* c'est l'odelette d'un quasi-sceptique à une hérésie! Les *Critiques et Portraits,* les *Portraits de femmes,* les *Causeries du lundi,* c'est la série des odelettes du critique-poëte à cet ami Protée qui s'appelle le monde!

Si l'on m'accusait pour avoir repris quelques

mètres passés de mode, pour avoir tâché d'innover là où vous et vos pairs semblez avoir épuisé les audaces légitimes, ne trouverais-je pas en vous, cher maître, un défenseur naturel? Les *Pensées de Joseph Delorme* m'ont enseigné mes théories, les *Notes et Sonnets* qui sont à la suite des *Pensées d'août* m'ont donné le type de mes formules.

Vous l'avez dit excellemment, soyons les derniers de notre ordre, les derniers des délicats. C'est justice que je vous rapporte ces grappes folles de ma vendange, à vous qui m'avez signalé Chanaan.

THÉODORE DE BANVILLE.

Avril 1856.

PRÉFACE

— 1856 —

Le titre de ce petit volume n'a pas été choisi au hasard. Il représente plus nettement qu'aucun autre tout un ordre de compositions poétiques. L'*Odelette,* c'est une phrase d'ode-épître, une manière de propos familier relevé et discipliné par les cadences lyriques d'un rhythme précis et bref. C'est, si vous voulez, une goutte d'essence de rose scellée sous une étroite agate dans le chaton d'une bague, cadeau d'anniversaire, rappel quotidien d'une joie fugitive. C'est encore, si vous l'aimez mieux, un de ces thèmes de valse ou de mazurke favorite que le pianiste note en souvenir d'une affection ou d'un amour, et qu'il appelle du nom qui lui dicta cette sincère inspiration du moment.

L'Odelette est née en Grèce, aux premiers temps, pendant les heures perdues de la muse. Anacréon la dépêchait vers Bathylle sous l'aile de son pigeon messager. Elle a picoré, abeille mélodieuse, de Syracuse à Alexandrie, du verger de Moschos au jardin de Méléagre, et son aile a palpité sur la quenouille que Théocrite envoyait à Nicias. Horace n'offrait ni airain de Corinthe ni coupes d'or aux patriciens, ses patrons et ses hôtes, mais il leur dédiait des odelettes. Ainsi firent à leur tour, dans le cycle des croyants de l'Islam, tant de fumeurs de hachich, tant de buveurs d'opium, dont le Mètre solennisa les emportements et les extases. Lauréats de la foire d'Occadh ou courtisans des sultans de la Perse, exécutants de ghazels ou de pantoums, Hafiz ou Rabiah ben al Kouden, Ferideddin Attar ou Chemidher-el-Islami, tous ces torrents de la poésie orientale ont disséminé dans le palais des souverains ou dans les harems des Fathmas et des Aïchas les limpides ruisseaux de l'Odelette. Ne sont-ce pas des odelettes encore que se renvoient de la tente à la tente, à travers les échos fraternels du désert, et les tolbas mélancoliques, et les chambis improvisateurs ? Sur les bords de la Loire, vers ce château qui se souvient d'Agnès Sorel, dans ces salles où Henri de Guise, dans sa suprême nuit, et attendant les assassins, fredonnait aux pieds de sa maîtresse l'odelette que Desportes avait rimée à ses frais: *Rosette, pour un peu d'absence,* Abd-el-Kader, prisonnier, a récité plus d'une odelette aux Agnès Sorel d'aujourd'hui !

Laissons l'hypothèse, l'histoire est assez longue. En France, Charles d'Orléans a préludé sur la lyre aux cordes d'argent. Au XVIe siècle, tous les virtuoses de la pléiade, Belleau, Baïf, Desportes, et Ronsard plus qu'eux tous, dépensèrent le meilleur de leur art à accomplir l'œuvre légère. Plus tard, l'Odelette ne fut guère en faveur: elle ne s'accommodait pas plus à la gravité froide de Boileau qu'au sans-gêne incorrect de Voltaire. Serai-je assez heureux pour avoir ressaisi l'écho de quelques-unes de ces chansons dont chacune a eu sa minute d'harmonie et de gloire ? Je ne l'espère pas. L'entreprise avait trop de difficultés. Une odelette ne dure pas plus longtemps que la roulade d'un rossignol, mais, pour le jeu de ces trilles et de ces arpéges vite envolés, il faudrait une voix d'un timbre toujours pur.

Ce livre sera éclairé du moins auprès du public par le reflet des renommées fraternelles auxquelles je le consacre. Ainsi les chevaliers d'autrefois, à la veille de leurs lointains voyages, lâchaient à travers leurs parcs et leurs forêts quelque biche privée dont le collier portait le nom d'une dame enlacé avec le nom du suzerain. S'ils n'échappaient pas aux dangers de la route, la pieuse inscription leur survivait et attestait qu'ils avaient entretenu dans leur cœur ces deux grandes vertus de l'homme : la tendresse et le respect.

Avril 1856.

> Fayson ces roses en ce vin
> En ce bon vin verson ces roses,
> Et boivon l'un et l'autre, afin
> Qu'au cœur nos tristesses encloses
> Prennent ou boivant quelque fin.
>
> RONSARD, Odes, livre Ier

ODELETTES

LOISIR

Nous avons vu ce mois d'Avril
Engourdi par un froid subtil :
Le printemps était en péril.

Enfin, tout se métamorphose !
Mai, comme un jeune sein, arrose
De pourpre le bouton de rose.

Le vieil Hiver est aux abois.
Lauriers, c'est à vous que je bois :
Si, nous irons encore au bois !

Les pommiers sont couverts de neige.
Avec tout son riant cortége,
Le nouveau soleil nous assiége

Enfants blonds comme les épis,
Ébattez-vous, Amours, tapis
Sur mes divans et mes tapis !

Voici les jours où tout me presse
De chercher ta molle caresse,
Poétique et sage Paresse !

L'utile est enfin négligé.
Depuis ce beau temps enragé,
Chacun prend un petit congé.

Chacun, dans le mois de la sève,
A son dur labeur donne trêve,
Pour dorloter un peu son rêve.

L'homme grave songe aux houris :
On le voit quêter les souris
De mesdemoiselles Souris.

On a du répit, même au bagne.
Le feuilletoniste en campage
Va revoir la Grèce ou l'Espagne.

Ploutos dédaigne son trésor,
Et, pour six semaines encor,
Défend qu'on lui montre de l'or

Nous, par les mêmes théories,
Nous fuyons les imprimeries,
Le mélodrame et les féeries.

Le soir on ne boit plus de thé,
Et notre journal endetté
Entame les romans d'été.

Les théâtres n'ont plus de queues ;
Scapin court pendant quatre lieues
Après les petites fleurs bleues.

L'artiste, affolé de rayons,
S'en va regarder les Troyons
Que le bon Dieu fait sans crayons.

Rose sort à pied, sans berline,
Sans fard, sans diamants. Céline
Met sa robe de mousseline.

Le savant au cœur plein de foi
Bouquine avec un tendre émoi
Pour trouver un Estienne. Et moi,

Cependant que les violettes
Ouvrent leurs fraîches cassolettes,
Je rimerai des Odelettes.

Mai 1855.

A ARSÈNE HOUSSAYE

Grâce aux Dalilas,
Nos rimeurs sont las
   De gloire,
Et, comme un hochet,
Ont jeté l'archet
   D'ivoire !

Au rhythme ailé d'or
Il fallait encor
   Un maître
Fou de volupté,
Alors j'ai dompté
   Le Mètre !

J'ai repris mon luth,
Et, suivant le but
    Féerique,
Je m'en vais cherchant
Le secret du chant
    Lyrique.

Œil épanoui,
Je peins ébloui
    Ou triste,
Le ciel radieux,
Et, mélodieux
    Artiste,

Près du fleuve grec
Murmurant avec
    Les cygnes
Fiers de leur candeur,
Je dis la splendeur
    Des lignes.

Mon vin triomphant,
Sais-tu quelle enfant
    Le verse?
Viens, et tu verras,
Poéte, quel bras
    Me berce!

O chasseur altier,
Qui fuis le sentier
    Profane,
Songeur qu'autrefois
Rencontrait au bois
    Diane!

Comme toi, qui vins
Si jeune aux divins
    Rivages,
Ami, j'ai toujours
Voulu des amours
    Sauvages.

Ah! quand Mai sourit
Aux prés où fleurit
    La menthe,
Trouveurs de loisir,
Sachons y choisir
    L'amante!

Nymphe au regard bleu,
Si sa lèvre en feu
    Caresse
Nos fronts sans témoins,
Qu'elle soit au moins
    Déesse!

Toi, pâle et rêvant,
Au bois que le vent
    Assiége,
Tu suis à dessein
La guerrière au sein
    De neige!

Moi, parmi nos jeux,
Mon plus orageux
    Délire
Toujours s'en revient
Vers celle qui tient
    La lyre!

Sans doute elle a pris
La foule en mépris,
   Et porte
Un peu trop souvent
Sa crinière au vent.
   Qu'importe!

J'aime sa pâleur,
Et sa bouche en fleur
   Est saine!
Son sang et sa chair
Les voilà, mon cher
   Arsène.

O sens embrasés!
Maîtresse aux baisers
   Savante!
Tendre et chère voix,
Ici tu la vois
   Vivante.

Dos flexible et nu!
Sourire ingénu
   Qui m'aime!
L'or de ses cheveux
M'enivre, et je veux,
   De même,

Dans mon sang qui bout
Gardant jusqu'au bout
   Ma fièvre
Tout comme à présent,
Mourir en baisant
   Sa lèvre!

   Mai 1853.

A SAINTE-BEUVE

A la porte d'un beau château
Bâti pendant la Renaissance,
Une dame au riche manteau,
Les cheveux baignés d'une essence
Divine, rit au vert coteau.

Elle a l'œil superbe et moqueur ;
Ses sourcils noirs aux courbes jointes
Enivrent comme une liqueur,
Et des rayons baisent les pointes
Folâtres de sa bouche en cœur.

Elle montre l'un de ses seins
Nu. Plus souple qu'une liane,
Cette Nymphe, heureuse aux larcins,
A pris les armes de Diane
Qui lui servent pour ses desseins.

Son arc est d'un bois lisse et dur,
Et ses flèches bien aiguisées,
Cachant leurs pointes d'acier pur
Sous la dorure déguisées,
Sonnent dans le carquois d'azur.

Quand sa tresse inonde son cou,
(Bien que cette amante farouche
Vous plante là pour un bijou,)
Pour les morsures de sa bouche
On se résigne à mourir fou.

Cette chasseresse d'Amours
Dont il faut, même au prix d'un crime,
Idolâtrer les fiers atours
Et les belles mains, c'est la Rime,
Délice et tourment de nos jours.

Quel bonheur d'orner ses appas
De joyaux! Au bois qu'avril dore,
Quel bonheur de baiser ses pas!
Quand on l'a connue, on l'adore
Pour jamais, et jusqu'au trépas.

Oh! pour moi, rien n'éclipsera
Sa lèvre indignée et rieuse!
Sa voix seule me bercera
Et mon sang tout entier sera
Bu par cette victorieuse.

Car, s'il faut la fuir, quel tourment!
Loin de son regard comme on jeûne!
Ce que vaut ce clair diamant
Tu le sais bien, toi qui, tout jeune,
As été son plus cher amant!

Mai 1855.

A CHARLES ASSELINEAU

Vainement tu lui fais affront,
    Votre brouille m'amuse,
Car je reconnais sur ton front
    Le baiser de la Muse.

Tout est fini, si tu le veux ;
    Mais que le vent les bouge,
Vite on le voit sous tes cheveux,
    La place est encor rouge.

Tu fuis le bois des lauriers verts
    Et la troupe des cygnes,
Et, pour mieux laisser l'art des vers
    A des chanteurs plus dignes,

Tu ne t'égares plus jamais
    Sous la lune blafarde.
La modestie est bonne, mais
    Cette fois prends-y garde !

Par ces scrupules obligeants,
    Trop souvent on condamne
La fée amoureuse à des gens
    Coiffés de têtes d'âne.

Firdusi ne vit plus à Thus !
    Toutes les nuits un ange
Vient baiser les fleurs de lotus
    Aux bords sacrés du Gange ;

L'hyacinthe frissonne encor
    Dans les clairières lisses ;
Toujours, faisant du soleil d'or
    Les plus chères délices,

La rose à sa douce senteur
    Enivre Polymnie,
Mais je connais plus d'un auteur
    Qui n'a pas de génie !

Viens ! ne laisse pas galamment
       Notre gentille escrime
Aux sots, privés également
       De raison et de rime.

Au moins, reprends notre lien
       Pour une année entière !
Et d'ailleurs, ami, tu peux bien
       Chez le vieux Furetière

Errer comme en un Sahara;
       Acheter et revendre
Des bouquins; Érato saura
       Toujours où te reprendre !

Au mois où s'ouvrent les boutons,
       Tous ceux qui l'ont aimée
Reviennent comme des moutons
       Sur sa trace charmée.

Or, justement, pris à l'attrait
       De mes rimes prolixes,
J'entends errer dans la forêt
       Les elfes et les nixes ;

Et, dans le parc où nous songeons,
       La sève, dont la force
Croît, gonfle déjà les bourgeons
       Prêts à rompre l'écorce.

Mai 1855.

A HENRY MURGER

Comme l'autre Ophélie,
Dont la douce folie
S'endort en murmurant
    Dans le torrent,

Pâle, déchevelée
Et dans l'onde étoilée
Éparpillant encor
    Ses tresses d'or,

Et comme Juliette,
Qui craignait l'alouette
Eveillée au matin
    Parmi le thym,

Elle est morte aussi jeune
Au bel âge où l'on jeûne,
Ta pensive Mimi
    Au front blêmi,

Et, dans la matinée
De la vingtième année,
Elle a fermé ses yeux
    Insoucieux.

Parmi les pâles ombres
Qui, joyeuses ou sombres,
A l'entour de ton front
    Voltigeront,

Dis, il en est plus d'une
Dont la tendre infortune
Souvent nous consola :
    Mais celle-là,

C'est notre bien-aimée !
Sa trace parfumée
Reste encor dans les champs
    Avec nos chants !

Lorsque, dans la nuit brune,
Un frais rayon de lune
Argente les berceaux
    Et les ruisseaux,

Comme une autre Giselle,
Elle effleure de l'aile
Les lys extasiés
    Et les rosiers,

Et, diaphane et blanche,
Le soir vers nous se penche,
En posant ses deux mains
    Sur les jasmins.

Sa plainte triste et pure
Dans le ruisseau murmure,
Et s'envole en rêvant
    Avec le vent.

Que le printemps renaisse,
Ame de ta jeunesse,
Elle tressaille aux sons
    De tes chansons,

Et parfois se soulève,
Pour les entendre en rêve
Dans la brise passer
    Et s'effacer.

Rendors-toi, dors heureuse,
Pauvre fille amoureuse :
Notre amour te défend
    Comme un enfant !

Croise tes mains d'ivoire :
Car, du moins, ta mémoire
Qui sait nous attendrir,
    Ne peut mourir !

Que le zéphyr en fête
Te berce ! le poete,
Qui jadis te pleura,
    Se souviendra !

Dans l'herbe toujours verte
Où, de roses couverte,
Penche sous le tombeau
    Ton front si beau,

La fleur de la prairie
Brille, toujours fleurie,
Et peut se marier
    A son laurier !

Mai 1855.

A EDMOND ET JULES DE GONCOURT

Comme sur un beau lac où le feuillage tremble,
Deux cygnes dans l'azur au loin voguent ensemble;

Comme deux fiers chevaux, buvant au flot des airs,
Courent échevelés dans le feu des déserts;

Comme en un bas-relief plus blanc que les étoiles,
S'avancent le front haut deux vierges aux longs voiles;

Comme deux vers jumeaux volent d'un même essor,
Attachés par la Rime avec des liens d'or;

De même, avec amour, frères, vos deux pensées
Marchent d'un pas égal, l'une à l'autre enlacées.

O poëtes heureux! comme dans votre esprit,
Le même ardent rayon sur vos lèvres fleurit,

Et, par un double effort, vos âmes fraternelles
Vers le même Idéal ensemble ouvrent leurs ailes!

Mai 1855.

A ALPHONSE KARR

Que de fois sous les tilleuls,
  Tous deux seuls
Avec ma maîtresse blonde,
Ton livre m'a fait songer,
  Étranger
A tout le reste du monde!

Je m'alanguissais, à voir
 Son œil noir,
Et, me répétant : « Je t'aime!
Sans songer au lendemain,
 Dans sa main
Elle tenait le poëme.

Oh! les charmants écoliers!
 Vous mêliez
Votre voix et votre haleine
Et vos soupirs amoureux,
 Couple heureux,
O Stéphen, ô Magdeleine!

Tel, au mois couleur du jour
 Où l'amour
A la terre se marie,
Au fond des vertes forêts
 Je pleurais
Sur les genoux de Marie!

Telle Eunice emporte Hylas!
 Puis, hélas!
Tout s'enfuit de la mémoire,
L'oubli, vient puis le remord,
 Puis la mort,
C'est bien l'éternelle histoire.

Il en est une autre aussi,
 Dieu merci!
Douce à mon âme inquiète
Roméo tombe au printemps,
 A vingt ans,
Auprès de sa Juliette!

Il sort par un beau matin
    Du festin,
Plein de jeunesse et de sève,
Et meurt les yeux embrasés
    De baisers :
Mais celle-là, c'est le rêve !

Mai 1855.

A ZÉLIE

Ma sœur, ma sœur, n'est-il pas de défense
    Contre l'affront du temps ?
Qui les a pris, ces jours de notre enfance
    Où, les cheveux flottants,

Beaux, enviés par les mères jalouses,
    Couple au regard vermeil,
Tu me suivais à travers les pelouses,
    Malgré le grand soleil ?

Te souvient-il de ce jardin sauvage
    Tout au cœur de Moulins,
Où nous courions, ignorant tout servage,
    Sous les arbres câlins ?

Il était triste et rempli de mystères.
    Jamais ses beaux fruits mûrs
N'étaient cueillis, et les pariétaires
    Envahissaient les murs.

Sur leur sommet que la mousse inégale
    Peignait de ses couleurs,
Montait superbe un rosier du Bengale
    Écrasé sous les fleurs.

Parfois, bercé dans un songe illusoire
  Dont s'enchantent mes yeux,
Quand je revois au fond de ma mémoire
  Ce lieu mystérieux,

Mon souvenir, empli de ses murmures
  Et de ses floraisons,
Y réunit les diverses parures
  De toutes les saisons,

Et tout se mêle ainsi qu'une famille :
  Les soucis et les lys,
La vigne folle avec la grenadille ;
  Près des volubilis

Le glaïeul rose et ses feuilles en pointes ;
  Partout le vert lézard
Venait courir sur les pierres disjointes ;
  La liberté sans art

Avait rendu leurs énergiques poses
  Aux vieux arbres fruitiers,
Et sur le mur pendaient, blanches et roses,
  Des touffes d'églantiers.

Les nénufars, dans la mare déserte,
  Fleurissaient sur les eaux,
Où se formait une enveloppe verte
  A l'abri des roseaux.

Dis, nous vois-tu dévastant les groseilles
  Et les grains du cassis ?
Autour de nous voltigeaient les abeilles,
  L'éclatante chrysis,

Et mille oiseaux, en bandes familières,
    Se penchaient tout le jour
Pour boire, au bord des urnes que des lierres
    Tapissaient à l'entour.

La solitude avait pris sa revanche.
    Dans ce recueillement
L'ortie, hélas! coudoyait la pervenche :
    C'était morne et charmant.

Nous jouions là, gais pour une chimère,
    Courant, ou bien assis
Dans le gazon. Parfois notre grand'mère,
    La veuve aux chers soucis

Qui fut si belle et qui mourut si jeune,
    Se montrait sur le seuil,
Le front pâli comme par un long jeûne,
    Triste et douce, en grand deuil.

Juin 1846.

A LÉON GATAYES

Avec ses sanglots, l'instrument rebelle,
Qui sent un pouvoir plus fort que le sien,
Donne l'harmonie enivrante et belle
    Au musicien.

Le cheval meurtri, qui saigne et qui pleure,
Cède au cavalier, rare parmi nous,
Dont aucun effort ne peut avant l'heure
    Lasser les genoux.

De même d'abord, le Rhythme farouche
Devant la Pensée écume d'horreur,
Et, pour se soustraire au dieu qui le touche,
    Se cabre en fureur.

Mais bientôt, léchant la main qui l'opprime,
Il marche en cadence, et comme par jeu,
Son vainqueur lui met le mors de la Rime
    Dans sa bouche en feu.

Tu le sais, ami, toi dont l'Art s'honore,
Homme à la main souple, au jarret d'acier,
Qui fais obéir la harpe sonore
    Et l'ardent coursier;

Lorsqu'aimé d'Isis aux triples ceintures,
Un homme intrépide a baisé son sein,
La création et les créatures
    Suivent son dessein.

Le Génie en feu donne à l'âme altière
Le Commandement, ce charme vanté,
Et l'Esprit captif dans l'âpre Matière
    Cède épouvanté.

Mai 1853.

A MÉRY

Plus vite que les autans,
Saqui, l'immortelle, au temps
De sa royauté naissante,
Tourbillonnait d'un pied sûr,
A mille pieds en l'air, sur
Une corde frémissante.

Et l'on craignait que d'un bond
Parfois son vol vagabond
Déerochât, par aventure,
Parmi les cieux étoilés,
Les astres échevelés
Fouettés par sa chevelure.

En haut vers elle parfois,
Comme de tremblantes voix,
Montaient les cris de la foule
Qu'elle voyait du ciel clair
Confuse comme une mer
Où passe l'ardente houle.

Et, soit qu'en faisant un pas
Elle regardât en bas
Ou vers les célestes cimes,
Aux cieux que cherchait son vol,
Comme à ses pieds sur le sol,
Elle voyait deux abîmes.

Dans les nuages vermeils,
Au beau milieu des soleils
Qu'elle touchait de la tête
Et parmi l'éther bravé,
Elle songeait au pavé.
Tel est le sort du poète.

Il trône dans la vapeur.
Beau métier, s'il n'avait peur
De tomber sur quelque dalle
Parmi les badauds sereins,
Et de s'y casser les reins
Comme le fils de Dédale.

Dans l'azur aérien
Qui le sollicite, ou bien
Sur la terre nue et froide
Qu'il aperçoit par lambeau,
Il voit partout son tombeau
Du haut de la corde roide,

Et, sylphe au ventre changeant
Couvert d'écailles d'argent,
Il se penche vers la place
Du haut des cieux irisés,
Pour envoyer des baisers
A la vile populace.

Mai 1855.

A GAVARNI

La Beauté, fatal aimant,
Est pareille au diamant
Que la fange peut mouiller
    Sans le souiller.

Jusqu'au milieu du ruisseau,
L'éclat pur de son berceau
Garde un charme essentiel
    Qui vient du ciel.

Ainsi, leurs cheveux au vent,
Vois ces folles qui souvent
Bercent le premier venu
    Sur leur bras nu.

Ces filles aux teints flétris,
Qui dévisagent Paris
Avec leur regard moqueur,
   N'ont plus de cœur.

Leur sein insensible et froid
Que mord le corset étroit,
N'a jamais pendant un jour
   Tremblé d'amour.

Idoles ivres d'encens,
Dont rien n'éveille les sens,
Elles n'ont jamais pleuré
   Ni soupiré.

Plus pâles que nos Ennuis,
Ces spectres des folles nuits
Ne mentent même pas bien,
   Et n'aiment rien.

Rien ! ni l'orgie et le bal
Qui se tord en carnaval
Sous les clairons furieux,
   La flamme aux yeux,

Ni le Vin, or ruisselant,
Ame du raisin sanglant
Qui met ses riches manteaux
   Sur nos coteaux,

Ni la colère du Jeu,
Qui rend puissants comme un dieu
Les combattants éblouis
   De ses louis

Ni cette perle des mers
Arrachée aux flots amers,
Ni Golconde et son trésor,
    Ni même l'Or !

Car l'Or sur notre chemin,
C'est l'Art sacré dont la main
Embellit les horizons
    De nos prisons ;

C'est la sereine fierté,
C'est un jour de liberté
Sous les ombrages fleuris
    Loin de Paris ;

C'est l'Amitié, douce voix,
Qu'on peut encore une fois
Accueillir et mieux choyer
    A son foyer.

Mais ce gouffre où tout se perd !
Mais elles ! L'or ne leur sert
Qu'à se parer de chiffons
    Pour des bouffons.

Pourquoi donc les chantons-nous,
Cœurs de l'Idéal jaloux,
Qui toujours au ciel obscur
    Cherchons l'azur ?

Sur leurs têtes sans douceur
Pourquoi, poète et penseur,
Fais-tu jaillir un rayon
    De ton crayon ?

O philosophe subtil,
Dis-le moi, que reste-t-il
A leur front désenchanté?
  Quoi? la Beauté!

La Beauté, miroir secret,
Où l'amour divin paraît
Reflété comme en un ciel
  Matériel!

Mai 1855.

A ADOLPHE GAÏFFE

Jeune homme sans mélancolie,
Blond comme un soleil d'Italie,
Garde bien ta belle folie.

C'est la sagesse! Aimer le vin,
La beauté, le printemps divin,
Cela suffit. Le reste est vain.

Souris, même au destin sévère!
Et quand revient la primevère,
Jettes-en les fleurs dans ton verre.

Au corps sous la tombe enfermé
Que reste-t-il? D'avoir aimé
Pendant deux ou trois mois de mai.

« Cherchez les effets et les causes, »
Nous disent les rêveurs moroses.
Des mots! des mots! cueillons les roses.

Mai 1855.

Il est dans l'île lointaine
    Où dort la péri,
Sur le bord d'une fontaine,
    Un rosier fleuri

Qui s'orne toute l'année
    Des plus belles fleurs.
Il est une coupe ornée
    De mille couleurs,

Dont le sein de marbre voile
    Les flots d'un doux vin.
Il est une blanche étoile
    Au rayon divin,

Qui verse de blanches larmes
    Au cœur des lys blancs.
Il est un seuil, plein de charmes
    Pour mes pas tremblants,

Où je vais poser ma tête
    Pour me reposer.
Il est un jardin en fête
    Plus doux qu'un baiser,

Qui le soir, au clair de lune,
    Tressaille embaumé,
C'est ton front, ta tresse brune,
    Ta lèvre, ô Fatmé !

Juin 1847.

A RAOUL LEBARBIER

Lorsqu'avec les sons
Dont tu les complètes,
Tu fais des chansons
De mes odelettes,
Mille aspects divers
De grâce physique
Naissent dans mes vers
Avec ta musique !

A ta seule voix,
Tout en eux s'éveille
Et vit à la fois.
O rare merveille !
A ma vigne en fleur,
A ma moisson mûre,
Tu rends la couleur
Avec le murmure !

Au ciel rougissant
De clartés sans voiles,
La nuit en naissant
Frissonne d'étoiles,
Et sous les berceaux
Où sa voix touchante
Ravit les ruisseaux,
Le rossignol chante !

La biche qui court
Parmi les charmilles
S'arrête tout court,
Et des jeunes filles
Sous tes feux tremblants,
O lune incertaine,
Lavent leurs pieds blancs
Dans une fontaine.

C'est sous le bouleau,
Dont les feuilles sombres
Découpent dans l'eau
De légères ombres,
Et lorsqu'un éclair
Montre leurs visages,
On sent courir l'air
Dans ces paysages!

Derniers enchanteurs
Des âmes en fête,
O divins chanteurs,
Qui sur notre tête
Agitez encor
D'une main hardie
Les clochettes d'or
De la mélodie!

Dans l'azur secret,
Un sylphe voltige
Sur votre forêt
Où tout est prestige.
Chaque art a le sien,
Mais rien ne s'achève,
O musicien,
Qu'avec votre rêve!

Le monde amoureux
De la Poésie
Se sent plus heureux
Lorsqu'il s'extasie
Aux accords si doux
Nés de ce délire,
Mais c'est toujours vous
Qui tenez la lyre !

Mai 1855.

Aimons-nous et dormons
Sans songer au reste du monde !
Ni le flot de la mer, ni l'ouragan des monts,
Tant que nous nous aimons
Ne courbera ta tête blonde,
Car l'amour est plus fort
Que les Dieux et la Mort !

Le soleil s'éteindrait
Pour laisser ta blancheur plus pure.
Le vent, qui jusqu'à terre incline la forêt,
En passant n'oserait
Jouer avec ta chevelure,
Tant que tu cacheras
Ta tête entre mes bras !

Et lorsque nos deux cœurs
S'en iront aux sphères heureuses
Où les célestes lys écloront sous nos pleurs,
Alors, comme deux fleurs
Joignons nos lèvres amoureuses,
Et tâchons d'épuiser
La Mort dans un baiser!

Janvier 1846.

A PHILOXÈNE BOYER

David, brûlé de pures flammes,
Dans un chant aux notes divines,
Pour faire soupirer deux âmes
Croise des rimes féminines.

La Volupté ravie embrase
Tout ce cantique des cantiques,
Et jamais si suave extase
Ne charma les odes antiques.

On dirait deux blanches colombes
Que les feux de l'amour meurtrissent,
Roucoulant au-dessus des tombes
Au mois où les roses fleurissent.

Si comme toi, quand tu te penches
Sur sa féerie où tout respire,
J'avais entrevu sous les branches
Le songe étoilé de Shakspere,

Je voudrais écrire un poëme
Dans ce rhythme des cœurs fidèles,
Aussi doux que le mot : *Je t'aime,*
Et rempli de langueurs mortelles,

Et, comme dans une peinture
Où se lamente le génie,
Toutes les voix de la nature
Pleureraient dans ma symphonie.

Juin 1856.

A UN RICHE

Ma foi, vous avez bien raison,
Vous pour qui tout est floraison
  Et violettes
Parfumant les pieds de vos lys,
De ne pas célébrer Phyllis
  En odelettes.

Vous qui pouvez chaque matin,
Bercé par le flot de satin
  Qui vous arrose,
Voir dans l'or de votre salon
Tomber les flèches d'Apollon,
  Parlez en prose !

Mais pour nous qui, jusqu'à présent,
Soupons sous la treille en causant
    Avec la lune,
(Et c'est notre meilleur repas!)
Ami, ne nous enlevez pas
    Notre fortune.

Dans les fleurs, près de frais bassins,
Nous nous couchons sur des coussins
    Très-prosaïques,
La pourpre au dos, vous le savez !
Et dans des bains de stuc pavés
    De mosaïques.

Le col paré de nos présents,
De belles filles de seize ans
    Nous versent même
Avec le charme oriental,
Le vin du Rhin dans ton cristal,
    Sainte Bohême !

O nuits d'étoiles sous les cieux !
Jardins, nectar délicieux,
    Voûte sublime !
Nous les possédons en effet,
Mais, hélas! ce beau monde est fait
    Avec la rime.

Sans elle et ses prismes fleuris,
Pour pouvoir chercher hors Paris
    L'eau murmurante
Qui court dans les gazons naissants,
Il nous faudrait bien quatre cents
    Écus de rente !

Ou, je frissonne d'y penser !
Nous n'oserions pas nous passer
    La fantaisie
De perdre un quart d'heure aux genoux
De Cidalise. Ah ! laissez-nous
    La poésie !

Mai 1855.

CHANT SÉCULAIRE

    Notre Eldorado,
Mes amis, enfin doit éclore :
    Malgré mon bandeau,
Je vois une nouvelle aurore.
    Aux cieux extasiés
    Tout est pourpre et rosiers :
Voici l'heure, ô sainte colère !
De chanter le chant séculaire :
    Les temps sont venus
    Pour les Dieux inconnus !

    O sombres penseurs
Forts et seuls comme les grands chênes
    O vierges nos sœurs,
Tendres lys brisés par des chaînes !
    Laissez le saint amour
    Éclater au grand jour,
Car Cypris, la pâle captive,
A lavé son front dans l'eau vive :
    Les temps sont venus
    Pour les Dieux inconnus !

Tout ce qu'on pleura,
Dévouement, liberté, génie,
Tout refleurira
Pour le règne de l'harmonie :
L'art sera dévoilé
Comme un ciel étoilé,
Et la Muse, pareille aux femmes,
Chantera ses épithalames :
Les temps sont venus
Pour les Dieux inconnus !

Je vois les doux vers
Rejaillir en strophes écloses,
Et des arbres verts
Un miel pur couler dans les roses.
Les Grâces vont pieds nus
Sur les monts chevelus
Et leur pas dans les fleurs naissantes
Guide en chœur les vierges dansantes :
Les temps sont venus
Pour les Dieux inconnus !

L'Auguste Beauté
A quitté les bois de Cythère ;
Son calme enchanté
Resplendit sur toute la terre,
Et le mal abattu
Sous ses pieds meurt vaincu.
Nous tenons sans honte et sans **fièvres**
L'Idéal vivant sous nos lèvres :
Les temps sont venus
Pour les Dieux inconnus !

Avril 1846.

A ROGER DE BEAUVOIR

Ce temps est si sévère
    Qu'on n'ose pas
Remplir deux fois son verre
    Dans un repas,

Ni céder à l'ivresse
    De son désir,
Ni chanter sa maitresse
    Et le plaisir!

On croit que, pour paraître
    Rempli d'orgueil,
Il est distingué d'être
    Toujours en deuil!

Les topazes, la soie,
    La pourpre et tout,
Ne font pas une joie
    D'assez bon goût,

Et les bourgeois que flatte
    Un speech verbeux,
Ont peur de l'écarlate
    Comme les bœufs!

O pauvres gens sans flamme,
    Qui, par devoir,
Mettent, même à leur âme,
    Un habit noir!

Qu'ils ne puissent plus boire
    Sans déroger,
C'est bien fait pour leur gloire!
    Mais, cher Roger,

Nous de qui le cœur aime
    Un doux regard,
Admirons ce carême
    Comme objet d'art,

Et restons à notre aise
    Dans le soleil
Qu'a fait Paul Véronèse
    Aux Dieux pareil!

Sa lèvre nous embrase!
    Que ces marchands
Gardent pour eux l'emphase,
    Et nous les chants!

Tant que des gens moroses
    Le ciel épris
Ne mettra pas aux roses
    Un habit gris,

Tant qu'au dôme où scintillent
    Les firmaments,
Parmi les saphirs brillent
    Des diamants,

Tant qu'au bois, où m'accueille
    Un vert sentier,
Naîtront le chèvrefeuille
    Et l'églantier,

Tant que sous les dentelles
  Daignent encor
Nous sourire les belles
  Aux cheveux d'or,

Tant que le vin de France
  Et les raisins
Porteront l'espérance
  A nos voisins,

Gardons la jeune Grâce
  Pour échanson,
Que jamais rien ne lasse
  Notre chanson !

Et vous que j'accompagne
  Jusqu'au mourir,
Versez-nous le champagne !
  Laissons courir,

Avec l'or et la lie
  De sa liqueur,
L'inconstante folie
  Dans notre cœur.

Buvons ce flot suave
  Et sans rival,
Et nous prendrons l'air grave
  Au carnaval !

Mai 1855.

LA VENDANGEUSE

Toi dont les cheveux doux et longs
Se déroulent en onde fière,
Comme les flots de ta rivière,
O belle fille de Châlons !
Penche ta tête parfumée,
Que je puisse, ô ma bien-aimée !
Voir baigné par ces cheveux blonds
Ton riant profil de camée.

O fille d'un climat divin !
Tu naquis plus blanche qu'un cygne
Et ton grand-père dans sa vigne
Mouilla ta lèvre avec du vin !
Aussi, lorsque la primevère
Triomphe du climat sévère,
Loin du monde vulgaire et vain,
Vers les cieux tu lèves ton verre

Toute à l'instant qu'il faut saisir,
Tu mords, et d'une ardeur pareille,
Aux raisins gonflés de la treille
Comme à la grappe du plaisir !
Et sur ta poitrine, où se noie
Une lumière ivre de joie,
Mûrissent les fruits du Désir
Comme une vendange qui ploie.

En tes veines, de toutes parts,
Bourguignonne aux tresses dorées,
Le sang des Bacchantes sacrées
Bouillonne dans ton sang épars,
Et tu tiens tes idolâtries
De ces guerrières des féeries
Qui conduisaient les léopards
Avec des guirlandes fleuries !

Il fut ton aïeul, cet amant
De la chanson ivre et sauvage,
Menant sur son char de feuillage,
Par l'Attique, un troupeau charmant !
C'est pourquoi, danseuse étourdie,
Tu fais d'une main si hardie
Carillonner joyeusement
Les grelots de la Comédie ?

O vendangeuse ! tu souris,
Embrassons-nous jusqu'à l'ivresse !
Buvons encore, ô ma maîtresse !
Déroule tes cheveux chéris
Sur ces raisins ! car, ô merveilles !
Tes tresses blondes sont pareilles
Au soleil qui les a mûris,
Et ta bouche aux grappes vermeilles.

Septembre 1853.

A THÉOPHILE GAUTIER

Quand sa chasse est finie,
Le poëte oiseleur
    Manie
L'outil du ciseleur.

Car il faut qu'il meurtrisse,
Pour y graver son pur
    Caprice,
Un métal au cœur dur.

Pas de travail commode !
Tu prétends, comme moi,
    que l'Ode
Garde sa vieille loi,

Et que, brillant et ferme,
Le beau rhythme d'airain
    Enferme
L'idée au front serein.

Car toi qui, fou d'extase,
Mènes par les grands cieux
    Pégase,
Le cheval aux beaux yeux;

Toi qui sur une grève
Sais prendre en ton réseau
    Le Rêve,
Comme un farouche oiseau;

Maître, qui nous enseignes
L'amour du vert laurier,
Tu daignes
Être un bon ouvrier.

Mai 1856.

A ODETTE

Odette, vos cheveux vermeils
Ont le jaune éclat des soleils
Parmi les moissons enchantées,
Et caressent en nappes d'or
Vos tempes plus blanches encor
Que des étoiles argentées.

Quand l'aurore rose à demi
Se joue et frissonne parmi
Cette douce toison fatale,
De pâles et tristes lueurs
Éclairent de reflets rêveurs
Votre joue aux teintes d'opale.

Sur votre jeune front penché
L'étincelle d'un feu caché
Brille dans vos yeux clairs et sombres,
Et comme de tendres pistils,
Les bandeaux soyeux de vos cils
Vous caressent de grandes ombres.

Vos lèvres, déjà tout en fleur,
Ont l'harmonieuse pâleur
De la sensitive froissée,
Et ce lys que rien n'outragea,
Votre front se courbe déjà
Sous l'orage de la pensée.

Vos regards sont si languissants
Qu'à votre petit cœur je sens
Saigner de secrètes blessures,
Et parfois dans vos yeux pensifs
Je crois voir s'amasser, captifs,
Tous les pleurs des amours futures.

Ah! que ces pleurs silencieux
Ne coulent jamais de vos yeux!
Et ne voyez jamais éclore,
Autour de vos cheveux flottants,
De nos saisons que le printemps
Et de notre jour que l'aurore!

Que rien n'emplisse de sanglots
Votre âme pareille à ces flots
Où Dieu lui-même se reflète!
Parlez aux cieux, aux champs, aux bois
Avec votre plus douce voix,
Soyez heureuse, chère Odette!

Dites aux bosquets de rosiers :
« Je veux que vous me le disiez
Comment vos fleurs s'épanouissent,
Et parmi de calmes amours
Je veux que ma vie et mes jours
Ainsi que vos roses fleurissent! »

A la source dont le flot clair
Boit le bleu transparent de l'air,
Dites : « Je veux, ô flots sans nombre,
Que mes jours coulent, comme vous,
Sur un chemin facile et doux,
A l'abri d'un feuillage sombre ! »

Au bel Ange qui suit vos pas :
« Je veux que ma route ici-bas
Ne soit qu'harmonie et sourires !
Tel dans l'oasis du désert
On entend parfois un concert
De voix humaines et de lyres. »

Tous écouteront votre vœu !
Vous parliez encore au bon Dieu
Hier dans les célestes féeries,
Et vous devez encor savoir
En quels mots se parlent au soir
Un ange et des roses fleuries.

Juillet 1846.

A EUGÈNE GRANGÉ

La fille du gai Thespis
   Est tout endormie
Et penche son front de lys
   Sur sa main blêmie.
Ses Bacchantes aux doux yeux
Ne versent plus le vin vieux ;
Assez de pleurs ! j'aime mieux
   L'amour de ma mie.

On dit que nous triomphons !
    O gaité facile,
Où sont tes joyeux bouffons
    Venus de Sicile ?
Les grands mots ont effrayé
Ce peuple au manteau rayé
Dont Molière a défrayé
    La verve docile !

Mais ta muse lace encor
    A son pied d'albâtre
Le léger brodequin d'or
    Qui sied au théâtre.
L'Amour est votre échanson,
Il rit à votre moisson :
Qu'il nous rende la chanson
    Rieuse et folâtre !

Que la Comédie au moins
    Ait son chant du cygne !
Ah ! sans prendre tant de soins
    Pour paraître digne,
Son beau rire était si prompt !
Ami, sans lui faire affront,
Rien ne sied mieux à son front
    Qu'un rameau de vigne.

Mai 1855.

A JULES DE PRÉMARAY

Lecteur, prompt à nous consoler,
Toi qui sais encore voler
Comme l'abeille, au miel attique,
Ton enthousiaste rumeur
Encourage le doux rimeur,
O voix émue et sympathique!

O mon ami, c'est déjà vieux!
Depuis dix ans, les envieux,
Acharnés sur la même lime,
Ensanglantent leurs yeux ardents,
Et viennent se briser les dents
Contre l'acier pur de ma rime.

O poésie! ange fatal!
Des fous marchent d'un pied brutal
A travers tes Édens splendides,
Comme, aux approches de la nuit,
Par les déserts de fleurs s'enfuit
Le troupeau des buffles stupides.

Mais croissez, pervenches et thym!
Comme ces lueurs du matin
Qu'enveloppent en vain des voiles,
O symboles de mes amours!
C'est vous seuls qui vivrez toujours,
Printemps, lauriers, chansons, étoiles!

Mai 1855

THÉOPHILE GAUTIER

I

Théophile Gautier! poëte
Au regard limpide et vermeil,
Dont l'œuvre fut un hymne en fête
A la vie ivre de soleil!

A l'heure où la Mort en délire,
Avec un regret insensé,
Admire encor ton fier sourire
Qu'elle éteint de son doigt glacé,

Pardonne-moi, maître des charmes,
Dont l'esprit s'enfuit vers le ciel,
Si tu vois mes yeux pleins de larmes
Devant toi, songeur immortel.

Pardonne-moi si je te pleure,
Car, ô maître, c'est l'humble ami
Qui prie et sanglote à cette heure
Auprès du lutteur endormi.

Mais ma propre fierté s'irrite
De s'attrister en ces douleurs,
Et je sais qu'un tel deuil mérite
Bien autre chose que des pleurs!

Car, ô pur génie, âme immense
Qu'emplissait la sainte beauté,
A cet instant pour toi commence
Une double immortalité.

Et tandis que de ta poitrine,
Déployant son aile de feu,
Ce qui fut la flamme divine
S'envole et retourne vers Dieu,

Fier meurtrier de la nuit noire,
Vainqueur du silence étouffant,
Ton génie entre dans la gloire,
Libre, superbe et triomphant.

Cependant que tes filles pleurent
Et que tes fils sont pleins d'effroi,
Mornes comme ceux qui demeurent
Après des hommes tels que toi;

Cependant qu'en ce triste bagne
Songent leurs vivants désespoirs,
Et cependant que ta compagne
Pleure sous ses longs voiles noirs;

Artiste, créateur sans tache,
Sage et patient ouvrier,
Souriante, la Muse attache
Sur ton front le divin laurier.

Sereine et fixant sur ton livre
Son regard clair comme un flambeau,
A jamais elle te délivre
De l'épouvante du tombeau.

Et l'envie aux dents de couleuvre
A beau se plaindre et crier : Non!
Elle fait briller sur ton œuvre
Luxuriante, et sur ton nom,

L'éclat lumineux et féerique,
Le flamboiement mélodieux
Qui sied au poète lyrique
Dans son triomphe radieux ;

Et s'éveillant sous son doigt rose,
Chanteur illustre et vénéré,
Les clartés de l'apothéose
Ruissellent sur ton front sacré !

II

Déjà la France, à qui nous sommes,
Douce mère frappée au flanc,
Dans le troupeau de ses grands hommes
Choisit ta place au premier rang ;

Et, te célébrant dans ses veilles,
Elle te bénit, fils pieux,
D'avoir égalé les merveilles
Qu'enfantèrent nos grands aïeux.

O fils d'Orphée et de Pindare,
Instruit par eux dans l'art des vers,
Qu'elle est belle, en ce siècle avare,
Ton œuvre aux cent aspects divers!

Ta jeune maîtresse la Rime,
Qui fait toujours ce que tu veux,
Te donne, prodigue sublime,
Les diamants de ses cheveux;

Elle t'offre ces pierreries
Qui semblent transir et brûler,
Et l'on voit leurs flammes fleuries
Dans ton poëme étinceler.

Statuaire, que le vil piége
De la chair appelait en vain,
Tu sais du marbre au flanc de neige
Faire jaillir un corps divin,

Et ravir à la nuit fatale
Son frissonnement enchanté,
Et le vêtir, forme idéale,
D'une invincible chasteté.

Et la Nature, ô coloriste!
Te laisse prendre ses trésors :
Rubis, hyacinthe, améthyste,
Et les bleus saphirs et les ors;

Et, par ton génie animées,
Tu fais, pour enchanter nos yeux,
Avec ces matières charmées
Un mélange mystérieux!

Russie, Égypte, Espagne, Grèce,
Où les grands Dieux vivent encor,
On voit, si tu veux qu'il paraisse,
Tout le prodigieux décor :

Vertes forêts, plaines moroses,
Mers d'azur aux charmants reflets,
Pics géants de neige, ciels roses,
Montagnes aux flancs violets ;

Et les grandes architectures,
Où tous les arts sont mariés,
Développent leurs lignes pures
Et leurs détails coloriés,

Temple à la blanche colonnade,
Burg dont l'herbe envahit la cour,
Cathédrale, palais de jade,
Alhambra découpant le jour !

En ce décor passent et vivent
Des rois, des guerriers, des amants,
Les justes, et ceux que poursuivent
Les ailes des noirs Châtiments ;

Toute la folle engeance humaine
Dont le Destin fait son jouet,
Tous les mortels tremblants que mène
Amour avec son cruel fouet ;

Et surtout, mille, mille femmes
Montrant sur leurs mates pâleurs
L'or mariant ses belles gammes
Ou les riants colliers de fleurs ;

Vierges priant dans leurs alcôves,
Et folles aux regards surpris
Dénouant leurs crinières fauves
Sur les rouges damas fleuris ;

Les unes pleurant comme un cygne,
D'autres avec l'air irrité,
Mais toutes laissant voir le signe
De l'irrésistible Beauté.

III

La Beauté! c'est le seul poëme
Que tu chantas sous le ciel bleu,
Grand porteur de lyre, et toi-même
Tu fus sage et beau comme un dieu.

Sans que rien jamais la courrouce,
Un regard calme et contempteur
Brillait dans ta prunelle douce;
On eût dit qu'un divin sculpteur,

Dans son jardin planté de vignes,
Épris du beau comme du bien,
Avait pétri les nobles lignes
De ton visage olympien.

Ta barbe légère et farouche
Tombait, soyeuse, en s'effilant,
Pour encadrer ta belle bouche
Aussi rouge qu'un fruit sanglant,

Et comme au Zeus de l'ode ancienne
Qui songe aux éternels devoirs,
Ta chevelure ambroisienne
Ruisselait en brillants flots noirs.

Sur ton large visage austère
Quelle douceur, mais quel mépris
Pour tous les hochets de la terre
Auxquels on attache du prix !

Rhéteurs aux démarches hautaines
Bâtissant un néant profond,
Et se penchant vers les fontaines
Pour remplir des urnes sans fond ;

Orateurs dévorés de fièvre,
Dans le carrefour éhonté
Baisant de leur ardente lèvre
L'ignoble Popularité ;

Amants de l'or, pourris de plaies,
Monnoyant l'angoisse et les pleurs,
Blêmes, et comptant des monnaies
Dans la nuit, comme les voleurs ;

Ineptes don Juans de romance,
Sous ses haillons d'or, en plein jour,
Adorant tous, en leur démence,
Le spectre fardé de l'Amour ;

Maîtres des Odes éclatantes,
Se résignant au rire amer
Pour des foules plus inconstantes
Que le flot fuyant de la mer ;

O pasteur des rhythmes sans nombre,
Comme tu regardais ces fous
Acharnés à l'ombre d'une ombre,
Avec un air pensif et doux,

Toi qui t'asseyais sous un arbre
En plaignant le cerf aux abois !
Toi, l'amant des Nymphes de marbre
Et de la source dans les bois,

Qui donnais la richesse vile
Et tout leur or matériel
Pour une âpre strophe d'Eschyle,
S'envolant terrible en plein ciel !

Toi qui, dans ton cœur invincible,
N'eus pas d'autre rêve étoilé
Que de lire la grande bible
Et de voir dans le ciel fermé !

Toi qui, dans ta candeur sincère,
Souriais, ignorant du mal,
Et qui remplissais ton grand verre
Avec le vin de l'Idéal !

IV

Reprends-les, ce divin sourire
Et ce verre où ta lèvre but,
Car voici l'heure de te dire,
Maître, non : Adieu, mais : Salut !

Oui, sois le bienvenu, poëte,
Parmi ceux que nomme les siens
La Muse qui fut leur conquête ;
Car tu ne t'en vas pas, tu viens !

Fier de ton renom qui te vante,
Tu viens vers la postérité,
Ayant sur ta lèvre vivante
L'inéluctable vérité,

Et dans ta main mystérieuse
Apportant, vainqueur du tombeau,
Toute une œuvre victorieuse
Où resplendit l'éclat du Beau !

Au festin de la poésie,
Où chacun, levant son bras nu,
Boit le nectar et l'ambroisie,
O chanteur, sois le bienvenu !

Toi qui, pareil à Véronèse,
Parmi les satins et les fleurs,
Fais resplendir en ta fournaise
Les femmes aux belles couleurs !

Toi qui, dans un temps qui végète,
Nous fais songer aux chœurs dansants
Qui bondissaient sur le Taygète,
Avec tes vers éblouissants !

Toi qui, savant aux hardiesses,
Peux, comme Myron et Scyllis,
Tailler l'image des Déesses
Dans le marbre pareil au lys !

Toi qui sus donner à la prose
Le prisme durable et charmant
Que traverse un éclair de rose,
Et le poli du diamant !

Toi qui répands de ta main pleine
Toute une riche floraison !
Dernier fils du chantre d'Hélène !
Ame, sagesse, esprit, raison,

Amant du beau, du vrai, du juste,
Entre parmi les Dieux de l'art,
Et viens prendre ta place auguste
Entre Rabelais et Ronsard !

23-24 octobre 1872.

A ALFRED DEHODENCQ

Tenir la lumière asservie
Lorsqu'elle voudrait s'envoler,
  Et voler
A Dieu le secret de la vie ;

Pour les mélanger sur des toiles
Dérober même aux cieux vengeurs
  Leurs rougeurs
Et le blanc frisson des étoiles ;

Comme on cueille une fleur éclose,
Ravir à l'Orient en feu
  Son air bleu
Et son ciel flamboyant et rose :

Pétrir de belles créatures,
Et sur d'éblouissants amas
  De damas
Éparpiller des chevelures ;

Inonder de sang le Calvaire
Ou jeter un éclat divin
Sur le vin
Qu'un buveur a mis dans son verre ;

Se réjouir des pierreries,
Et jeter le baiser vermeil
Du soleil
Jusque sur les rouges tueries ;

Créer des êtres, et leur dire :
« Misérables, c'est votre tour !
Que l'Amour
De sa folle main vous déchire ; »

Enfin pour ce monde risible
Forçant la couleur à chanter,
L'enchanter
Par une musique visible,

Voilà vraiment ce que vous faites,
Peintres ! qui pour nous préparez
Et parez
Sans repos d'éternelles fêtes !

Ouvriers, inventeurs, génies !
Par un miracle surhumain,
Votre main
Réalise ces harmonies

Où la couleur qui se déploie
En accords de la nuit vainqueurs,
Dans nos cœurs
Fait jaillir des sources de joie.

Et nos fronts sont baignés d'aurore.
Mais vous, par un retour fatal,
    L'Idéal
Vous martyrise et vous dévore

Et vos enchantements sublimes,
Vous les payez de votre chair ;
    Il est cher,
Le feu qu'on vole sur les cimes !

Si tu montas avec délice
L'escalier bleu des paradis
    Interdits,
Un inexprimable supplice

Te punit, ô rêveur étrange
Qui sus donner l'illusion
    Du rayon
De lumière où s'envole un Ange ;

Et lorsque tout le ciel flamboie
Dans ta prunelle ivre d'amour,
    Un vautour
Vient manger ton cœur et ton foie.

   24 novembre 1872.

LES MUSES AU TOMBEAU

Près de la pierre close
Sous laquelle repose
Théophile Gautier,
   (Non tout entier,

Car par son œuvre altière
Ce dompteur de matière
Est comme auparavant
    Toujours vivant,)

Regardant cette tombe
De leurs yeux de colombe,
Les Muses vont pleurant
    Et soupirant.

Toutes se plaignent : celle
Dont l'œil sombre étincelle
Et qui réveille encor
    Le clairon d'or,

Celle que le délire
Effréné de la Lyre
Livre aux jeux arrogants
    Des ouragans,

Celle qui rend docile
La flûte de Sicile
Et tire du roseau
    Des chants d'oiseau,

Celle qui, dans son rêve
Farouche, porte un glaive
Frissonnant sur son flanc
    Taché de sang,

Et celle qui se joue
Et pour orner sa joue
Prend aux coteaux voisins
    Les noirs raisins,

Et la plus intrépide,
La Nymphe au pied rapide,
Celle qui, sur les monts
   Où nous l'aimons,

Par sa grâce savante,
Fait voir, chanson vivante,
Tous les rhythmes dansants
   Et bondissants.

Oui, toutes se lamentent
Et pieusement chantent
Dans l'ombre où leur ami
   S'est endormi.

Car il n'en est pas une
Qui n'ait eu la fortune
D'obtenir à son tour
   Son fier amour ;

Pas une qu'en sa vie
Il n'ait prise et ravie
Par un chant immortel
   Empli de ciel !

Ses pas foulaient ta cime,
Mont neigeux et sublime
Où nul Dieu sans effroi
   Ne passe ; et toi,

Fontaine violette,
Il a vu, ce poete,
Errer dans tes ravins
   Les chœurs divins !

Et toi, monstre qui passes
A travers les espaces,
Usant ton sabot sur
    Les cieux d'azur,

Cheval aux ailes blanches
Comme les avalanches,
Tu prenais ton vol, l'œil
    Ivre d'orgueil,

Quand sa main blanche et nue
T'empoignait sous la nue,
Ainsi que tu le veux,
    Par les cheveux !

Mais, ô Déesses pures,
Ornez vos chevelures
De couronnes de fleurs,
    Séchez vos pleurs !

Car le divin poëte
Que votre voix regrette
Va sortir du tombeau
    Joyeux et beau.

Les Odes qu'il fit naître
Lui redonneront l'être
A leur tour, et feront
    Croître à son front

Victorieux de l'ombre,
L'illustre laurier sombre
Que rien ne peut faner
    Ni profaner.

Toujours, parmi les hommes,
Sur la terre où nous sommes
Il restera vivant,
    Maître savant

De l'Ode cadencée,
Et sa noble pensée
Que notre âge adora,
    Joyeuse, aura

Pour voler sur les lèvres
Que brûleront les fièvres
De notre humanité,
    L'éternité !

Jeudi, 7 novembre 1872.

AMÉTHYSTES

———

On sait que le prince des poëtes décréta la suppression de l'hiatus et l'entrelacement regulier des rimes masculines et féminines, mais, par malheur, on a été plus royaliste que le roi en se privant de certains rhythmes exquis, ou composés seulement de rimes d'un seul sexe, ou offrant des rencontres de rimes diverses du même sexe.

Notice sur Ronsard.

———

AMÉTHYSTES

NOUVELLES ODELETTES AMOUREUSES

COMPOSÉES SUR DES RHYTHMES DE RONSARD

A MARIE

LES BAISERS

Plus de fois, dans tes bras charmants
Captif, j'ai béni mes prisons,
Que le ciel n'a de diamants;
Et pour tes noires trahisons
J'ai versé plus de pleurs amers
Que n'en tient le gouffre des mers.

Mes chants ailés, je te les dois !
Plus haineuse que les bourreaux,
Mon cœur a saigné sous tes doigts;
Mais que de fois, comme un héros
Qui vient de voler son trésor,
J'ai dormi sur tes cheveux d'or !

Tu m'as versé le vin du ciel !
Et mes maux seront pardonnés
A ton désœuvrement cruel,
Si les baisers que m'a donnés
Ta lèvre pareille à des fleurs
Sont aussi nombreux que mes pleurs.

Nice, février 1861.

CAPRICE

Quand je baise, pâle de fièvre,
Ta lèvre où court une chanson,
Tu détournes les yeux, ta lèvre
Reste froide comme un glaçon,
Et, me repoussant de tes bras,
Tu dis que je ne t'aime pas.

Mais si je dis : Ce long martyre
M'a brisé, je romps mon lien !
Tu réponds avec un sourire :
Viens à mes pieds ! tu le sais bien,
Ma chère âme, que c'est ton sort
De m'adorer jusqu'à la mort.

Février 1861.

INVIOLATA

Avec ces traits harmonieux, pareils
    A ceux des Nymphes pures,
Et ce teint rose et ces anneaux vermeils
    Entre les chevelures,

Avec les noirs sourcils et les grands cils
    Dont l'ombre solennelle
Se joue, orgueil de tes regards subtils,
    Sur ta vague prunelle,

Ta beauté, lys exalté, vêtement
    Joyeux, que rien n'offense,
Garde, malgré l'épanouissement,
    Comme un duvet d'enfance.

Telle Artémis éveille les chasseurs
    Dans la forêt sonore
Et parmi nous tu n'as pas d'autres sœurs
    Que la neige et l'aurore.

Pareille aux Dieux, dont le généreux flanc,
    Qu'un parfum rassasie,
Sentait courir sous la chair, non du sang,
    Mais un flot d'ambroisie,

On voit frémir un rayon embaumé
    Sur ton sein d'héroïne,
Et l'on sent bien que ton corps est formé
    D'une essence divine.

Comme Cypris, qui porte un ciel d'amour
    Dans son âme étoilée,
Et qui, malgré ses délires d'un jour,
    Demeure inviolée,

Cruelle et rose et répandant l'effroi,
    Femme au front de Déesse,
Tu sais que rien ne peut faner en toi
    L'immortelle jeunesse.

Tu vois nos maux d'un œil indifférent,
　　Car tes attraits insignes
Sont invaincus plus que l'eau du torrent
　　Et la plume des cygnes ;

Et tant d'amours, hélas! faits pour flétrir
　　Leur fraîcheur matinale,
O mon trésor, n'ont pas pu défleurir
　　Ta grâce virginale.

Février 1861.

EN SILENCE

Oui, lève encor ton sourcil noir !
Oui, puisque tu le veux, j'oublie
Ce vin amer du désespoir,
Ce vin noir dont j'ai bu la lie,
Et tranquillement je m'enivre
Du bonheur de te sentir vivre.

Mon cœur brûlé d'un long souci,
Tu le veux, s'emplira de joie.
Laisse-moi me coucher ainsi
A côté du coussin de soie
A fleurs d'or, où ton pied se pose
Fier, avec ce talon de rose !

Laisse-moi regarder longtemps
En silence, comme un avare,
Tes grands cheveux, d'or éclatants,
Ta prunelle, ce joyau rare
Qu'une frange noire protége,
Et ton sein ! et ton sein de neige !

Février 1861.

NUIT D'ÉTOILES

La nuit jette sur la dune
Ses diamants comme un roi,
Elle est blanche comme toi,
Sous les doux rayons de lune.

Tes yeux, ô magicienne,
Confondent leur ciel obscur
Avec l'implacable azur
De la mer Tyrrhénienne.

Mille fleurs s'épanouissent
Près de son riant bassin,
De même que sur ton sein
De folles roses fleurissent.

Elle sait, la Nuit sacrée,
Mère des enchantements,
De quels épouvantements
J'ai l'âme encor déchirée.

O saphir ! azur sans voiles !
O calme délicieux !
La mer est comme les cieux
Resplendissante d'étoiles.

Mais de ta bouche fleurie,
Pour calmer ce mal cuisant
Tu me baises en disant
Que ma blessure est guérie.

Février 1861.

LE ROSSIGNOL

Vois, sur les violettes
Brillent, perles des soirs,
De fraîches gouttelettes !
Entends dans les bois noirs,
Frémissants de son vol,
Chanter le rossignol.

Reste ainsi, demi-nue,
A la fenêtre ; viens,
Mon amante ingénue ;
Dis si tu te souviens
Des mots que tu m'as dits,
Naguère, au paradis !

La lune est radieuse ;
La mer aux vastes flots,
La mer mélodieuse
Pousse de longs sanglots
De désir et d'effroi,
Comme moi ! comme moi !

Mais non, tais-toi, j'admire,
A tes genoux assis,
Ta lèvre qui soupire,
Tes yeux aux noirs sourcils !
C'était hier ! je veux
Dénouer tes cheveux.

O toison ! ô parure
Que je caresse encor !
Non, tu n'es pas parjure,
Ma belle aux cheveux d'or,
Mon ange retrouvé !
J'étais fou. J'ai rêvé.

Juin 1860.

RESTE BELLE

Que ton feu me dévore !
Plaisir ou bien effroi,
Tout me ravit ; j'adore
Tout ce qui vient de toi,
Et la joie ou les larmes
Tout a les mêmes charmes.

Ta voix qui se courrouce,
Quand j'en étais sevré,
Pourtant semble plus douce
A mon cœur enivré
Que les chansons lointaines
Qui tombent des fontaines.

Garde ta barbarie,
Tes méchants désaveux ;
Tu ne peux, ma chérie,
Empêcher tes cheveux,
Où le soleil se mire,
De vouloir me sourire !

Tes pensives prunelles
Ont emprunté des cieux
Leurs splendeurs éternelles ;
Ton front délicieux
Prend en vain l'air morose,
Ta bouche est toujours rose

Malgré tes forfaitures,
Les roses de l'été
Ornent de lueurs pures
Ta sereine beauté
A ta haine rebelle.
Il suffit, reste belle !

Non, ta grâce de femme
Rien ne peut la ternir ;
Elle est un sur dictame,
Et tu vins pour tenir
La quenouille d'Omphale
Dans ta main triomphale.

Fevier 1861.

PRINTEMPS D'AVRIL

Ma mie, à son toit fidèle,
La frétillante hirondelle
Revient du lointain exil.
Déjà le long des rivages
S'égaie un sylphe subtil,
Qui baise les fleurs sauvages :
Voici le printemps d'Avril !

C'est le moment où les fées,
De volubilis coiffées,
Viennent, au matin changeant,
Sur le bord vert des fontaines,
Où court le flot diligent,
Charmer les biches hautaines
De leurs baguettes d'argent.

Elles dansent à l'aurore
Sur l'herbe, où les suit encore
Un troupeau de nains velus.
Ne va pas, enfant sereine,
Au fond des bois chevelus ;
Elles te prendraient pour reine,
Et je ne te verrais plus !

Avril 1860.

TISBE

En cet habit d'étoffe ancienne,
Tu sembles, au siècle des cours,
Une noble Vénitienne.
Cette dentelle aux mille jours
Est un nid fait pour les Amours :
Wateau, de la grâce idolâtre,
T'eût peinte en tes riches atours
Avec ce manteau de théâtre.

C'est vers vous, les enchanteresses,
Que l'oiseau bleu tourne son vol !
A présent déroule ces tresses,
Jette ces perles sur ton col ;
Donne ta voix de rossignol
A Tisbe, l'ange aux mains fiévreuses,
Car c'est elle, avec doña Sol,
Qui sont toujours nos amoureuses.

<small>Février 1861.</small>

LE CHARME DE LA VOIX

Quand s'élancent leurs strophes d'or,
Il faut aux Odes qu'on admire,
Pour leur faire prendre l'essor,
Les instruments et leur délire.
Mais toi, mais toi, tu peux les lire !
Car la Muse t'aime, et tu vois
Qu'elle n'a plus besoin de lyre
Avec les chansons de ta voix.

Ta grave, ta charmante voix,
Pure comme un cristal féerique,
Est parfois si douce ! et parfois
Brûlante comme un vent d'Afrique.
Telle, à son rhythme symétrique
Prêtant les colères des Dieux,
Sappho, la déesse lyrique,
Parlait aux flots mélodieux.

Février 1861.

VERS SAPPHIQUES

Ma foi, mon espoir, mes chants fiers et doux,
Je t'ai tout donné, jusqu'à mon courroux.
Ce n'est pas assez, dit ton cœur jaloux.
      Il a bien raison !

Il me faut bénir ta blonde toison,
Tes beaux yeux armés pour la trahison,
Et ton sein de neige, et le noir poison
      Qu'a versé ta main !

Je les bénirai ! cher ange inhumain,
Fleurisse ta bouche au riant carmin !
Et toi, si ton pied le trouve en chemin,
      Foule aux pieds mon cœur.

Oui, sers de complice au passant moqueur,
Et du noir oubli rapsode vainqueur,
Mes vers frémissants chanteront en chœur
    Ton nom adoré.

Jusqu'aux astres clairs je l'emporterai,
Et mon luth, peut-être un jour admiré,
Fera que l'éclat de ton front doré
    Demeure immortel.

Puisse-t-il, flambeau de mon cher autel,
Éblouir de feu les divins sommets,
Et sur les piliers de saphir du ciel
    Briller à jamais.

Février 1861.

APOTHÉOSE

C'est bien fait, ô ma sœur,
    Et je succombe,
Mais avec la douceur
    D'une colombe.

En noyant ma raison
    Dans mon extase,
J'ai béni le poison
    Et le beau vase.

Même, j'ai traversé
    Sans épouvante
L'heure où tu m'as versé
    L'horreur vivante.

J'ai bu le flot profond
    Avec délice ;
L'ivresse était au fond
    Du noir calice.

Je te donne à présent,
    (Car je t'adore!)
Le laurier verdissant
    Qui me décore.

Arraché par mes vers
    A l'onde noire,
Mes chants à l'univers
    Diront ta gloire.

Près du ciel azuré
    Qui nous menace,
Joyeux, je t'assoierai
    Sur le Parnasse.

Là, recueillant le fruit
    De mon délire,
Ta voix sera le bruit
    Que fait ma lyre ;

Et tu joueras, enfant
    Né de Thalie,
Dans le flot triomphant
    De Castalie.

Dans les bois écartés,
    Ces lèvres roses
Jetteront des clartés
    D'apothéoses ;

Mon sang versé par jeu,
 Sainte blessure!
Sera la pourpre en feu
 De ta chaussure;

Et, comme en ce dessein
 Je t'ai choisie,
Tu laveras ton sein
 Dans l'ambroisie.

Mais, couronnant ton front
 Pur de souillure,
Des rayons d'or seront
 Ta chevelure;

Et tes yeux, où sourit
 Ma douleur moite,
Reflèteront l'esprit
 Qui me transporte.

O ma divinité
 Victorieuse,
Pendant l'éternité
 Mystérieuse,

Tes yeux, insoucieux
 De nos désastres,
Seront comme des cieux
 Éclatants d'astres.

Février 1861

RIMES DORÉES

AU LECTEUR

Ces Rimes qui, pour la plupart, avaient brillé dans mon esprit avant celles des *Occidentales*, étaient comme dorées en effet par ces rayons de soleil couchant qui ont parfois la splendeur joyeuse d'une aurore. Au moment où je chantais ainsi, nous n'avions pas encore au flanc la blessure qui toujours s'irrite et saigne. Déjà enfuie loin de moi, la Jeunesse me laissait voir encore son lumineux sourire et le bout rose de la draperie qui traîne derrière elle ; et si ma pensée était troublée obscurément par les affres de ce qui devait venir, je me rassurais, comme tous l'ont fait, en songeant à ce qu'il y a de vivace dans le miraculeux génie de la France. Parmi les feuillets épars de ce recueil, je relis, hélas ! dans le poëme intitulé : *La Lyre dans les Bois*, une strophe où je parlais de la victoire avec un dédain qui aujourd'hui m'arrache des larmes. Nous étions bien heureux alors, ou bien degoûtés, et le temps devait venir si vite où cette victoire, méprisée naguère, nous l'appellerions avec des cris désespérés! Mais, c'est la loi fatale et sans exception, l'avenir qui, lorsqu'il était éloigné encore, nous apparaissait visible dans la clarté, se voile et disparaît à nos yeux quand il s'approche et quand il va devenir le présent. En composant ces petits poëmes, embellis souvent par une allégresse triomphale, je ne me doutais plus que les jours accouraient où j'aurais l'épouvantable occasion d'écrire les *Idylles prussiennes*.

T. B.

Paris, le 5 mai 1873.

RIMES DORÉES

L'AUBE ROMANTIQUE

A CHARLES ASSELINEAU

Mil huit cent trente ! Aurore
Qui m'éblouis encore,
Promesse du destin,
    Riant matin !

Aube où le soleil plonge !
Quelquefois un beau songe
Me rend l'éclat vermeil
    De ton réveil.

Jetant ta pourpre rose
En notre ciel morose,
Tu parais, et la nuit
    Soudain s'enfuit.

La Nymphe Poésie
Aux cheveux d'ambroisie
Avec son art subtil
    Revient d'exil ;

L'Ode chante, le Drame
Ourdit sa riche trame ;
L'harmonieux Sonnet
    Déjà renaît.

Ici rugit Shakspere,
Là Pétrarque soupire ;
Horace bon garçon
    Dit sa chanson,

Et Ronsard son poëme,
Et l'on retrouve même
L'art farouche et naïf
    Du vieux Baïf.

Tout joyeux, du Cocyte
Rabelais ressuscite,
Pour donner au roman
    Un talisman,

Et l'amoureuse fièvre
Qui rougit notre lèvre
Défend même au journal
    D'être banal!

La grande Architecture,
Prière sainte et pure
De l'art matériel,
    Regarde au ciel ;

La Sculpture modèle
Des saints au cœur fidèle
Pareils aux lys vêtus
    De leurs vertus,

Et la Musique emporte
Notre âme par la porte
Des chants délicieux
   Au fond des cieux.

O grand combat sublime
Du Luth et de la Rime !
Renouveau triomphal
   De l'Idéal !

Hugo, sombre, dédie
Sa morne tragédie
Aux grands cœurs désolés,
   Aux exilés,

A la souffrance, au rêve.
Il embrasse, il relève
Et Marion, hélas !
   Et toi, Ruy-Blas.

Et déjà, comme exemple,
David, qui le contemple,
Met sur son front guerrier
   Le noir laurier.

George Sand en son âme
Porte un éclair de flamme ;
Musset, beau cygne errant,
   Chante en pleurant ;

Balzac, superbe, mène
La Comédie Humaine
Et nous fait voir à nu
   L'homme ingénu ;

Pour le luth Sainte-Beuve
Trouve une corde neuve ;
Barbier lance en grondant
  L'Iambe ardent ;

La plainte de Valmore
Pleure et s'exhale encore
En sanglots plus amers
  Que ceux des mers,

Et, sur un mont sauvage,
L'Art jaloux donne au sage
Théophile Gautier
  Le monde entier.

En ces beaux jours de jeûne,
Kaïr a plus d'amour jeune
Qu'un vieux Rothschild pensif
  N'a d'or massif ;

De sa voix attendrie
Gérard dit la féerie
Et le songe riant
  De l'Orient ;

Les Deschamps, voix jumelles,
Chantent : l'un a des aïles,
L'autre parle à l'écho
  De Roméo.

Frédérick ploie et mène
En tyran Melpomène
Et la grande Dorval
  L'a pour rival ;

Berlioz, qui nous étonne,
Avec l'orage tonne,
Et parle dans l'éclair
    A Meyerbeer ;

Préault, d'un doigt fantasque,
Fait trembler sur un masque
L'immortelle pâleur
    De la Douleur,

Tandis qu'à chaque livre
Johannot, d'amour ivre,
Prête un rêve nouveau
    De son cerveau.

Pour Boulanger qui l'aime,
Facile, et venant même
Baiser au front Nanteuil
    Dans son fauteuil,

La Peinture en extase
Donne la chrysoprase
Et le rubis des rois
    A Delacroix.

Daumier trouve l'étrange
Crayon de Michel-Ange
— Noble vol impuni ! —
    Et Gavarni

Court, sans qu'on le dépasse,
Vers l'amoureuse Grâce
Qu'à l'Esprit maria
    Devéria !

Mais, hélas ! où m'emporte
Le songe ! Elle est bien morte
L'époque où nous voyions
    Tant de rayons !

Où sont-ils ? les poëtes
Qui nous faisaient des fêtes,
Ces vaillants, ces grands cœurs,
    Tous ces vainqueurs,

Ces soldats, ces apôtres ?
Les uns sont morts. Les autres,
Du repos envieux,
    Sont déjà vieux.

Leur histoire si grande
N'est plus qu'une légende
Qu'autour du foyer noir
    On dit le soir,

Et ce collier illustre
Qu'à présent touche un rustre,
Sème ses grains épars
    De toutes parts.

Hamlet qu'on abandonne
Est seul et sans couronne
Même dans Elseneur :
    Adieu l'honneur

De l'âge romantique ;
Mais de la chaîne antique
Garde-nous chaque anneau,
    ASSELINEAU !

Comme le vieil Homère
Savamment énumère
Les princes, les vassaux
 Et leurs vaisseaux,

Redis-nous cette guerre !
Les livres faits naguère
Selon le rituel
 De Renduel,

Fais-les voir à la file !
Jusqu'au Bibliophile
Montrant page et bourrel,
 Jusqu'à Borel ;

Car tu sais leur histoire
Si bien que ta mémoire
N'a pas même failli
 Pour Lassailly.

Donc, toi que je compare
Au Héraut, qui répare
Le beau renom des vers
 Par l'univers,

Dis-nous MIL HUIT CENT TRENTE,
Epoque fulgurante,
Ses luttes, ses ardeurs
 Et les splendeurs

De cette apocalypse,
Que maintenant éclipse
Le puissant coryza
 De Thérésa !

Car il est beau de dire
A notre âge en délire
Courbé sur des écus :
 « Gloire aux vaincus. »

Envahi par le lierre,
Le château pierre à pierre
Tombe et s'écroule ; mais
 Rien n'a jamais

Dompté le fanatisme
Du bon vieux romantisme,
De ce Titan du Rhin
 Au cœur d'airain.

11 Juillet 1866.

LA LYRE DANS LES BOIS

PETIT PROLOGUE POUR UNE SYMPHONIE COMIQUE

I

Le musicien, fils des Dieux,
Est maître absolu de notre âme,
Et dans l'Infini radieux
Il l'emporte en son vol de flamme.

Il est le maître, il est le roi,
Sans fusils ni canons de cuivre,
Sans batailles pâles d'effroi ;
Dès qu'il ordonne, il faut le suivre.

Donc, — il le veut, — partons, fuyons,
Quittons pour ses apothéoses
Cette fête où dans les rayons
Resplendissent les lèvres roses ;

Cette fête aux aspects charmants
Où parmi les flammes fleuries
Brillent les éblouissements
Des femmes et des pierreries.

Il va, le chanteur inspiré :
Suivons-le d'un vol énergique
Au loin, sous le ciel azuré,
Dans la grande forêt magique ;

Au bois, où se mêlent encor
Sous les ombres silencieuses
Le divin rire aux notes d'or
Et les larmes délicieuses ;

Où du sein des antres profonds
Les oiseaux donnent la réplique
A des virtuoses bouffons
Jouant un air mélancolique.

Là, comme un seigneur espagnol,
Tandis que Vénus étincelle,
Le mélodieux rossignol
Se plaint d'amour à la crécelle.

Puis, dans un triste adagio,
La trompette gémit et pleure
Sur notre époque d'agio
Que jamais un rêve n'effleure !

Caille, coucou, dans le verger
Tout s'évertue et bat des ailes ;
Et celle qui d'un pied léger
Bondit sur les herbes nouvelles,

La Danse, folle du tambour,
Brisant le lien qui la sangle,
Bondit, haletante d'amour,
Et s'envole avec le triangle !

II

Voix, parlez aux rameaux flottants ;
Musique, enchante la ravine !
Tenez, mesdames, de tout temps
Ce fut de même, j'imagine,

Sur l'herbe et dans les noirs ravins
Et parmi la feuillée obscure,
Un échange de chants divins
Entre la Lyre et la Nature !

Au temps où les bêtes pleuraient,
Dans la sainte nature fée
Les lions soumis adoraient
Un chanteur qu'on nommait Orphée.

Car (dans mon rêve je le vois
Éveillant les antres sonores)
Il avait dans sa grande voix
L'éblouissement des aurores,

La profondeur des cieux, le son
Qui monte des sphères sacrées,
L'horreur des bois et le frisson
Des étoiles enamourées.

A l'Opéra l'on eût sifflé,
Mais les panthères et la lice,
N'ayant pas sur elles de clé,
N'y cherchaient pas tant de malice,

Et les tigres dans les déserts
Dédaignaient la façon banale
De bâiller à tous les beaux airs, —
N'ayant pas de loge infernale.

Dans l'ombre des rochers épars
Ou groupés sous un noir mélèze,
Les onces et les léopards
Tout bonnement se pâmaient d'aise ;

En ces temps naïfs, aucun d'eux
N'avait peur de paraître bête,
Et de leurs bons mufles hideux
Ils léchaient les pieds du poet .

III

Oh ! s'envoler comme Ariel !
Quitter la terre avec délire,
Prêter l'oreille aux voix du ciel
Et ne pas dédaigner la Lyre !

Pauvres gens, — qui nous enivrons
D'entendre une horrible Victoire
Mugir avec les noirs clairons, —
Ce serait notre seule gloire !

Dans ce cas-là, si nous voulions,
Nous aurions peut-être, je pense,
Autant d'esp   que les lions :
Ce serait notre récompense.

Rappelez-vous ce mot vanté
De Shakspere, qui divinise
Le doux clair de lune enchanté :
C'est dans LE MARCHAND DE VENISE.

Lorenzo, qui sur tous les tons
Peignait son amour jeune et folle,
Dit à sa maîtresse : « Écoutons
La musique, » ô sainte parole !

Et voici que les deux amants
Écoutent dans la nuit sans voiles
Les purs concerts des instruments
Se mêler au chant des étoiles.

Oh ! puisque le musicien,
Nous emportant dans l'harmonie,
Nous prend, libres de tout lien,
Sur les ailes de son génie ;

Puisque, nous enivrant d'accords,
Nous pouvons avec un sourire
Entendre la harpe et les cors,
Comme les amants de Shakspere,

Faisons comme eux: envolons-nous
Au-delà du monde physique,
Et, comme dit en mots si doux
Le maître, « Écoutons la musique ! »

Mai 1867.

UNE FÊTE CHEZ GAUTIER

I

Hier, — doux remède à nos maux ! —
Thalie, ivre et fuyant la prose,
Chez le poete des Emaux
Avait planté sa tente rose.

Le Caprice, qu'il a chanté,
Riait, sylphe au léger costume,
Coiffé du tricorne enchanté,
Et caressait Pierrot posthume.

Rayée en façon de satin,
Une salle en toile, folâtre
Comme un habit de Mezzetin,
Enfermait le petit théâtre.

D'ailleurs, un luxe oriental,
Pour la Muse qu'on divinise,
Mirait un lustre de cristal
Dans un beau miroir de Venise.

S'il faut vous dire quels témoins
Encombraient ce frêle édifice,
L'assemblée était certes moins
Nombreuse qu'au feu d'artifice.

Élégante comme il convient
Pour écouter la Poésie
Quand ce bel Ange nous revient,
Elle était illustre et choisie.

Tant de beaux yeux, couleur des soirs
Ou de l'or pur ou des pervenches,
Faisaient passer les habits noirs
Masqués par des épaules blanches.

La littérature y comptait,
L'ancienne aussi bien que la neuve,
Si bien que Dumas fils était
Assis auprès de Sainte-Beuve.

II

En dépit d'un siècle traînard,
On avait omis la Musique,
Par la raison que c'est un art
Trop matériel et physique.

Devant l'or sacré d'Apollon
Que devient cette pâle étoile?
Donc ce fut sans nul violon
Que l'on vit se lever la toile.

Les décors malins et vermeils
Étaient de Puvis de Chavannes :
Pour en rencontrer de pareils
On irait bien plus loin que Vannes !

La Fantaisie et la Raison
S'y battaient de façon hautaine,
Et j'admirai que la maison
Fût moins grande que la fontaine.

J'aime ce mur d'un si haut goût
Où ce grand pot de fleurs flamboie !
Mais ce que je préfère à tout
Et ce qui m'a comblé de joie,

C'est l'enseigne du rôtisseur,
Qui ne mérite aucun reproche :
Un Saint-Laurent plein de douceur
Achevant de cuire à la broche.

Pour les pièces, on les connaît :
C'est la Muse parant la Farce
De cent perles où le jour naît,
Couronne sur sa tête éparse ;

C'est la débauche du Rimeur,
Qui, le front caressé d'un lierre,
Avec la Nymphe en belle humeur
S'enivre du vin de Molière.

Jamais chasseur en ses liens
N'a mieux pris la rime galante !
Mais parlons des comédiens :
Ma foi ! la troupe est excellente.

III

Malgré le Chacun son métier,
La critique ici ne peut mordre,
Puisque Théophile Gautier
Est un acteur de premier ordre.

Quoi ! direz-vous. — Oui, c'est ainsi.
On a beau porter une lyre,
Il paraît que l'on peut aussi,
Faisant des vers, savoir les dire.

Comme il a bien peur des filous !
Oh ! la réplique alerte et vive !
Les bons airs de tuteur jaloux !
La bonne bêtise naïve !

Les directeurs — allez-y voir ! —
N'ont rien qui vaille, dans leurs bouges,
Ce fier Géronte en pourpoint noir,
En bonnet rouge, en manches rouges.

Quant à Pierrot, blanc comme un lys
Et sérieux comme un augure,
Il empruntait de Gautier fils
Une très-aimable figure.

Mais vous, Colombine, Arlequin,
Inez, Marinette, Valère,
Taille fine, frais casaquin,
Amour, esprit, gaité, colère,

Que dire de vos yeux mutins,
De la fleur sur vos fronts éclose,
De vos petits pieds enfantins,
De vos chastes lèvres de rose?

O jeunesse ! ô pourpre du sang!
Jamais ni Béjart ni de Brie
Avec un front suave et blanc
N'eurent la bouche plus fleurie.

Pour finir, louer Rodolfo
N'est pas une chose commode,
Et j'aurais besoin que Sappho
Me prêtât son grand rhythme d'ode.

Il est flûté comme un hautbois,
Brillant comme une faux dans l'herbe,
Et son geste a l'air d'être en bois :
Il est terrible, il est superbe.

Je le vois, hélas! j'aurais dû,
Moi qui veux la blancheur aux merles,
A travers ce compte rendu
Semer les rubis et les perles.

Qu'il est pâle, mon feuilleton
Pour cette fête sans seconde ! —
Mais je suis comme fut, dit-on,
La plus belle fille du monde.

1ᵉʳ septembre 1863.

CONSEILS A UN ÉCOLIER

Charles-Quint, dans un fier poëme,
Louait comme excellent collier
Les deux bras de celle qu'on aime ;
Il avait raison, Ecolier.

Puisqu'Avril a chassé les neiges,
Parlons d'amour, tandis qu'au bal
Ce printemps mène ses cortèges,
Car rien n'est plus original.

Au Luxembourg, qu'ils réjouissent,
Les oiselets pour matelas
Prennent les arbres qui fleurissent,
Les marronniers et les lilas ;

Et nos âmes se sont ouvertes
A l'heure où brillent, voyez-les,
Au beau milieu des feuilles vertes,
Les jolis thyrses violets.

Heureux celui qui, sans paresse,
L'œil clair et les cheveux flottants,
Dit ces mots si doux : « Ma maîtresse, »
Avec des lèvres de vingt ans !

Ces jours-ci (je suis à cent lieues
De prétendre qu'il fait trop chaud)
Comme un sein ferme aux veines bleues
Sort galamment de son cachot !

Et, quoi que rabâche la Prose
En sa juste sévérité,
Ces lys blancs, ce bouton de rose
Sont l'éternelle vérité.

Écolier, si je te devine,
Si cet Avril rit dans ton sang,
Admire une jambe divine
Quand s'écarte le peignoir blanc;

Dis lanlaire à l'Académie
Où sommeille un art ingénu,
Demeure aux genoux de ta mie,
Et baise longtemps son pied nu.

Bois aussi : le Vin est féerique!
Ronsard, le grand aïeul divin,
S'écriait d'un beau ton lyrique:
« EN CES ROSES VERSON CE VIN. »

Quand le ciel, de façon narquoise,
Pour échauffer l'homme transi,
Brillait en habit de turquoise,
Comme il a fait tous ces jours-ci,

Le rimeur, oubliant Pergame,
Buvait le meilleur du cellier
En rimant des vers pour sa dame;
Il avait raison, Écolier.

Avril 1864.

PAS DE FEUILLETON

A ILDEFONSE ROUSSET

I

Mon cher directeur, je modère
Les élans de ma verve, et si
Mon feuilleton hebdomadaire
Fait relâche cette fois-ci ;

Le cher caprice étant mon hôte,
Si je me dorlote, en fumant,
Les pieds sur mes chenets, la faute
En est aux Dieux. Voici comment

Toujours les directeurs ordonnent
Poliment de me convier
A toutes les fêtes qu'ils donnent :
Mais du premier au neuf janvier,

A Paris, ville des lumières
Où Jocrisse lui-même est fin,
Nous avons vécu sans premières
Représentations. — Enfin,

Moi qui griffonne avec bravoure
Et qui n'ai jamais déserté,
Voici qu'une fois je savoure
Les douceurs de la liberté.

Je vis, je pense, je m'amuse,
Rime d'or, avec ton fuseau ;
Je fais ce que je veux ; ma Muse
Peut ouvrir ses ailes d'oiseau,

Et je l'embrasse, et pour renaître
Avec elle au sacré vallon,
Je m'envole par la fenêtre
Au charmant sabbat d'Apollon,

Où le dieu fauve, qui viole
Tous les vieux préceptes connus,
Joue en riant de la viole,
Parmi les vierges aux bras nus !

Et je ne vois plus de premières
Représentations, — avec
Les bouquets de roses trémières
Qui montent sur le temple grec,

Avec les acteurs dont le crime
Est de mêler, pitres fervents,
Des couplets dépourvus de rimes
Et des accords de chiens savants !

Je ne vois plus ces avant-scènes
Qui ne s'obtiennent qu'à grands frais,
Où s'étalent des femmes saines
En petits cheveux beurre-frais,

Maïs, jonquille, jaune soufre
Ou bien roses comme les soirs
Du mois de juin. (Mon cœur en souffre,
Qu'on me ramène aux cheveux noirs !)

II

Je ne vois plus les troupes chères
Des gandins aux gilets ouverts
Ainsi que des portes cochères,
Gens si pâles qu'ils en sont verts,

Et qui, dans leurs cheveux, qu'admirent
Les demoiselles sans soucis,
Avec art sur leur front se tirent
Une raie entre les sourcils.

Je ne vois plus, narguant la plèbe,
Corselets ornés sur les flancs,
Leurs habits noirs comme l'Érèbe,
Où fleurissent des lilas blancs !

Ni cette loge où dans sa grâce
Triomphe Blanche d'Antigny,
Rose et lys vivant, et plus grasse
Qu'un perdreau truffé par Magny !

Errant au gré de ma folie
Au Pinde où toujours ruissela
Notre amoureuse Castalie,
Je ne vois rien de tout cela,

Et sur la pelouse enchantée
Je vais dans le zéphir ami,
Aussi libre qu'un Prométhée
Dont le vautour s'est endormi.

A mes pieds que Phœbos délie,
Cherchant mes fers, galérien
De la vendangeuse Thalie,
O bonheur ! je n'y sens plus rien.

Car depuis huit jours, les théâtres, —
Certes, jamais vous ne l'auriez
Pu croire, — ont des succès folâtres
En rabâchant sur leurs lauriers.

Moi donc, oiseau du ciel antique,
Pâle cygne du lac profond
Couvert d'une peau de critique,
Je puis ignorer ce qu'ils font.

J'ai le droit de voir tout en rose,
— O mes épithètes, dormez ! —
Et sur mon magasin de prose
J'écris : LES BUREAUX SONT FERMÉS.

Que Macaire, orné d'une emplâtre,
Fasse traîner sur son talon
La rouge pourpre, ô Cléopâtre !
Dont il a fait un pantalon ;

Que Devéria, pour les merles
Qui voudraient être ses amants,
Étale des mètres de perles
Et des boisseaux de diamants ;

Qu'elle montre, svelte et farouche,
Un mollet dont Paris est fou,
Et que les perles de sa bouche
Nuisent à celles de son cou ;

Que, séduisant jusqu'aux Titanes,
Après sa moustache Capoul
Traîne encore plus de sultanes
Qu'un pacha n'en garde à Stamboul ;

Que ce monde-là vole ou rampe,
Afin de ravir les humains,
Devant les flammes de la rampe,
Tant pis, je m'en lave les mains.

Seigneur ! je me soucie, en somme,
D'Hermione et de Camargo
Ainsi qu'un poisson d'une pomme,
(Comme l'a dit Victor Hugo.)

III

Car dans un décor où l'air joue
Et que n'a pas brossé Cambon
Je me promène, je l'avoue.
Certes, ma franchise a du bon,

Mais j'en prévois les conséquences ;
Donc vous voulez, mon cher Rousset,
Savoir où je prends mes vacances ?
Eh bien ! je vais vous dire où c'est.

Dans les bois où glapit l'hyène,
Je suis, libre de tout lien,
La divine Thessalienne,
La grande chasseresse, — ou bien

Ariel me prend dans la nue
Et permet que je me rende à
L'île où sur son épaule nue
Il vient caresser Miranda ;

Où, dans un jardin que dévaste
Le lierre avec sa frondaison,
Je courtise, rival d'Éraste,
Ascagne habillée en garçon ;

Ou bien, — car, pour mon esprit, toutes
Les chimères ont des appas,
Et je connais toutes les routes
Des pays qui n'existent pas, —

Mes chagrins anciens faisant trêve,
Joyeux, n'étant plus endetté,
Aux côtés d'Hermia, je rêve
Le songe d'une nuit d'été ;

Ou, pendant de longues journées,
J'entends Roland sonner du cor
Dans les gorges des Pyrénées
Que le sang baigne, — ou bien encor,

Dans les Ardennes ou dans l'Inde,
Caché par quelque vert rideau,
Je fais des vers à Rosalinde
Comme si j'étais Orlando,

Et je la chéris, inhumaine,
En dépit du : Qu'en dira-t-on ?
Voilà pourquoi cette semaine,
Vous n'aurez pas de feuilleton

Pourtant, vous voudrez bien me rendre
Toute ma chaîne au grand complet,
Et je demande à la reprendre
Samedi prochain, s'il vous plaît.

Car un vieux journaliste, en somme,
Ne sait pas dire : « Ils sont trop verts ! »
Et soit que, d'ailleurs, on le nomme
« Romancier ou faiseur de vers, »

Ce qu'il aime, c'est la patrie,
C'est le parfum, jamais banal,
Qu'a notre encre d'imprimerie,
Et l'atmosphère du journal.

Le National, Lundi, 10 janvier 1870.

AU PAYS LATIN

O terre aventureuse
Où vit la fête heureuse
Du beau rire argentin,
    Pays Latin !

Dans Paris qui se blase,
Seul, pays de l'extase,
Tu gardes ta saveur
    Pour le rêveur.

Tu n'as pas, dans un antre,
Des boursiers au gros ventre
Courtisant des Laïs
    Jaune maïs ;

Tu n'as pas, faisant halte
Sur le bord de l'asphalte,
Des troupeaux de Phrynés
    Enfarinés ;

Tu n'a pas, comme Asnières,
Des lions sans crinières,
Buvant à ciel ouvert
    Le poison vert ;

Mais tu vis, mais tu penses !
Tu songes, tu dépenses
Tes jours dans un charmant
    Enchantement !

Tu dis qu'en tes demeures
Le jour n'a pas trop d heures
Pour la pensée et pour
    L'immense amour.

Loin du gouffre vorace,
Tu chéris, comme Horace,
La flamme du vin vieux
    Et des beaux yeux.

Toutes les belles choses,
Les poemes, les roses
Charment ton peuple, épris
    Des grands esprits,

Et jamais il ne cesse
D'adorer la déesse
Liberté, dont l'œil fier
  Lance un éclair.

Aime, travaille, ô terre
Jeune, fidèle, austère :
L'avenir, ce témoin,
  N'est pas si loin !

Terre aux ardentes sèves,
Tu feras de tes rêves,
Pour les déshérités,
  Des vérités !

Mais jusque-là conserve
Tes beaux espoirs, ta verve
Et ta soif d'infini,
  O coin béni !

Nul mieux que toi n'aspire
Le radieux sourire
Et le regard vermeil
  Du grand soleil ;

Ton parc entouré d'ombre,
C'est ce Luxembourg sombre,
Plein d'oiseaux querelleurs
  Et plein de fleurs ;

Tes poëtes, divine
Race, qui te devine
Et qui lit dans ton cœur
  Tendre et moqueur,

C'est Hugo solitaire,
Dont la plainte fait taire
Les sanglots arrogants
　　Des ouragans;

C'est Leconte de Lisle,
Qui se souvient de l'île
Où fut nourri de miel
　　Un roi du ciel ;

C'est Barbier, dont l'Iambe
En l'air éclate et flambe,
C'est Musset isolé
　　Et désolé;

C'est Charles Baudelaire
Dédaigneux du salaire,
Que le sombre Oiseleur
　　Prit en sa fleur,

Mais dont enfin la Gloire,
Ouvrant sa tombe noire,
Après un long affront
　　Baise le front !

Tes femmes, douces fées
De leurs cheveux coiffées,
Sans joyaux ni satin,
　　Pays Latin,

Et riant, chœur folâtre,
Du troupeau qui se plâtre
Et se met du blanc gras
　　Pour des ingrats,

Montrent, dans leur délire,
Les blanches dents du rire
Et les lys éclatants
    De leurs vingt ans !

Ris dans la triste ville,
Cher et suprême asile
Des fécondes leçons,
    Nid de chansons !

Toi seul, avril en fête,
Héraut, lutteur, poète,
En ce temps envieux
    Tu n'es pas vieux !

En vain, des sots — qu'importe ! —
Disent : « La France est morte
Pour le divin combat. »
    Non, son cœur bat !

Tandis que ces eunuques,
En leurs fureurs caduques,
Voudraient murer le Beau
    Sous un tombeau,

Garde tes saintes fièvres
Au cœur, et sur tes lèvres
Ces mots : Justice, jour,
    Progrès, amour !

Avril 1868.

MARIE GARCIA

Ses yeux charmants sont clos dans un calme sommeil.
Nag ère, hélas! riant au gai zéphyr, qui touche
Une tresse et frémit sur le bord de la couche,
Ses dents de lys avaient comme un reflet vermeil.

Lorsque le vers ailé, gracieux et pareil
A quelque chant d'oiseau, murmurait sur sa bouche,
Sa lèvre rougissait, délicate et farouche,
Comme un beau fruit sanglant baisé par le soleil.

Oh! son col héroïque à la ligne si pure!
Oh! comme ses sourcils fiers et sa chevelure
Débordante allaient bien à sa chaude pâleur!

Elle brillait ainsi, folle, timide, heureuse,
Et dans ses yeux charmés par l'espérance en fleur,
Comme en un lac dormant flottait l'ombre amoureuse.

Août 1864.

PROMENADE GALANTE

A EDMOND MORIN

Dans le parc au noble dessin
Où s'égarent les Cidalises
Parmi les fontaines surprises
Dans le marbre du clair bassin,

Iris, que suit un jeune essaim,
Philis, Églé, nymphes éprises,
Avec leurs plumes indécises,
En manteau court, montrant leur sein,

Lycaste, Myrtil et Sylvandre
Vont, parmi la verdure tendre,
Vers les grands feuillages dormants.

Ils errent dans le matin blême,
Tous vêtus de satin, charmants
Et tristes comme l'Amour même.

Octobre 1868.

A GÉRARD PIOGEY

O Gérard, si mes vers sont dignes d'être lus
Par la postérité curieuse et ravie,
Ton nom resplendira parmi ceux qu'on envie,
Toujours plus jeune après les âges révolus.

Grâce à toi seul, je vois les arbres chevelus
Et les cieux, et les biens auxquels Dieu nous convie.
Sais-tu combien de fois tu m'as rendu la vie?
Moi, sans être oublieux, je ne m'en souviens plus.

Mais elle te bénit, celle qui la première
A jeté dans mon âme une pure lumière
Et qui fait un bonheur de mon adversité,

Quand elle voit, charmant dans sa métamorphose
Et par tes soins heureux, vivant, ressuscité,
Notre Georges riant, et beau comme une rose !

Lundi, 22 mars 1875

A ALBERT GLATIGNY

Pauvre Comédien, pourvu que tu le veuilles,
Autour de Rosalinde errant avec douceur,
Un peuple enchanté, loin du pâle régisseur,
T'apparaît sous les verts abris où tu l'accueilles.

L'aube rose a pleuré sur les fleurs que tu cueilles.
Fou de satin vêtu, Cidalise est ta sœur,
Et, toujours sous la nue errant comme un chasseur,
Tu portes sur ton front doré l'ombre des feuilles.

Le ruisseau, qui te parle en un beau rhythme ancien,
Lorsque tu passes, dit : C'est un musicien,
Et, comme au rossignol, t'adresse des murmures.

Et, livrant au vent, près de la source où tu bois,
Sa joue en fleur, que souille encor le sang des mûres,
La nymphe Thalia te parle dans les bois.

Mars 1869.

A CLAUDIUS POPELIN

Oui, Claudius, parmi nos foules soucieuses,
Ta Muse, autrefois chère à des âges meilleurs,
Évoque doublement le souvenir des fleurs
Qui chantent pour nos yeux, notes silencieuses.

Car elle sait emplir d'âmes délicieuses
Les rhythmes caressants, divins comme nos pleurs,
Et, dans le riche émail, donner à ses couleurs
Le resplendissement des pierres précieuses.

Je l'aime, cette Nymphe à la charmante voix
Qui sème l'écarlate et l'azur sous ses doigts ;
Et, puisque tu le veux, Ouvrier qu'elle adore,

Sur son front, dont l'éclat royal sait marier
Des lys de neige avec des flamboiements d'aurore,
J'attacherai moi-même un rameau de laurier.

Février 1869.

A ALPHONSE LEMERRE

Il est bon d'honorer les poëtes, Lemerre,
Car la Muse aux beaux yeux vers la clarté les suit,
Tandis qu'oubliant l'heure et le temps qui s'enfuit,
La folle Humanité caresse une Chimère.

Quand le muet Oubli nous tend sa coupe amère,
Leur voix seule persiste et n'est pas un vain bruit;
Achille ne serait qu'un spectre de la nuit
S'il ne revivait pas dans la chanson d'Homère.

Sage artiste, en dépit des frivoles rumeurs,
Tu veux fêter encor chez les derniers rimeurs
Le don mystérieux des vers et la Métrique ;

Mais ton nom durera plus fort que le hasard,
Car tu resteras cher à la Muse lyrique
Pour avoir ravivé le laurier de Ronsard.

Mercredi, 31 mars 1875.

A JULES CLAYE

Artiste, votre nom de savant typographe
Emplit tout l'univers de sa belle rumeur ;
Mais vous savez aussi, bon poëte et rimeur,
Dompter le blanc cheval qui hennit et qui piaffe

La Muse a devant vous détaché son agrafe.
Les vers que vous signez : JULES CLAYE, IMPRIMEUR,
N'égalent pas le charme et la joyeuse humeur
De ceux au bas desquels est mis votre paraphe.

Pour honorer Phœbos, le céleste imposteur,
Vous unissez la plume avec le composteur,
Et de toute façon nous aimons à vous lire.

Maître, vous mariez ainsi, pour nous ravir,
Le plomb victorieux à l'or pur de la Lyre
Et le métier d'Horace au grand art d'Elzévir.

> Mars 1875.

A GABRIEL MARC

La Rime est tout, mon cher cousin GABRIEL MARC !
Elle est l'oiseau qui passe et dont l'aile nous touche ;
Elle est la pourpre en fleur que Rose a sur sa bouche
Quand le riant Wateau nous entraîne en son parc.

Quand l'étranger, Talbot ou Suffolk ou Bismarck
Boit le vin de nos ceps et dans nos draps se couche,
La Rime éclate alors, vengeresse et farouche
Comme la claire épée au poing de Jeanne d'Arc.

Aimons-la d'un cœur libre et d'un esprit agile !
Car la Rime est pour nous le code et l'évangile
Et le degré qui monte aux paradis du ciel.

Mais la Lyre est malade en ce temps réaliste :
C'est pourquoi soignons bien nos rimes, GABRIEL
Au fier nom d'ange, MARC au nom d'évangéliste !

> 14 mars 1875.

LE MUSICIEN

C'était un grand vieillard à chevelure blanche.
Il portait haut son front, neigeux comme les fleurs
D'avril; et, plus profonds que ceux des oiseleurs,
Ses yeux pensifs étaient du bleu de la pervenche.

Sur un violon jaune où sa tête se penche,
Il improvisait, fier, défiant ses douleurs,
Beau de l'émotion qui ruisselait en pleurs
De son archet tremblant, comme l'eau d'une branche.

Tel par ce rude hiver, pâle de froid, transi,
Sur la corde sonore où frémissait ainsi
Tout ce qu'en gémissant notre espérance nomme,

Disant les vains efforts, la soif du beau, l'amour,
Et toute la bataille effroyable de l'homme,
Il chantait. — Le portier l'a chassé de la cour.

Juin 1869.

L'ÉCHAFAUD

Horreur! à l'heure même où du poteau qui bouge
Rajustant les étais avec un soin jaloux,
Ces êtres, dans le bruit des marteaux et des clous,
Dressent sinistrement cette machine rouge;

A l'heure où de Charonne et du Petit-Montrouge
Viennent ces curieux, bohêmes et filous,
Qui se repaissent, plus féroces que des loups,
Du festin qu'a voulu l'insatiable gouge ;

A l'heure où, devançant le matin hasardeux,
Ils se sont réunis pour ce complot hideux, —
Des mères, sous les yeux de cette même aurore,

Mettent dans cette vie, hélas! pleine de fiel,
De beaux petits enfants sur lesquels brille encore
La majesté de l'Ange et le reflet du ciel!

Juin 1868.

LA BLANCHISSEUSE

Parmi des Nymphes, clair et souriant essaim,
Près du bel Eurotas, où glisse quelque voile,
Déesse, elle eût jadis régné, nue et sans voile,
Laissant le vent mêler ses cheveux à dessein.

Robuste, elle a des bras d'amazone, et son sein
Aigu, son jeune sein brillant comme une étoile,
Dessine un point saillant sur la robe de toile
Qui moule de son corps le ferme et pur dessin.

Un vieillard libertin, que sa grâce émerveille,
Lui murmure des mots ignobles à l'oreille;
Mais, sans avoir souci de ce piteux Lindor

Qui la suit et la lorgne avec des airs de singe,
Elle va d'un pas libre et sur ses tresses d'or
Superbes, — elle porte un grand paquet de linge.

>Juin 1868.

LE POMPIER

Un œil crevé, le front déchiré par les flammes,
Et n'ayant plus qu'un peu de vie en son œil blanc,
Ce pompier tout couvert de poussière et de sang
Expirait dans la nuit et dans la boue infâmes.

O philanthrope ému, tandis que tu déclames,
Une poutre embrasée avait troué son flanc.
Pour la première fois ayant quitté son rang,
Il s'en allait, tragique et seul, où vont les âmes.

Au bord du lit de camp, dans le poste éveillé
Pour l'accueillir, son bras velu traînait, souillé
Partout d'un sang épais et noir comme une lie.

Je voyais près de moi pendre ce bras guerrier,
Et j'y lus : Pour la vie amour a Rosalie,
Inscrit en rose dans un rameau de laurier.

>Juillet 1868.

LA DANSEUSE

A HENRY REGNAULT

Salomé, déjà près d'accomplir son dessein,
Sous ses riches paillons et ses robes fleuries
Songeait, l'œil enchanté par les orfèvreries
Du riant coutelas vermeil et du bassin.

Sa chevelure éparse et tombant sur son sein,
La Danseuse au front brun, parmi ses rêveries,
Regardait le soleil mettre des pierreries
Dans les caprices d'or au fantasque dessin,

Mêlant la chrysoprase et son fauve incendie
Au saphir, où le ciel azuré s'irradie,
Et le sang des rubis aux pleurs du diamant,

Comme c'est votre joie, ô fragiles poupées !
Car vous avez toujours aimé naïvement
Les joujoux flamboyants et les têtes coupées.

Janvier 1870.

A CHARLES DESFOSSEZ

Puisqu'il faut songer au trépas
Quand on a fini sa ballade,
Docteur, ne me guérissez pas :
Depuis trente ans, je suis malade !

J'ai le mal divin et mortel
D'aimer toutes les belles choses,
Et de frémir comme à l'autel
Devant la majesté des roses.

J'ai le mal de croire au ciel bleu
Où, quand ma raison perd ses voiles,
Je vois distinctement un Dieu
Mener les chariots d'étoiles.

Dans mon délire, je revois
Ces longs fleuves bordés de vignes
Où les flots à la douce voix
Charmaient les lauriers et les cygnes,

Et je cherche l'horizon pur
Où, dans leurs graves symétries,
Blanchissaient, éclairant l'azur,
Les temples et les théories.

Ne me guérissez pas, docteur,
Pour qu'ensuite je me promène,
Insoucieux et triste acteur,
Au milieu de la farce humaine.

Si jamais, sous un vil manteau,
Histrion des frivoles haines,
Je me mêlais sur un tréteau
Aux diseurs de paroles vaines,

Si je devenais comme eux tous
Un bouffon que la Muse évite,
Accourez alors, hâtez-vous,
Cher docteur, guérissez-moi vite !

    Juin 1867.

LE BON CRITIQUE

Au-dessous d'Eisenach, dans la verte oasis
Du château de Wartbourg, en l'an douze cent six,
Le comte palatin Hermann, le fier landgrave
De Thuringe et de Hesse, ayant fort bonne cave,
Réunit près de lui quatre beaux chevaliers
Poètes, honorant ses murs hospitaliers,
Chanteurs de noble sang, qu'en tous lieux accompagne
La louange, fameux dans les cours d'Allemagne ;
C'étaient Walther von der Vogelweide, Reinhart
De Zwetzen, dès l'enfance illustre dans son art,
Wolfram d'Eschenbach, puis, ce gentilhomme insigne
Henri Schreiber, un aigle avec la voix d'un cygne.
   Ces bons seigneurs, sans nul souci malencontreux,
S'accordaient à merveille et vivaient bien entre eux ;
Ainsi que des oiseaux chanteurs se désaltèrent
Dans le même ruisseau limpide, ils supportèrent
Sans se croire offensés par la comparaison,
Qu'un jeune homme, officier obscur de la maison
Du landgrave, nommé Bitterolf, osât même
S'essayer après eux dans maint et maint poème ;
Mais alors que Henri d'Ofterdingen, bourgeois
D'Eisenach, vint parmi tous ces cousins de rois
Chanter aussi devant le comte Hermann, l'orage
Éclata ; leur colère alla jusqu'à la rage,
Et parfois leurs couteaux brillèrent dans le val.
Or, n'ayant pu chasser ni tuer leur rival
Qui brillait auprès d'eux comme une fleur dans l'herbe,
Ils lui firent l'honneur de ce défi superbe :
« Luttons, lui dirent-ils, une fois tous les six ;
Et qu'ensuite, pour prix, la duchesse offre un lys

Au vainqueur; mais qu'aussi, tenant en main sa corde,
Le bourreau soit présent, et sans miséricorde
Qu'il pende, balancé dans l'azur enchanté,
Celui qui devant tous n'aura pas bien chanté. »
　Henri d'Ofterdingen les avait laissés dire;
Il accepta leur offre avec un beau sourire
Et le combat eut lieu devant toute la cour.
Les habiles rhythmeurs s'enflammaient; tour à tour
Ils chantèrent l'orgueil de leurs princes, l'empire
De la Croix, Dieu clément pour tout ce qui respire,
Les mystères cachés dans la Tour de Sion;
Comment au Ciel, après la résurrection,
Le Corps pur et sans tache à l'Ame se marie,
Les Anges, et surtout les gloires de Marie
Qui tient, victorieuse, entre ses doigts vermeils,
Des lys dont la splendeur efface les soleils.
　L'air était plein de chants comme un ciel qui s'embrase;
Les princesses, les ducs ravis, pâles d'extase
Souriaient, cependant que l'honnête bourreau
Écoutait, rassemblant ses muscles de taureau,
Et d'un œil exalté, comme un Grec des vieux âges,
Approuvait les beaux mots et les fières images
Et les coups d'aile en plein éther; mais quand le vol
Du poète, alangui, venait raser le sol
Avec lequel jamais un oiseau ne s'accorde,
Ce critique ingénu, levant en l'air sa corde,
Semblait dire : « Je crois que voici le moment. »
　Oh! souvent, cœur naïf, quand si violemment
Nous meurtrissons le vers qui boite, et sans mesure
Quand nous violentons le mètre et la césure
Comme un vent furieux tourmente l'eau d'un lac,
Je pense à toi, brave homme. Ô bourreau d'Eisenach!

Juin 1875.

A LA JEUNESSE

PROLOGUE POUR LA VIE DE BOHÊME

AU THÉATRE DE L'ODÉON

Mesdames et messieurs, nous vous donnons La Vie
De Bohême, une pièce où le rire et les pleurs
Se mêlent, comme aux champs, où notre âme est **ravie**,
Les larmes du matin brillent parmi les fleurs.

Pour dire ce refrain des amours éternelles,
Deux amis, ô douleur ! séparés aujourd'hui,
Naguères unissaient leurs deux voix fraternelles :
Puisque l'un d'eux s'est tû, ne parlons que de lui.

Murger, esprit ailé, poëte ivre d'aurore,
Pour Muse eut cette sœur divine du Printemps,
La Jeunesse, pour qui les roses vont éclore,
Et pour devise, il eut ces mots sacrés : Vingt ans !

C'est pourquoi, tout heureux de se regarder vivre,
Toujours les jeunes cœurs de vingt ans aimeront
Ces filles du matin qui passent dans son livre
Et meurent sans avoir de rides sur leur front.

Qui ne les adora, ces fleurs de son poëme ?
Qui de nous, qui de nous, ô rêveuse Mimi
Enamourée encor sous le frisson suprême,
N'a dans un rêve ardent baisé ton front blêmi ?

Et toi, Musette, reine insoucieuse et folle,
Qui n'a cherché tes yeux, qui n'a redit ton nom?
Qui sur ta lèvre ouverte au vent, rose corolle,
Ne retrouve à la fois Juliette et Manon?

Oui, tant qu'un vin pourpré frémira dans nos verres,
Ces fillettes vivront, couple frais et vermeil.
Pourquoi? c'est qu'elles ont l'âge des primevères
Et l'actualité du rayon de soleil.

Le livre un soir devint une pièce applaudie
Et même fit fureur autant qu'un opéra.
Le miracle nouveau de cette comédie
Ce fut qu'en l'entendant l'on rit et l'on pleura.

On s'étonnait surtout qu'en des scènes rapides
L'esprit, versant la joie et l'éblouissement
Avec son carillon de notes d'or splendides,
Pût laisser tant de place à l'attendrissement.

Puis l'œuvre que le temps jaloux n'a pas meurtrie,
De théâtre en théâtre a suivi son destin,
Mais elle trouve enfin sa réelle patrie
En abordant ce soir au vieux pays latin!

O vous en qui sourit l'avenir de la France!
O jeunes gens, Murger calme, vaillant et doux
Nous versait en pleurant le vin de l'espérance :
Où serait-il compris si ce n'est parmi vous?

Il fut des vôtres, car il eut le fier délire
Du noble dévouement et des belles chansons,
Et je devine bien que vous allez lui dire :
Reste avec nous. C'est bien. Nous te reconnaissons.

Il fut de votre race, ô nation choisie !
Il se donnait à vous qui, malgré les moqueurs,
Ne déserterez pas la sainte Poésie,
Et dont la soif de l'or n'a pas séché les cœurs !

Comme sa comédie où, voilé de tristesse,
Murmure sous les cieux le rire aérien,
Est à vous, bataillon sacré de la jeunesse,
Nous vous la rapportons. Reprenez votre bien !

Le poete pensif qui vous donna La Vie
De Bohême, adora dans ses rêves d'azur
La gloire, cette amante ardemment poursuivie,
Et toujours se garda pour elle honnête et pur.

Ses héros sont parfois mal avec la fortune :
Vous les voyez soupant au milieu des hivers
D'un sonnet romantique ou bien d'un clair de lune,
Mais fidèles, mais vrais, mais indomptés, mais fiers !

Leurs châteaux éclatants, faits d'un rêve féerique,
N'ont encore été vus par nul historien,
Et sont bâtis dans une Espagne chimérique,
Mais enferment l'honneur, sans lequel tout n'est rien

Vous recevrez chez vous ces hôtes en liesse,
Comme des voyageurs qui parlent d'un ami.
Oui, vous applaudirez et l'esprit de la pièce
Et votre doux Murger, à présent endormi !

Et vos regrets amers pour ce jeune poete
Emporté loin de nous par un vent meurtrier
A sa lyre à présent détendue et muette
Ne refuseront pas quelques brins de laurier !

Car vous êtes de ceux dont la pitié profonde
Garde les verts rameaux qui croissent sous le ciel
Pour les penseurs trop vite exilés de ce monde
Et pour ce que les morts nous laissent d'immortel !

30 décembre 1865.

LE THÉATRE

Lorsque j'entends ces mots magiques : LE THÉATRE,
Un univers diffus, charmant, plus varié
Que la vie, effrayant, gracieux et folâtre
M'apparaît, aux splendeurs des rayons marié.

Ce sont les vendangeurs de la joyeuse Attique,
Couronnés de feuillage, ivres des plus doux vins,
Aux quatre vents du ciel jetant l'ode emphatique ;
C'est Eschyle au front nu, menant les chœurs divins ;

Ce sont les demi-dieux, les chanteurs, les génies
Livrant au destin sombre, avec leur plaie au flanc,
Les Orestes plaintifs et les Iphigénies,
Et les Œdipes fous aveuglés par le sang ;

C'est cet archer vainqueur de la foule profane,
Sachant faire obéir la flûte de roseau
Et la lyre, le vers du sage Aristophane,
Célébrant la fierté superbe de l'Oiseau.

C'est le grand créateur mystérieux, Shakspere
S'élançant comme un Dieu par son hardi chemin,
Animant la forêt qui parle et qui respire,
Et de ses doigts rêveurs pétrissant l'être humain ;

C'est le Crime, l'Erreur, la Fureur, la Folie ;
C'est Lear, dont l'ouragan fait voler le manteau,
C'est Hamlet se roulant sous les pieds d'Ophélie ;
Ce sont les Rois jaloux aiguisant leur couteau ;

C'est, doux cygne éploré, la pâle Desdémone,
C'est Imogène errant sous les chênes profonds,
Et c'est Titania, pareille à l'anémone,
Baisant le front de l'âne avec des cris bouffons ;

C'est Orlando semant les diamants de l'Inde
Et les perles d'Ophir en sa folle chanson,
Et tressant des sonnets fleuris pour Rosalinde,
Cette capricieuse, habillée en garçon.

C'est tout le peuple étrange, à son rêve docile
Et brillant des rubis célestes du matin,
Que Molière amena de la verte Sicile,
Et que sa fantaisie a vêtu de satin !

Étalant son manteau comme les paons leurs queues,
Et versant la folie en sa coupe où je bois,
C'est Scapin, blanc de neige, orné de quilles bleues,
Avec sa barbe folle et son poignard de bois ;

Isabelles, Agnès, ce sont les jeunes filles
Dont Valère chérit les fronts délicieux ;
C'est Zerbinette ; c'est le roi des Mascarilles
Faisant tourbillonner sa pourpre vers les cieux ;

Ce sont les Ægipans, les Nymphes, les Déesses,
Les Turcs, les Espagnols, les Poitevins dansants
Que le Songeur, suivi d'ombres enchanteressses,
Évoque aux pieds du roi Louis, ivre d'encens ;

C'est Tartuffe, essayant les poisons qu'il mélange ;
C'est don Juan que meurtrit le Désir, ce vautour,
Et qui, sur sa paupière et sur son front d'archange
Laisse voir la brûlure affreuse de l'amour.

C'est Regnard, plein d'ivresse, avec son *Légataire*,
Et Lisette et Crispin, vêtu du noir manteau ;
C'est Marivaux pensif, embarquant pour Cythère
Dorante et Sylvia, costumés par Wateau ;

C'est Talma, dans Néron, gardant sa noble pose,
Laissant rugir sa mère, et calme sous l'affront
Jouant avec un bout de son écharpe rose ;
C'est Mars au beau sourire, avec sa rose au front ;

Puis c'est le Drame, avec son extase féerique,
Ressuscité, rayant les cieux de son grand vol
Et planant à la voix du Poete lyrique ;
C'est Marion de Lorme, et Blanche et doña Sol ;

C'est le vieux Job chargé d'attentats et de gloire ;
C'est Tisbe menaçant par la voix de Dorval ;
C'est Ruy Blas déchirant sa pourpre dérisoire,
Et le vieux Frédérick, demeuré sans rival.

Puis, Esther murmurant ses plaintes sous le cèdre,
Jeanne d'Arc inspirée invoquant saint Michel,
Pauline s'élançant vers Dieu, Camille, Phèdre,
C'est l'éblouissement tragique, c'est Rachel !

Elle est, courant, la haine au front, sur le rivage,
Hermione, mêlant sa plainte au flot moqueur ;
Elle est Chimène, ayant en sa fierté sauvage
Une goutte de sang de taureau dans le cœur.

C'est Musset, toujours beau de sa douleur insigne,
Brodant de perles d'or quelque vieux fabliau,
Par la voix des acteurs disant un chant de cygne,
Et versant sur nos mains les pleurs de Célio ;

C'est le sombre Antony poignardant son Adèle ;
C'est toi qui meurs si jeune et qui t'humilias,
Amante, courtisane au front chaste et fidèle,
Marguerite, portant les blancs camellias !

C'est Jocrisse, ingénu comme une fille, et rouge
Comme un coquelicot dans les blés de Cérès,
Et que, pour nous ravir, tant notre horizon bouge,
Font si spirituel Arnal et Gil Pérès ;

C'est le grand Bilboquet dans son carrick noisette,
Ou montrant le pourpoint du *farouche Espagnol*,
Et jouant de son nez comme d'une musette ;
C'est Prudhomme, rayant l'azur avec son col ;

Enfin c'est, tout souillé par les fanges nocturnes
Et tournant dans ses doigts son lorgnon radieux,
Robert-Macaire avec ses souliers à cothurnes,
Et son pantalon fait de la pourpre des Dieux !

Et sur cette mêlée étrange et surhumaine,
Près des astres d'argent montrant leurs pieds nacrés,
Les sœurs aux belles voix, Thalie et Melpomène,
Planent dans la splendeur des vastes cieux sacrés,

Celle-ci, furieuse et montant la Chimère,
Et celle-là, Pégase au regard meurtrier ;
L'une jetant des fleurs sur les pieds nus d'Homère
Et l'autre couronnant Rabelais du laurier !

Décembre 1874.

L'AME VICTORIEUSE DU DÉSIR

Le dieu Désir, l'archer sauvage
Qui rit, sur un gouffre penché,
A longtemps dans un dur servage
Tenu la tremblante Psyché.

Bien longtemps il l'a torturée,
Piquant son sein charmant et beau
Avec une flèche acérée,
Ou la brûlant de son flambeau.

La traînant dans l'herbe fleurie,
Folle sous son bras souverain,
Il l'a déchirée et meurtrie
Avec de durs liens d'airain.

Encor rouge de sa brûlure,
O noirs crimes inexpiés,
En marchant sur sa chevelure,
Il l'a longtemps foulée aux pieds

Et puis mourante, échevelée,
Plus pâle que le nénufar,
Il l'a, dans sa rage, attelée
Comme une cavale, à son char;

Et devant lui, de cette vierge
Faisant sa proie et son jouet,
Au bord du fleuve, sur la berge
Il l'a chassée à coups de fouet.

Et vainement l'humble victime,
Dans ses horribles désespoirs,
Adjurait le grand mont sublime
Et les bois frissonnants et noirs;

La Nature, que rien ne touche,
Parmi les rochers arrogants
La regardait passer, farouche,
Dans les cris et les ouragans.

Et le vent courait dans les chênes,
Et l'imprécation des flots
Étouffait le bruit de ses chaînes
Et la rumeur de ses sanglots.

Mais, longtemps mordue et fouettée
Par les souffles éoliens,
Psyché s'est enfin révoltée,
Elle a brisé ses durs liens;

Et trouvant une force étrange
Pour l'arrêter et le saisir,
Elle a renversé dans la fange
Et terrassé le dieu Désir;

Tordant sa bouche purpurine
Elle a, d'un beau geste moqueur,
Broyé du genou la poitrine
De son implacable vainqueur;

Et dans sa fureur vengeresse,
Elle a, guerrière au doux œil bleu,
Fustigé de sa blonde tresse
Le visage du jeune Dieu.

Relevant son front misérable,
Elle a, riant au ciel serein,
Brisé l'arc, fait en bois d'érable,
Et les flèches, lourdes d'airain.

Puis, fière en sa métamorphose
Qui semble un éblouissement,
Elle a, sous son divin pied rose,
Éteint le noir flambeau fumant.

Et maintenant le Dieu l'adore!
Lui, le cruel Désir, touché
Par la grâce qui la décore,
Il suit la trace de Psyché.

Il lui dit : « O ma jeune amante!
O mon trésor! O mon seul bien!
Parle-moi de ta voix charmante,
Je t'obéirai comme un chien.

Tes colères seront mes fêtes;
Laisse-moi te parer de fleurs.
Ces blessures que je t'ai faites,
Je les laverai de mes pleurs.

Tu m'as dompté, vierge farouche,
Comme je domptais les lions.
Ouvre les roses de ta bouche :
Parle! où veux-tu que nous allions? »

Alors, oubliant ses désastres,
Tournant ses yeux de diamant
Vers l'azur où brillent les astres,
Psyché lui dit : « O mon amant!

Puisque nos regards se dessillent,
Traversons l'éther irrité ;
Allons jusqu'au séjour où brillent
La Justice et la Vérité ;

Où l'Être enfin se rassasie,
Délivré des âpres douleurs,
Où les Dieux goûtent l'ambroisie
En contemplant de rouges fleurs,

Et savent ce que l'âme ignore,
Et dans un ineffable jour
Sans crépuscule et sans aurore,
S'enivrent de l'immense amour ! »

Elle dit, et le Dieu l'embrasse ;
Il la tient d'un bras ferme et sûr,
Et tous les deux, laissant leur trace
Lumineuse au subtil azur,

Cherchant, par-delà les étoiles,
Le clair Éden où, pour l'esprit
Enfin délivré de ses voiles,
L'extase, ainsi qu'un lys, fleurit,

Et le flot où l'Ame se noie
Dans le bonheur essentiel,
Ils s'envolent, pâles de joie,
Jusqu'au fond des gouffres du ciel

19 mai 1875.

L'APOTHÉOSE DE RONSARD

PRINCE DES POÈTES FRANÇAIS

A PROSPER BLANCHEMAIN

LE PIEUX ÉDITEUR DE RONSARD

O mon Ronsard, ô maître
Victorieux du mètre,
O sublime échanson
  De la chanson !

Divin porteur de lyre,
Que voulurent élire
Pour goûter leurs douceurs
  Les chastes Sœurs !

Toi qui, nouveau Pindare,
De l'art savant et rare
De Phœbos Cynthien
  Faisant le tien,

A l'ivresse physique
De la folle musique
Sagement as mêlé
  Le rhythme ailé !

Père ! que ma louange
Te célèbre et te venge,
Et, comme vers mon Roi,
   Monte vers toi !

Mais que dis-je ? l'Envie
Qui déchira ta vie
Ne mord plus de bon cœur
   Ton pied vainqueur,

Et, nette de souillure,
Ta belle gloire pure
Va d'un nouvel essor
   Aux astres d'or.

Ton nom deux fois illustre
A retrouvé son lustre,
Comme il l'avait jadis
   Au temps des lys,

Et toi, dans l'aube rose
De ton apothéose
Tu marches, l'œil en feu,
   Ainsi qu'un Dieu.

Tenant ton luth d'ivoire,
Près d'une douce Loire
A la berceuse voix,
   Je te revois

Dans un jardin féerique,
Où le troupeau lyrique
Enchante de tes vers
   Les bosquets verts.

Là, Du Bellay t'honore,
Et je retrouve encore
Près de cette belle eau
   Remy Belleau

Et Pontus et Jodelle
Et Daurat, ton fidèle,
Et ce chanteur naïf,
   Le vieux Baïf.

Avec eux, ces Déesses,
Les hautaines Princesses
Du sang pur des Valois,
   Suivent tes lois

Et servent ton Hélène
A la suave haleine,
De qui la lèvre leur
   Semble une fleur,

Et Cassandre, et Marie
Qui, rêveuse, marie
La rose dans sa main
   Au blanc jasmin.

Mais Vénus parmi l'herbe
Est aussi là, superbe ;
Les fleurs, pour la parer,
   Laissent errer

Leurs ombres sur sa joue ;
Quelquefois elle joue
Avec l'arc triomphant
   De son enfant

Et les saintes pucelles,
Qui mêlent d'étincelles
Et de feux adorés
   Leurs crins dorés,

Levant leurs bras d'albâtre,
Vous suivent, chœur folâtre
De votre voix épris,
   Dans ces pourpris.

Mais voici que tu chantes !
Et tes strophes touchantes
Déroulent leurs accords
   Divins ; alors,

Ronsard, tout fait silence :
La fleur qui se balance,
Le ruisseau clair, l'oiseau
   Et le roseau ;

Le Fleuve à la voix rauque,
Montrant sa barbe glauque,
Fait taire les sanglots
   De ses grands flots ;

Dans les cieux qui te fêtent
Les étoiles s'arrêtent
Et suspendent les airs
   De leurs concerts ;

On n'entend que ton Ode,
Qu'après toi, dans le mode
Ancien, le chœur ravi
   Chante à l'envi.

Et chacun s'en récrée,
Hélène, Cythérée,
Déesses de la cour,
  Enfant Amour,

Muses aux belles bouches;
Et les astres farouches
Restent silencieux
  Au front des cieux.

Avril 1884.

RONDELS

COMPOSÉS A LA MANIÈRE

DE

CHARLES D'ORLEANS

POÈTE ET PRINCE FRANCAIS

Père de Louis XII, oncle de François I*er*

JUILLET 1875

Riviere, fontaine et ruisseau
Portent en livree jolie,
Goutes d'argent d'orfaverie,
Chacun s'abille de nouveau,
Le temps a laissie son manteau.

    CHARLES D'ORLÉANS, *Rondel*

A ARMAND SILVESTRE

Acceptez, mon cher ami, la dédicace de ces *Rondels*, et puissent-ils vous rendre un peu du plaisir que m'ont donné vos poëmes, si brillants de la glorieuse extase de l'amour. J'essaie encore une fois de ressusciter, après le *Triolet* et la *Ballade*, un de nos vieux rhythmes français, dont l'harmonie et dont la symétrie sont charmantes. Des rhythmes, n'en invente pas qui veut; mais c'est quelque chose peut-être que de tirer de l'oubli quelques-uns de ceux que nos aïeux nous ont laissés en bloc, comme un tas de pierreries enfermées dans un coffre, que le féroce xviie siècle a failli jeter à l'eau avec tout ce qui était dedans, sans autre forme de procès.

Le gracieux poëme que voici a le mérite encore d'éveiller l'image d'un rimeur qui, quoique prince par-dessus le marché, fut malheureux comme tous ses confrères, et dont le cri mélancolique: *Je suis cellui au cueur vestu de noir*, doit retentir dans votre âme. Il a, mon ami, de quoi nous faire songer, vous et moi, car, tandis qu'il évoquera en vous le souvenir de *Beaulté* morte *en droicte fleur de jeunesse*, il m'engagera à me souvenir, comme c'est à présent mon devoir, de *Ung vieil homme, lequel Aage s'appelle.*

Théodore de Banville.

Paris, le samedi 10 juillet 1875.

RONDELS

I

LE JOUR

Tout est ravi quand vient le Jour
Dans les cieux flamboyants d'aurore.
Sur la terre en fleur qu'il décore
La joie immense est de retour.

Les feuillages au pur contour
Ont un bruissement sonore ;
Tout est ravi quand vient le Jour
Dans les cieux flamboyants d'aurore.

La chaumière comme la tour
Dans la lumière se colore,
L'eau murmure, la fleur adore,
Les oiseaux chantent, fous d'amour.
Tout est ravi quand vient le Jour.

II

LA NUIT

Nous bénissons la douce Nuit,
Dont le frais baiser nous délivre.
Sous ses voiles on se sent vivre
Sans inquiétude et sans bruit.

Le souci dévorant s'enfuit,
Le parfum de l'air nous enivre ;
Nous bénissons la douce Nuit,
Dont le frais baiser nous délivre.

Pâle songeur qu'un Dieu poursuit,
Repose-toi, ferme ton livre.
Dans les cieux blancs comme du givre
Un flot d'astres frissonne et luit,
Nous bénissons la douce Nuit.

III

LE PRINTEMPS

Te voilà, rire du Printemps!
Les thyrses des lilas fleurissent.
Les amantes qui te chérissent
Délivrent leurs cheveux flottants.

Sous les rayons d'or éclatants
Les anciens lierres se flétrissent.
Te voilà, rire du Printemps !
Les thyrses de lilas fleurissent.

Couchons-nous au bord des étangs,
Que nos maux amers se guérissent !
Mille espoirs fabuleux nourrissent
Nos cœurs gonflés et palpitants.
Te voilà, rire du Printemps !

IV

L'ÉTÉ

Il brille, le sauvage Été,
La poitrine pleine de roses.
Il brûle tout, hommes et choses,
Dans sa placide cruauté.

Il met le désir effronté
Sur les jeunes lèvres décloses ;
Il brille, le sauvage Été,
La poitrine pleine de roses.

Roi superbe, il plane irrité
Dans des splendeurs d'apothéoses
Sur les horizons grandioses ;
Fauve dans la blanche clarté,
Il brille, le sauvage Été.

V

L'AUTOMNE

Sois le bienvenu, rouge Automne.
Accours dans ton riche appareil,
Embrase le coteau vermeil
Que la vigne pare et festonne.

Père, tu rempliras la tonne
Qui nous verse le doux sommeil ;
Sois le bienvenu, rouge Automne,
Accours dans ton riche appareil.

Déjà la Nymphe qui s'étonne,
Blanche de la nuque à l'orteil,
Rit aux chants ivres de soleil
Que le gai vendangeur entonne,
Sois le bienvenu, rouge Automne

VI

L'HIVER

Au bois de Boulogne, l'Hiver,
La terre a son manteau de neige.
Mille Iris, qui tendent leur piége,
Y passent comme un vif éclair.

Toutes, sous le ciel gris et clair,
Nous chantent le même solfége;
Au bois de Boulogne, l'Hiver,
La terre a son manteau de neige.

Toutes les blancheurs de la chair
Y passent, radieux cortége;
Les Antiopes de Corrége
S'habillent de martre et de vair
Au bois de Boulogne, l'Hiver.

VII

L'EAU

Jeanne en riant marchait dans l'Eau,
Baignant au flot sa jambe nue.
Sur cette blancheur inconnue
Frissonnait l'ombre d'un bouleau.

L'alouette par un solo
Vint célébrer sa bienvenue;
Jeanne en riant marchait dans l'Eau,
Baignant au flot sa jambe nue.

Lorsque sur le front d'Apollo
Se déchirait soudain la nue,
Elle folâtrait, l'ingénue,
O gracieux et clair tableau!
Jeanne en riant marchait dans l'Eau.

VIII

LE FEU

J'ai fait allumer un grand Feu,
Tout est clos, fenêtre et volets.
Je veux lire ; viens, Rabelais ;
Ce temps-ci m'intéresse peu.

La flamme de rose et de bleu
Teint ma chambre, comme un palais ;
J'ai fait allumer un grand Feu,
Tout est clos, fenêtre et volets.

Foin des gens qui parlent hébreu,
Foin des songeurs tristes et laids !
O géant qui les immolais,
Causons, parle-moi, demi-dieu.
J'ai fait allumer un grand Feu.

IX

LA TERRE

Soumets la Terre,
Les fleurs, les bois,
Lyre ! à ta voix,
A ton mystère.

Que rien n'altère
Les saintes lois ;
Soumets la Terre,
Les fleurs, les bois.

Dompte Cythère !
Charme à la fois
Le lys des rois
Et la panthère,
Soumets la Terre !

X

L'AIR

Dans l'Air s'en vont les ailes,
Par le vent caressées ;
Mes errantes pensées
S'envolent avec elles.

Aux cieux pleins d'étincelles,
Vers la nue élancées,
Dans l'Air s'en vont les ailes
Par le vent caressées.

Vers des terres nouvelles,
Sur les rayons bercées,
Vous fuyez, dispersées,
O blanches colombelles ;
Dans l'Air s'en vont les ailes !

XI

LE MATIN

Lorsque s'éveille le Matin
Au Luxembourg encor désert,
En chantant dans le gazon vert
Les oiselets font leur festin.

Les feuilles sont comme un satin
Des larmes de la nuit couvert,
Lorsque s'éveille le Matin
Au Luxembourg encor désert.

Le moineau du quartier Latin,
Pour qui se donne le concert,
A des miettes pour son dessert,
Et folâtre comme un lutin
Lorsque s'éveille le Matin.

XII

LE MIDI

Je vais voir, quand il est Midi,
Les estampes du quai Voltaire,
Fragonard qui ne peut se taire,
Et Boucher toujours étourdi.

Debucourt est fort applaudi,
Boilly plaît au célibataire ;
Je vais voir, quand il est Midi,
Les estampes du quai Voltaire.

Mais Watteau, nautonier hardi,
C'est toi surtout, cœur solitaire,
C'est toi qu'en la triste Cythère
Où ton soleil a resplendi,
Je vais voir, quand il est Midi.

XIII

LE SOIR

On cause, chez Victor Hugo,
Sans redouter nul pianiste.
Tout flûtiste ou violoniste
Est reçu là comme Iago.

Vint-il de Siam ou du Congo,
Pas d'accueil pour le symphoniste ;
On cause, chez Victor Hugo,
Sans redouter nul pianiste.

A d'autres *La Reine Indigo*,
Ce chef-d'œuvre d'un harmoniste,
Même *Le Petit Ebéniste*,
Vous aussi *Donna del Lago* :
On cause, chez Victor Hugo.

XIV

LA PÊCHE

Le pêcheur, vidant ses filets,
Voit les poissons d'or de la Loire
Glacés d'argent sur leur nageoire
Et mieux vêtus que des varlets.

Teints encor des ardents reflets
Du soleil et du flot de moire,
Le pêcheur, vidant ses filets,
Voit les poissons d'or de la Loire.

Les beaux captifs, admirez-les !
Ils brillent sur la terre noire,
Glorifiant de sa victoire,
Jaunes, pourprés et violets,
Le pêcheur vidant ses filets.

XV

LA CHASSE

Les cris des chiens, les voix du cor
Sonnent dans les bois de Ferrières ;
L'écho de ces rumeurs guerrières
Épouvante le frais décor.

Les habits d'écarlate et d'or
Resplendissent dans les clairières ;
Les cris des chiens, les voix du cor
Sonnent dans les bois de Ferrières.

Les meutes ont pris leur essor,
Et le cerf dans les fondrières
Fuit, sentant leurs dents meurtrières ;
Mais partout il retrouve encor
Les cris des chiens, les voix du cor.

XVI

LE THÉ

Miss Ellen, versez-moi le Thé
Dans la belle tasse chinoise,
Où des poissons d'or cherchent noise
Au monstre rose épouvanté.

J'aime la folle cruauté
Des chimères qu'on apprivoise :
Miss Ellen, versez-moi le Thé
Dans la belle tasse chinoise.

Là sous un ciel rouge irrité,
Une dame fière et sournoise
Montre en ses longs yeux de turquoise
L'extase et la naïveté :
Miss Ellen, versez-moi le Thé.

XVII

LE CAFÉ

Ce bon élixir, le Café
Met dans nos cœurs sa flamme noire ;
Grâce à lui, fier de sa victoire,
L'esprit subtil a triomphé.

Faux Lignon que chantait d'Urfé,
Tu ne nous en fais plus accroire ;
Ce bon élixir, le Café
Met dans nos cœurs sa flamme noire.

Ne faisons qu'un autodafé
Des vieux mensonges de l'Histoire,
Et mêlons, sans peur du grimoire,
A notre vieux sang réchauffé,
Ce bon élixir, le Café.

XVIII

LE VIN

Dans la pourpre de ce vieux Vin
Une étincelle d'or éclate ;
Un rayon de flamme écarlate
Brûle en son flot sombre et divin.

Comme dans l'œil d'un vieux Sylvain
Qu'une Nymphe caresse et flatte,
Dans la pourpre de ce vieux Vin
Une étincelle d'or éclate.

Il ne coulera pas en vain !
A le voir mon cœur se dilate.
Il n'est pas de ceux qu'on frelate
Et je lirai comme un devin,
Dans la pourpre de ce vieux Vin.

XIX

LES ÉTOILES

Les cieux resplendissants d'Étoiles
Aux radieux frissonnements,
Ressemblent à des flots dormants
Que sillonnent de blanches voiles

Quand l'azur déchire ses voiles,
Nous voyons les bleus firmaments,
Les cieux resplendissants d'Étoiles
Aux radieux frissonnements.

Quel peintre mettra sur ses toiles,
O Dieu ! ces clairs fourmillements,
Ces fournaises de diamants
Qu'à mes yeux ravis tu dévoiles,
Les cieux resplendissants d'Etoiles !

XX

LA LUNE

Avec ses caprices, la Lune
Est comme une frivole amante;
Elle sourit et se lamente,
Et vous fuit et vous importune.

La nuit, suivez-la sur la dune,
Elle vous raille et vous tourmente;
Avec ses caprices, la Lune
Est comme une frivole amante.

Et souvent elle se met une
Nuée en manière de mante;
Elle est absurde, elle est charmante;
Il faut adorer sans rancune,
Avec ses caprices, la Lune.

XXI

LA PAIX

La Paix, au milieu des moissons,
Allaite de beaux enfants nus.
A l'entour, des chœurs ingénus
Dansent au doux bruit des chansons.

Le soleil luit dans les buissons,
Et sous les vieux arbres chenus
La Paix, au milieu des moissons,
Allaite de beaux enfants nus.

Les fleurs ont de charmants frissons.
Les travailleurs aux bras charnus,
Hier soldats, sont revenus,
Et tranquilles, nous bénissons
La Paix, au milieu des moissons.

XXII

LA GUERRE

La Guerre, ivre de sa colère,
Embouche ses clairons sonores ;
Terre, déjà tu te colores
De ce sang fumant qu'elle flaire.

L'incendie effrayant l'éclaire,
Comme de rouges météores ;
La Guerre, ivre de sa colère,
Embouche ses clairons sonores.

Et pour réclamer leur salaire,
O Dieu ! dans les cieux que tu dores,
Les vautours, sous l'œil des aurores,
Suivent de leur vol circulaire
La Guerre, ivre de sa colère !

XXIII

LES MÉTAUX

Les Métaux, les divins Métaux
Que toujours l'homme voit en rêve,
Ornent la couronne ou le glaive
De tous les Péchés capitaux.

L'Orgueil jette sur ses manteaux
Pour cette vie, ô Dieu ! si brève,
Les Métaux, les divins Métaux
Que toujours l'homme voit en rêve.

L'or gémit sous les vils râteaux
Que toujours le banquier soulève,
Et pour parer les filles d'Ève,
Nous tourmentons de nos marteaux
Les Métaux, les divins Métaux.

XXIV

LES PIERRERIES

Les flamboyantes Pierreries
Qui parent les glaives des rois
Et les mors de leurs palefrois,
Brillent dans les rouges tueries.

La foule, amante des féeries,
Admire, en ses humbles effrois,
Les flamboyantes Pierreries
Qui parent les glaives des rois.

Et, dans les louanges nourries,
Les Princesses aux regards froids
Sèment sur leurs corsages droits
Et sur leurs jupes d'or fleuries
Les flamboyantes Pierreries.

Juillet 1875.

LES PRINCESSES

—

JUILLET 1874

AU LECTEUR

Ainsi j'ai tenté la folle entreprise d'évoquer en vingt Sonnets les images de ces grandes Princesses aux lèvres de pourpre et aux prunelles mystérieuses, qui ont été à travers les âges le désir et les délices de tout le genre humain, ayant gardé ce privilége d'être adorées comme Déesses et aimées d'amour, alors que les siècles ont dispersé les derniers restes de la poussière qui fut celle de leurs corps superbes.

Les peindre ? La Peinture, l'art des Raphaël, des Rubens et des Véronèse, dont ces figures idéales furent les éternelles inspiratrices et l'aliment inépuisable, ne l'a jamais pu elle-même ; et je m'estime assez bon artiste si j'ai pu faire songer à elles et faire apparaître dans l'esprit de ceux qui me lisent leurs fantômes qui éveillent toutes les idées de triomphe, d'orgueil, d'amour, de joie, de puissance, de sang versé, et de robes d'or éclaboussées de pierreries.

Sans le souvenir de ces femmes toujours entrevues dans la splendeur de l'écarlate et sous les feux des escarboucles, le songeur que ravissent les fêtes de la couleur ne se trouverait-il pas un peu trop dépaysé dans une époque où ni les révolutions, ni le tumulte effréné des guerres civiles, ni les progrès industriels et scientifiques, ni la force même des choses n'ont pu venir à bout de dompter et de détruire ce monstre plus menaçant que la serpente Pytho : la jeune fille des vaudevilles de M. Scribe, qui avec un sourire de romance court après les papillons, en robe de mousseline agrémentée de l'invincible tablier de soie à bretelles roses ?

T. B.

Paris, le 14 juillet 1874.

LES PRINCESSES

> Je laisse à Gavarni, poëte des chloroses,
> Son troupeau gazouillant de beautés d'hôpital,
> Car je ne puis trouver parmi ces pâles roses
> Une fleur qui ressemble à mon rouge idéal.
>
> Charles Baudelaire. *L'Idéal.*

Les Princesses, miroir des cieux riants, trésor
Des âges, sont pour nous au monde revenues ;
Et quand l'Artiste en pleurs, qui les a seul connues,
Leur ordonne de naître et de revivre encor,

On revoit dans un riche et fabuleux décor
Des meurtres, des amours, des lèvres ingénues,
Des vêtements ouverts montrant des jambes nues,
Du sang et de la pourpre et des agrafes d'or.

Et les Princesses, dont les siècles sont avares,
Triomphent de nouveau sous des étoffes rares :
On voit les clairs rubis sur leurs bras s'allumer,

Les chevelures sur leurs fronts étincelantes
Resplendir, et leurs seins de neige s'animer,
Et leurs lèvres s'ouvrir comme des fleurs sanglantes.

I

SÉMIRAMIS

> Elle ne voulut jamais se marier légitimement, afin de ne pas être privée de la souveraineté ; mais elle choisissait les plus beaux hommes de son armée, et, après leur avoir accordé ses faveurs, elle les faisait disparaître.
>
> DIODORE DE SICILE, *Livre* II.
> Trad. Ferdinand Hoefer

SÉMIRAMIS, qui règne et dont la gloire éclate,
Mène après elle, ainsi que le ferait un Dieu,
Les rois vaincus ; on voit dans une mer de feu
Les astres resplendir sur sa robe écarlate.

Attentive à la voix du fleuve qui la flatte,
Elle écoute gémir et chanter le flot bleu,
En traversant le pont triomphal que par jeu
Sa main dominatrice a jeté sur l'Euphrate.

Or, tandis qu'elle passe, humiliant le jour,
Un soldat bactrien murmure, fou d'amour :
« Je voudrais la tenir entre mes bras, dussé-je,

Après, être mangé tout vivant par des chiens ! »
Alors Sémiramis, la colombe de neige,
Tourne vers lui son front céleste et lui dit : « Viens ! »

II

PASIPHAÉ

> Hic crudelis amor tauri, suppostaque furto
> Pasiphaë...
>
> VIRGILE, *Énéide,* liv. VI.

Ainsi PASIPHAÉ, la fille du Soleil,
Cachant dans sa poitrine une fureur secrète,
Poursuivait à grands cris parmi les monts de Crète
Un taureau monstrueux au poil roux et vermeil,

Puis, sur un roc géant au Caucase pareil,
Lasse de le chercher de retraite en retraite,
Le trouvait endormi sur quelque noire crête,
Et, les seins palpitants, contemplait son sommeil ;

Ainsi notre âme en feu, qui sous le désir saigne,
Dans son vol haletant de vertige, dédaigne
Les abris verdoyants, les fleuves de cristal,

Et, fuyant du vrai beau la source savoureuse,
Poursuit dans les déserts du sauvage Idéal
Quelque monstre effrayant dont elle est amoureuse.

II

OMPHALE

> Vingt monstres tout sanglants, qu'on ne voit qu'à demi,
> Errent en foule autour du rouet endormi :
> Le lion néméen, l'hydre affreuse de Lerne,
> Cacus, le noir brigand de la noire caverne...
>
> <div align="right">Victor Hugo, <i>Le Rouet d'Omphale</i>.</div>

Calme et foulant son lit d'ivoire, dont le seuil
Orné d'or sous les plis de la pourpre étincelle,
La Lydienne rit de sa bouche infidèle
Aux princes de l'Asie, et leur fait bon accueil.

Une massue, espoir des Cyclades en deuil,
Sur un tapis splendide est posée auprès d'elle.
L'idole radieuse, et fière d'être belle,
De ses doigts enfantins y touche avec orgueil.

Sur son épaule blonde, amoureuse, embaumée,
Flotte la grande peau du lion de Némée,
Dont l'ongle impérieux lui tombe entre les seins.

Son cœur bat de plaisir sous l'horrible dépouille
Humide et noire encor du sang des assassins :
Hercule est à ses pieds et file une quenouille.

IV

ARIANE

> Et Dionysos aux cheveux d'or
> épousa la blonde Ariadnè, fille de
> Minos, et il l'épousa dans la fleur
> de la jeunesse, et le Kroniôn la mit
> à l'abri de la vieillesse et la fit
> Immortelle.
>
> Hésiode, *Théogonie*. Trad.
> Leconte de Lisle.

Dans Naxos, où les fleurs ouvrent leurs grands calices
Et que la douce mer baise avec des sanglots,
Dans l'île fortunée, enchantement des flots,
Le divin Iacchos apporte ses délices.

Entouré des lions, des panthères, des lices,
Le Dieu songe, les yeux voilés et demi-clos;
Les Thyades au loin charment les verts îlots
Et de ses raisins noirs ornent leurs cheveux lisses.

Assise sur un tigre amené d'Orient,
Ariane triomphe, indolente, et riant
Aux lieux même où pleura son amour méprisée.

Elle va, nue et folle et les cheveux épars,
Et, songeant comme en rêve à son vainqueur Thésée,
Admire la douceur des fauves léopards.

V

MÉDÉE

> Tandis qu'elle coupait cette racine, la terre mugit et trembla sous ses pas; Prométhée lui même ressentit une vive douleur au fond de ses entrailles, et remplit l'air de ses gémissements.
>
> APOLLONIOS, *L'Expédition des Argonautes,* chant III. Trad J.-J.-A. Caussin.

Médée au grand cœur plein d'un amour indompté
Chante avec l'onde obscure, et le fleuve en délire
Où ses longs regards voient les étoiles sourire
Reflète vaguement sa blanche nudité.

Pâle et charmante, près du Phase épouvanté
Elle chante, et la brise errante qu'elle attire,
S'unissant à ses vers avec un bruit de lyre,
Emporte ses cheveux comme un flot de clarté.

Ses yeux brûlants fixés sur le ciel sombre, où flambe
Une lueur sanglante, elle chante. Sa jambe
A des éclairs de neige à travers les gazons.

Elle cueille à l'entour sur la montagne brune
Les plantes dont les sucs formeront des poisons,
Et son jeune sein luit sous les rayons de lune.

VI

THALESTRIS

> Il en resta néanmoins dans la Cappadoce une espèce de rejeton qui conserva les mœurs et les sentiments des premières.
>
> L'Abbé Guyon, *Histoire des Amazones.*

Les Amazones sur leurs casques aux clous d'or
Ont une hydre de fer ouvrant sa gueule atroce,
Ou quelque mufle noir de tigre ou de molosse,
Ou parfois un vautour au fulgurant essor.

Mais serrant son bel arc géant, comme un trésor,
Sur son sein de guerrière indocile et féroce,
La grande Thalestris, qui règne en Cappadoce,
Pour les combats sacrés se pare mieux encor.

Epars et dénoués sur sa riche cuirasse,
Ses cheveux que le vent furieux embarrasse,
Débordent au hasard de leur flot souverain —

Son cou, fort et superbe entre ceux qu'on renomme,
Et son casque hideux, sur l'invincible airain,
Pour exciter l'horreur porte un visage d'homme.

VII

ANTIOPE

> Hélas ! sur tous ces corps à la teinte nacrée
> La Mort a déjà mis sa pâleur azurée,
> Ils n'ont de rose que le sang.
> Leurs bras abandonnés trempent, les mains ouvertes,
> Dans la vase du fleuve, entre des algues vertes
> Ou l'eau les souleve en passant
>
> Théophile Gautier, *Le Thermodon.*

Près du clair Ilissos au rivage fleuri
L'indomptable Thésée a vaincu les guerrières.
Mourantes, leurs chevaux les traînent dans les pierres :
Pas un de ces beaux corps qui ne râle meurtri.

Le silence est affreux, et parfois un grand cri
L'interrompt. Sous l'effort des lances meurtrières,
On voit des yeux, éteints déjà, sous les paupières
S'entr'ouvrir. Tout ce peuple adorable a péri.

Antiope blessée, haletante, épuisée,
Combat encor. Le sang, ainsi qu'une rosée,
Coule de ses cheveux et tombe sur son flanc.

Sa poitrine superbe et fière en est trempée,
Et sa main, teinte aussi dans la pourpre du sang,
Agite le tronçon farouche d'une épée.

VIII

ANDROMÈDE

> Gentibus innumeris circumque infraque relictis,
> Æthiopum populos, Cepheia conspicit arva.
> Illic immeritam maternæ pendere linguæ
> Andromeden pœnas immitis jusserat Ammon.
>
> OVIDE, *Metamorphoses*, liv. IV.

ANDROMÈDE gémit dans le désert sans voile,
Nue et pâle, tordant ses bras sur le rocher.
Rien sur le sable ardent que la mer vient lécher,
Rien! pas même un chasseur dans un abri de toile.

Rien sur le sable, et sur la mer pas une voile!
Le soleil la déchire, impitoyable archer,
Et le monstre bondit comme pour s'approcher
De la vierge qui meurt, plus blanche qu'une étoile.

Ame enfantine et douce, elle agonise, hélas!
Mais Persée aux beaux yeux, le meurtrier d'Atlas,
Vient et fend l'air, monté sur le divin Pégase.

Il vient, échevelé, tenant son glaive d'or,
Et la jeune princesse, immobile d'extase,
Suit des yeux dans l'azur son formidable essor.

IX

HELÈNE

> Mais ce qui est plus vray semblable en ce cas, et qui est tesmoigné par plus d'auteurs, se fit en ceste sorte: Theseus et Pirithous s'en allerent ensemble en la ville de Lacedemone, là où ils rauirent Helene estant encore fort ieune, ainsi comme elle dansoit au temple de Diane, surnommee Orthia : et s'en fuyrent à tout.
>
> PLUTARQUE, *Theseus*. Trad. Jacques Amyot.

HÉLÈNE a dix ans ; l'or de sa tête embrasée
Baigne son col terrible et fier comme une tour.
Grande ombre, dans la nuit elle rugit d'amour,
Près d'elle un dur chasseur marche dans la rosée.

Elle ouvre au clair de lune, ainsi qu'une épousée,
La pourpre où de son sein brille le blanc contour,
Et les tigres font voir aux petits du vautour
La fille de Tyndare éprise de Thésée.

Mais près de l'Eurotas aux flots mélodieux
Ils passent, chevelus et forts comme des Dieux.
« O tueur de lions, dit la princesse blonde,

Guerrier toujours couvert de sang, tu dormiras
Sur mon sein; porte-moi dans la forêt profonde. »
Et le jeune héros l'emporte dans ses bras.

X

LA REINE DE SABA

> Sa robe en brocart d'or, divisée
> régulièrement par des falbalas de perles,
> de jais et de saphirs, lui serre la taille
> dans un corsage étroit, rehaussé d'appli-
> cations de couleur, qui représentent
> les douze signes du Zodiaque. Elle a
> des patins très-hauts, dont l'un est noir
> et semé d'étoiles d'argent, avec un
> croissant de lune, — et l'autre, qui est
> blanc, est couvert de gouttelettes d'or
> avec un soleil au milieu.
>
> GUSTAVE FLAUBERT, *La Tentation
> de saint Antoine.*

La Reine Nicosis, portant des pierreries,
A pour parure un calme et merveilleux concert
D'étoffes, où l'éclair d'un flot d'astres se perd
Dans les lacs de lumière et les flammes fleuries.

Son vêtement tremblant chargé d'orfévreries
Est fait d'un tissu rare et sur la pourpre ouvert,
Où l'or éblouissant, tour à tour rouge et vert,
Sert de fond méprisable aux riches broderies.

Elle a de lourds pendants d'oreilles, copiés
Sur les feux des soleils du ciel, et sur ses pieds
Mille escarboucles font pâlir le jour livide.

Et, fière sous l'éclat vermeil de ses habits,
Sur les genoux du roi Salomon elle vide
Un vase de saphir d'où tombent des rubis.

XI

CLÉOPÂTRE

> Cléopâtre embaumait l'Égypte ; toute nue,
> Elle brûlait les yeux, ainsi que le soleil ;
> Les roses enviaient l'ongle de son orteil...
>
> Victor Hugo, *Zim-Zizimi*.

Dans la nuit brûlante où la plainte continue
Du fleuve pleure, avec son grand peuple éternel
De Dieux, le palais, rêve effroyable et réel,
Se dresse, et les sphinx noirs songent dans l'avenue.

La blanche lune, au haut de son vol parvenue,
Baignant les escaliers élancés en plein ciel,
Baise un lit rose où, dans l'éclat surnaturel
De sa divinité, dort Cléopâtre nue.

Et tandis qu'elle dort, délices et bourreau
Du monde, un dieu de jaspe à tête de taureau
Se penche, et voit son sein où la clarté se pose.

Sur ce sein, tous les feux dans son sein recélés
Étincellent, montrant leur braise ardente et rose,
Et l'idole de jaspe en a les yeux brûlés.

XII

HÉRODIADE

> Car elle était vraiment princesse : c'était la reine de Judée, la femme d'Hérode, celle qui a demandé la tête de Jean-Baptiste.
>
> **Henri Heine**, *Atta Troll.*

Ses yeux sont transparents comme l'eau du Jourdain.
Elle a de lourds colliers et des pendants d'oreilles ;
Elle est plus douce à voir que le raisin des treilles,
Et la rose des bois a peur de son dédain.

Elle rit et folâtre avec un air badin,
Laissant de sa jeunesse éclater les merveilles.
Sa lèvre est écarlate, et ses dents sont pareilles
Pour la blancheur aux lys orgueilleux du jardin.

Voyez-la, voyez-la venir, la jeune reine !
Un petit page noir tient sa robe qui traîne
En flots voluptueux le long du corridor.

Sur ses doigts le rubis, le saphir, l'améthyste
Font resplendir leurs feux charmants : dans un plat d'or
Elle porte le chef sanglant de Jean-Baptiste.

XIII

MESSALINE

> At Messalina, non alias solutior luxu,
> adulto auctumno simulacrum vindemiæ
> per domum celebrabat. Urgeri prela,
> fluere lacus ; et feminæ pellibus accinctæ
> assultabant ut sacrificantes vel insa-
> nientes Bacchæ; ipsa crine fluxo thyr-
> sum quatiens, juxtaque Silius hedera
> vinctus, gerere cothurnos, jacere caput,
> strepente circum procaci choro.
>
> TACITE, *Annales*, liv. XI.

Furieuse, et toujours en proie à son tourment,
MESSALINE, que nul festin ne désaltère,
Ayant sur son épaule une peau de panthère,
Célèbre la vendange avec son jeune amant.

Elle serre en ses bras de neige éperdument
Silius, et lui dit : « Je voudrais sans mystère
Me coucher à tes pieds devant toute la terre ! »
Et le vin coule à flots dans le pressoir fumant.

Puis, tandis que le chœur danse au bruit de la lyre,
La Bacchante déchire et brise en son délire
De noirs raisins pourprés, et laissant à dessein

Leur sang vermeil couler sur ses belles chaussures,
Elle baise le cou du jeune homme et son sein,
Et sa bouche affamée y laisse des morsures.

XIV

MARGUERITE D'ÉCOSSE

> Marguerite, fille du Roy d'Escosse et femme du Daulphin, passant quelquefois par dedans une salle où estoit endormi sur un banc Alain Charretier secretaire du Roy Charles, homme docte, Poëte et Orateur elegant en la langue françoise, l'alla baiser en la bouche en presence de sa compaignie.
>
> GILLES CORROZET, *Recueil de divers propos des nobles et illustres hommes de la chretienté.*

MARGUERITE D'ÉCOSSE, aux yeux pleins de lumière,
A de douces lueurs sur son visage altier;
Bien souvent on la voit tendre vers l'argentier
Sa blanche main, de tous les bienfaits coutumière.

Avec toute la cour et marchant la première,
La Dauphine, qui sait l'honneur du gai métier,
Passe par une salle où dort Alain Chartier
Comme un bon paysan ferait dans sa chaumière.

Alors d'une charmante et gracieuse humeur,
Voilà qu'elle se penche et baise le rhythmeur,
Encor qu'il soit d'un air fantastique et bizarre

Et quelque peu tortu comme les vieux lauriers,
Car il messiérait fort de se montrer avare
Pour payer l'art subtil de tels bons ouvriers.

XV

MARIE STUART

> On y menait Marie, pour la récompenser et la distraire, à l'heure où les chiens rentraient et se précipitaient par les portes, par les fenêtres basses, vers leurs loges.
>
> J.-M. DARGAUD, *Histoire de Marie Stuart.*

A Saint-Germain, devant le fier château, MARIE
STUART, le front orné de perles et d'or fin,
Arrive de la chasse avec le roi dauphin,
Car elle aima toujours la noble vénerie.

Toute la cour l'entoure avec idolâtrie,
Oubliant pour ses yeux la fatigue et la faim,
Et François pâlissant, dans un songe sans fin,
Admire sa blancheur et sa bouche fleurie.

Ronsard dit : « C'est le lys divin, que nul affront
Ne peut ternir! » Le roi Henri la baise au front.
Cependant, elle rit tout bas avec madame

De Valentinois, blonde aux cheveux ruisselants,
Et ces folles beautés, que le carnage affame,
Regardent au chenil rentrer les chiens sanglants.

XVI

MARGUERITE DE NAVARRE

> Ainsy disoit ce Poulonnois de la beauté admirable de ceste Princesse. Et certes, si des Poulonnois ont esté ravis de telle admiration, il y en a eu bien d'autres
>
> BRANTÔME, *Vie des Dames illustres.*

MARGUERITE paraît, plus belle que l'espoir
Du ciel, dans son habit de clinquant et de rose,
Et l'un des Polonais dit : « Comme je suppose,
Onc n'admira Vénus tels yeux dans son miroir!

Je ferais volontiers, sortant de ce manoir,
Comme ces Turcs ravis qui, sans regret morose,
Ayant vu la mosquée où Mahomet repose,
Se font brûler les yeux, ne voulant plus rien voir. »

Brantôme, bon plaisant malgré son air farouche,
Dit à Ronsard tout bas : « O la charmante bouche!
Quel dieu ne choisirait pour son meilleur festin

Cette double cerise, adorable et vermeille! »
Mais la Reine l'entend faire ainsi le mutin,
Et lui dit : « Vous aimez les fruits, monsieur Bourdeille? »

XVII

LUCRÈCE BORGIA

> Il y a au musée d'Anvers un tableau vénitien qui symbolise admirablement, à l'insu du peintre, cette papauté excentrique. On y voit Alexandre VI présentant à saint Pierre l'évêque *in partibus* de Paphos, qu'il vient de nommer général de ses galères.
>
> PAUL DE SAINT-VICTOR,
> *Hommes et Dieux*.

LUCRÈCE BORGIA se marie; il est juste
Que tous les cardinaux brillent à ce gala,
Ceux du moins épargnés par la cantarella,
Ce poison plus cruel que tous ceux de Locuste.

Près d'eux trône César, jeune, féroce, auguste.
L'évêque de Paphos, vêtu de pourpre, est là;
Et le pape, à côté de Giulia Bella,
Montre, comme un vieux dieu, sa poitrine robuste.

Les parfums de la chair et des cheveux flottants
S'éparpillent dans l'air brûlant, et comme au temps
De Caprée, où Tibère épouvantait les nues,

Entrelaçant leurs corps impudiques et beaux,
Sur les rouges tapis cinquante femmes nues
Dansent effrontément, aux clartés des flambeaux.

XVIII

LA PRINCESSE DE LAMBALLE

> Pendant la vogue des traineaux, la Reine en reçut un bleu et or, attelé de chevaux blancs aux harnais de velours bleu, elle le partageait souvent avec la princesse de Lamballe..
>
> JAMES DE CHAMBRIER, *Marie-Antoinette, Reine de France.*

Sur la neige, dans un traîneau dont une rêne
Est d'or et dont l'autre est d'argent, montrant son clair
Sourire, et le satin duveté de sa chair,
Passe LAMBALLE, assise à côté de la Reine.

On dirait que le vent furieux les entraîne.
En fourreaux de velours épais garnis de vair,
Elles volent, dans la blancheur de l'âpre hiver,
Au galop des petits chevaux noirs de l'Ukraine.

Tout est orgueil, amour, fête, éblouissement
Dans ce groupe de sœurs glorieux et charmant,
Et les beaux grenadiers du régiment de Flandre

Admirent cet éclair de jeunesse et de lys,
Et ces regards d'enfant et cet accord si tendre.
« O têtes folles ! » dit madame de Genlis.

XIX

MADAME TALLIEN

> ... la *Dona Theresia*, que Bordeaux a vue passer, dans la stupeur, debout sur un char, le bonnet rouge sur la tête, une pique à la main, un bras sur l'épaule du maître, la Tallien se montre un soir, la gorge enserrée dans une rivière de diamants...
>
> EDMOND ET JULES DE GONCOURT,
> *Histoire de la Société française
> pendant le Directoire.*

Cette THERESIA, que le rustre et la gouge
Ont jadis adorée, une pique à la main
Et triomphant avec son proconsul romain
Sur un char, les cheveux couverts du bonnet rouge,

Dédaignant à présent les caresses du bouge,
Laisse voir ses pieds nus aux ongles de carmin ;
Sa robe, qui frémit sur son corps surhumain,
Est comme un tissu d'air tramé, que le vent bouge.

Ses beaux seins, comme avec des éblouissements
D'astres, sont pris dans un collier de diamants
Qui les brûle d'un clair scintillement d'étoiles ;

Et victorieux, fiers de leurs boutons vermeils,
Ils luttent de blancheur avec ces légers voiles,
Et de splendeur avec ce carcan de soleils.

XX

LA PRINCESSE BORGHÈSE

> Canova avait fait en 1811 une admirable statue, modelée sur la princesse Borghese, qui fut envoyée à Turin au prince Borghese, lequel la tint longtemps placée dans son cabinet, et l'envoya plus tard à Rome, ou elle se trouve encore.
>
> M-D j. *Biographie universelle.*

Le précieux joyau de la famille corse,
La PRINCESSE BORGHÈSE est nue, et le sculpteur
Voit jaillir devant lui, comme un lys enchanteur,
Ce jeune corps, brillant de jeunesse et de force.

Les seins en fleur, les plans harmonieux du torse
Le ravissent, et la lumière avec lenteur
Vient baigner d'un rayon subtil et créateur
Les pieds charmants, posés sur un tapis d'écorce.

Et la nymphe que fait renaître Canova,
C'est Pauline, effaçant l'idéal qu'il rêva,
Mais c'est aussi Vénus, la grande enchanteresse

Car l'Artiste enivré d'accords mélodieux,
S'il lui plaît, anoblit le sang d'une princesse
Et la mêle vivante à la race des Dieux.

Juillet 1874.

TRENTE-SIX

BALLADES JOYEUSES

POUR PASSER LE TEMPS

COMPOSÉES

A LA MANIÈRE DE FRANÇOIS VILLON

EXCELLENT POËTE

Qui a vécu sous le règne du roi Louis le onzième

PAR

THÉODORE DE BANVILLE

———

A LA MÉMOIRE

DU POËTE ALBERT GLATIGNY

CE LIVRE EST DÉDIÉ

DIZAIN AU LECTEUR

Ami lecteur, donne-moi l'accolade,
Car j'ai pour toi besogné, Dieu merci.
Comme Villon qui polit sa Ballade
Au temps jadis, pour charmer ton souci
J'ai façonné la mienne, et la voici.
Je ne dis pas que les deux font la paire,
Et contenter tout le monde et son père
Est malaisé, chacun garde son rang!
Mais voire! avec ces rimes, je l'espère,
Tu peux aussi te faire du bon sang.

Juin 1873.

AVANT-PROPOS

J'essaie aujourd'hui de rendre à la France une des formes de poëme les plus essentiellement françaises qui aient existé, cette *Ballade* de François Villon que Marot garda avec un soin jaloux et que La Fontaine tâchait de ranimer, ne pouvait se décider à laisser mourir, dans un temps où, malgré la réunion des plus grands poëtes, s'était perdu le sentiment du Rhythme lyrique. La *Ballade* a pour elle la clarté, la joie, l'harmonie chantante et rapide, et elle unit ces deux qualités maîtresses d'être facile à lire et difficile à faire; car, bien qu'elle pose les problèmes les plus ardus de la versification, contenus tous dans l'obligation d'écrire quatre couplets sur des rimes pareilles, que fournit à grand'peine la langue française, elle a ce mérite infini qu'une Ballade bien faite (de Villon) semble au lecteur n'avoir coûté aucun effort et avoir jailli comme une fleur.

Il n'est pas besoin de dire que la langue du xve siècle et celle d'aujourd'hui sont absolument différentes entre elles; or quiconque transporte des formes de poëme d'un idiome dans un autre, doit, comme Horace le fit pour les Grecs, accepter de ses devanciers toutes leurs traditions, même dans le choix des sujets. Ainsi ai-je dû agir, et cependant mon effort fût demeuré stérile si je n'eusse été de mon temps dans le cadre archaïque, et si dans la strophe aimée de Charles d'Orléans et de Villon je n'eusse fait entrer le Paris de Gavarni et de Balzac, et l'âme moderne! En un mot, j'ai voulu non évoquer la Ballade ancienne, mais la faire renaître dans une fille vivante qui lui ressemble, et créer la Ballade nouvelle. Si j'ai réussi dans mon entreprise, et plaise à Dieu qu'il en soit ainsi! j'y aurai bien peu de mérite, venant après les grands lyriques de ce siècle, qui façonnant les esprits comme les rhythmes, nous ont à l'avance taillé et aplani le peu de besogne qu'ils nous ont laissée à achever. Pourtant, je sens en moi une sorte de petit orgueil d'ouvrier, en venant restituer un genre de poëme sur lequel Victor Hugo n'a pas mis sa main souveraine : car, en fait de forme à renouveler, il nous a laissé si peu de chose à tenter après lui !

THÉODORE DE BANVILLE.

Juin 1873.

TRENTE-SIX
BALLADES JOYEUSES

DE BANVILLE

1

BALLADE DE SES REGRETS

POUR L'AN MIL HUIT CENT TRENTE

Je veux chanter ma ballade à mon tour !
O Poésie, ô ma mère mourante,
Comme tes fils t'aimaient d'un grand amour
Dans ce Paris, en l'an mil huit cent trente !
Pour eux les docks, l'autrichien, la rente,
Les mots de bourse étaient du pur hébreu ;
Enfant divin, plus beau que Richelieu,
Musset chantait, Hugo tenait la lyre,
Jeune, superbe, écouté comme un dieu.
Mais à présent, c'est bien fini de rire.

C'est chez Nodier que se tenait la cour.
Les deux Deschamps à la voix enivrante
Et de Vigny charmaient ce clair séjour.
Dorval en pleurs, tragique et déchirante,
Galvanisait la foule indifférente.
Les diamants foisonnaient au ciel bleu !
Passât la Gloire, avec son char de feu,
On y courait comme un juste au martyre,
Dût-on se voir écrasé sous l'essieu.
Mais à présent, c'est bien fini de rire.

Des joailliers connus dans Visapour
Et des seigneurs arrivés de Tarente
Pour Cidalise ou pour la Pompadour
Se provoquaient de façon conquérante,
La brise en fleur nous venait de Sorrente !
A ce jour d'hui les rimeurs, ventrebleu !
Savent le prix d'un lys et d'un cheveu ;
Ils comptent bien ; plus de sacré délire !
Tout est conquis par des fesse-Mathieu :
Mais à présent, c'est bien fini de rire.

ENVOI

En ce temps-là, moi-même, pour un peu,
Féru d'amour pour celle dont l'aveu
Fait ici-bas les Dante et les Shakspere,
J'aurais baisé son brodequin par jeu !
Mais à présent, c'est bien fini de rire.

Janvier 1862.

II

BALLADE DES BELLES CHALONNAISES

Pour boire j'aime un compagnon,
J'aime une franche gaillardise,
J'aime un broc de vin bourguignon,
J'aime de l'or dans ma valise,
J'aime un verre fait à Venise,
J'aime parfois les violons;
Et surtout, pour faire à ma guise,
J'aime les filles de Châlons.

Ce n'est pas au bord du Lignon
Qu'elles vont laver leur chemise.
Elles ont un épais chignon
Que tour à tour frise et défrise
L'aile du vent et de la brise :
De la nuque jusqu'aux talons,
Tout le reste est neige et cerise,
J'aime les filles de Châlons

Même en revenant d'Avignon
On admire leur vaillantise.
Le sein riche et le pied mignon,
L'œil allumé de convoitise,
C'est dans le vin qu'on les baptise.
Vivent les cheveux drus et longs !
Pour avoir bonne marchandise,
J'aime les filles de Châlons !

ENVOI

Prince, un chevreau court au cytise !
Matin et soir, dans vos salons
Vous raillez ma fainéantise :
J'aime les filles de Châlons.

Janvier 1862.

III

BALLADE DE LA BONNE DOCTRINE

La gloriole est une viande creuse.
Rire à des yeux emplis de diamants,
Baiser le front d'une vierge amoureuse,
Être ébloui par les bleus firmaments,
Fuir la douleur entre des bras charmants,
Boire un vin vieux bien vierge de teinture,
Aimer une humble et forte créature,
Dormir son saoul sur un bon matelas,
Sur les murs nus clouer de la peinture,
C'est le moyen d'avoir joie et soulas.

Pleurer d'amour dans la nuit ténébreuse,
Voir un beau sein tout chargé d'ornements,
Cueillir la rose avec la tubéreuse,
Causer de rien, comme font les amants,
Tailler la pourpre en nobles vêtements,
Être ravi par l'humaine structure,
Sucer le lait de la mère Nature,
Quand l'or s'en va ne pas crier : Hélas !
Prendre en tout temps Rabelais pour lecture,
C'est le moyen d'avoir joie et soulas.

Mordre en vainqueur la pomme savoureuse,
Ouïr au loin le bruit des instruments,
Rêver aux jours où rayonnait Chevreuse,
Errer superbe au pays des romans,
Chérir le calme et ses enchantements,
Louer la grâce à la riche ceinture,
Tenir son cœur tout prêt à l'aventure,
Au mois d'avril fumer près des lilas,
Polir des vers pour la race future,
C'est le moyen d'avoir joie et soulas.

ENVOI

Prince, je fuis le monde et sa torture.
Je resterai (Dieu veille à ma pâture!)
Épris des vers, des lys, des falbalas,
Tranchons le mot, de la littérature
C'est le moyen d'avoir joie et soulas

Janvier 1862.

IV

BALLADE EN L'HONNEUR DE SA MIE

Je ne vois que marionnettes
Comme celles de Fagotin.
L'un est amoureux des planètes,
Cet autre court dès le matin
Pour un bracelet florentin
Ou pour un livre d'alchimie.
Moi qui me fie à mon destin,
Je ne veux du tout que ma mie.

On peut s'aller pendre aux sonnettes
Pour obtenir un picotin ;
On peut débiter des sornettes
Avec l'aplomb d'un libertin ;
On peut s'enivrer au festin ;
On arrive à l'Académie
Avec un livre clandestin ;
Je ne veux du tout que ma mie.

Ils se pâment pour des nonnettes
Qui font leur babil enfantin
A la façon des serinettes.
Pourvu qu'elles aient l'air mutin,
Des hommes de Romorantin
Couvrent la plus sèche momie
De diamants et de satin :
Je ne veux du tout que ma mie.

ENVOI

Que Rothschild garde son butin,
Leverrier son astronomie,
Et monsieur Nisard son latin,
Je ne veux du tout que ma mie.

Janvier 1862.

V

BALLADE POUR UNE AMOUREUSE

Muse au beau front, muse sereine,
Plus de satire, j'y consens.
N'offensons pas avec ma haine
Le calme éther d'où tu descends.
Je chante en ces vers caressants
Une lèvre de pourpre, éclose
Sous l'éclair des cieux rougissants,
Ici tout est couleur de rose.

Ma guerrière a le front d'Hélène.
Son long regard aux feux puissants
Resplendit comme une phalène.
Tout est digne de mes accents :
Là, sur ces contours frémissants
Où le rayon charmé se pose,
La neige et les lys fleurissants ;
Ici tout est couleur de rose.

Quelle tendre voix de sirène,
Au soir, aux astres pâlissants
Dira la blancheur de ma reine?
Éteignez-vous, cieux languissants !
O chères délices ! je sens
Se poser sur mon front morose
Les longs baisers rafraîchissants !
Ici tout est couleur de rose.

ENVOI

Que de trésors éblouissants
Et dignes d'une apothéose!
Fleurs splendides, boutons naissants,
Ici tout est couleur de rose.

Juin 1862.

VI

BALLADE DE SA FIDÉLITÉ A LA POÉSIE

Chacun s'écrie avec un air de gloire :
« A moi le sac, à moi le million!
Je veux jouir, je veux manger et boire.
Donnez-moi vite, et sans rébellion,
Ma part d'argent; on me nomme Lion. »
Les Dieux sont morts, et morte l'allégresse.
L'art défleurit, la muse en sa détresse
Fuit, les seins nus, sous un vent meurtrier,
Et cependant tu demandes, maîtresse,
Pourquoi je vis? Pour l'amour du laurier.

O Piéride, ô fille de Mémoire,
Trouvons des vers dignes de Pollion!
Non, mon ami, vends ta prose à la foire.
Il s'agit de bien chanter Ilion!
Cours de ce pas chez le tabellion.
Les coteaux verts n'ont plus d'enchanteresse;
On ne va plus suivre la Chasseresse
Sur l'herbe fraîche où court son lévrier.
Si, nous irons, ô Lyre vengeresse.
Pourquoi je vis? Pour l'amour du laurier.

Et Galatée à la gorge d'ivoire
Chaque matin dit à Pygmalion :
Oui, j'aimerai ta barbe rude et noire,
Mais que je morde à même un galion !
Il est venu, l'âge du talion :
As-tu de l'or? voilà de la tendresse,
Et tout se vend, la divine caresse
Et la vertu ; rien ne sert de prier ;
Le lait qu'on suce est un lait de tigresse.
Pourquoi je vis? Pour l'amour du laurier.

ENVOI

Siècle de fer, crève de sécheresse ;
Frappe et meurtris l'Ange à la blonde tresse.
Moi, je me sens le cœur d'un ouvrier
Pareil à ceux qui florissaient en Grèce.
Pourquoi je vis? Pour l'amour du laurier.

Juillet 1862.

VII

BALLADE A LA GLOIRE DU LYS

Muse au front d'or, farouche Aganippide,
Je chanterai le Lys, aux dieux pareil,
Le Lys charmant, le Lys au cœur splendide.
Dès qu'il fleurit, la Nature en éveil,
Comme à son roi, lui demande conseil.
Couche de nacre où s'éveille l'Aurore,
Noble palais que bat la mer sonore,
Blanc coudrier qui sait plaire à Phyllis,
Pommier en fleur qui de rayons se dore,
Rien n'est pareil à la gloire d'un Lys.

La nuit, au bord de la source limpide,
Le Lys s'endort d'un superbe sommeil,
Près du flot bleu qui doucement se ride,
Tel, en songeant, dort sous un dais vermeil
Un roi d'Asie en son riche appareil.
Neige étendue aux rives du Bosphore,
Clair vêtement qu'un sein aigu colore,
Temple de Tyr ou d'Héliopolis,
Lotus divin dont le flot se décore,
Rien n'est pareil à la gloire d'un Lys.

Tel, ô guerrière, ô blanche Tyndaride,
Le sable est fier de baiser ton orteil,
Le Lys joyeux, riant, de pleurs humide,
Se dresse, orgueil du monde, à son réveil,
Et resplendit dans l'éclair du soleil.
Perle gisant dans l'or du sable more,
Urne que tient la svelte choéphore,
Marbre vivant ciselé par Scyllis,
Nymphe au beau sein compagne du centaure,
Rien n'est pareil à la gloire d'un Lys.

ENVOI

Lys exalté, grande fleur, je t'adore.
Cygne rêvant, contour pur de l'amphore,
Nuit d'argent, voile éthéré des wilis,
Col de Vénus, pieds nus de Terpsichore,
Rien n'est pareil à la gloire d'un Lys.

juin 1862.

VIII

BALLADE SUR LA GENTILLE FAÇON DE ROSE

 Rose est toute caprice, et moi
J'adore son œil qui petille,
Et je sens des bonheurs de roi
Rien qu'à lui baiser la cheville.
Elle s'habille, elle babille,
M'appelle avec son regard bleu,
Et puis s'enfuit comme une angu
Jamais ne vîtes si beau jeu.

 Je marche, comme à Fontenoy,
Contre la folle qui frétille,
Et la voici presque en émoi.
Puis elle s'envole et grappille
Une praline à la vanille :
On dirait que je parle hébreu !
La bonne heure qu'elle gaspille !
Jamais ne vîtes si beau jeu.

 Je veux la quereller, ma foi !
Mais sa colère est si gentille !
Allons, c'est moi qui fais la loi,
Je la caresse et je la pille.
Mais elle remet sa mantille,
M'effleure de sa lèvre en feu,
Et pleure pour ma peccadille :
Jamais ne vîtes si beau jeu.

ENVOI

Je baise une larme qui brille,
Un bout de dentelle, un cheveu ;
Elle rit, la méchante fille !
Jamais ne vîtes si beau jeu.

Février 1862.

IX

BALLADE POUR SA COMMÈRE

Le beau baptême et la belle commère !
Quels jolis yeux ! disaient les assistants.
On rôtissait les bœufs entiers d'Homère
Et l'on ouvrait la porte à deux battants.
Bonne Alizon ! même après tant de temps,
Quand je la vois, mon âme en est tout aise.
Elle a des yeux d'enfer, couleur de braise,
Et le sein rose et des lys à foison ;
Elle est savante avec ses airs de niaise.
Le bon dieu gard' ma commère Alizon !

En ce temps-là, mordant l'écorce amère,
Dans mon pays de forêts et d'étangs,
J'étais encore un coureur de chimère.
Elle, on eût dit un matin de printemps !
Mais, à la fin, voici qu'elle a trente ans.
Ses grands cheveux sont blonds, ne vous déplaise !
Et longs et fins, et lourds, par parenthèse,
A n'y pas croire. O la riche toison !
A la tenir on sait ce qu'elle pèse.
Le bon dieu gard' ma commère Alizon !

Oh ! comme fuit cette enfance éphémè,
Mon Alizon, dont les cheveux flottants
Étaient si fous, regarde, en bonne mère,
Ses petits gars, forts comme des titans,
Courir pieds nus dans les prés éclatants.
Elle travaille, assise sur sa chaise.
Ne croyez pas surtout qu'elle se taise
Plus qu'un oiseau dans la belle saison,
Et sa chanson n'est pas la plus mauvaise.
Le bon dieu gard' ma commère Alizon !

ENVOI

Avec un rien, on la fâche, on l'apaise.
Les belles dents à croquer une fraise !
J'en étais fou pendant la fenaison.
Elle est mignonne et rit quand on la baise,
Le bon dieu gard' ma commère Alizon !

Juin 1862.

X

BALLADE POUR CÉLÉBRER LES PUCELLES

Puisque Paris, fou de poudre de riz,
Veut qu'on se plâtre en manière de cygne,
Et qu'il a fait ses plaisirs favoris
De ces gotons qui se peignent un signe,
Je tourne bride et change ma consigne.
Loue avec nous, Amour, méchant garçon,
La gerbe d'or qui sera ta moisson ;
Viens, lorsqu'on suit les saintes jouvencelles
Qui vont tressant leurs voix à l'unisson,
Il sied de boire en l'honneur des pucelles.

Le parfumeur vend les Jeux et les Ris
Et sous les yeux on se trace une ligne.
On badigeonne un front comme un lambris ;
C'est trop de luxe et je m'en sens indigne.
Qu'on me ramène à la feuille de vigne !
Oh ! quelle gloire, ignorer sa leçon !
Balbutier l'immortelle chanson !
Rien n'est cruel et divin comme celles
Que fait rougir un timide frisson :
Il sied de boire en l'honneur des pucelles.

Les vierges sont des cœurs et des esprits,
Et la candeur sereine les désigne.
Leurs francs appas sont comme un gai pourpris
Jonché de rose et de blancheur insigne ;
Le lys les nomme et la neige les signe.
Leurs bras polis sont froids comme un glaçon
Et le Désir niche dans le buisson
De leurs cheveux, où brillent des parcelles
D'or, ouvragé d'une riche façon.
Il sied de boire en l'honneur des pucelles.

ENVOI

Il faut se rendre et leur payer rançon,
Lorsque Vénus, guidant son enfançon,
Dans leurs yeux noirs jette des étincelles.
Le vin bouillonne ; allons, verse, échanson,
Il sied de boire en l'honneur des pucelles.

Avril 1862.

XI

BALLADE EN FAVEUR DE LA POÉSIE DÉDAIGNÉE

Toi qui tins la lyre et le glaive,
Et qui marchais, rouge d'éclairs,
Dans l'action et dans le rêve,
O rude forgeron des vers
Qui faisaient tressaillir les mers,
Ame de héros courroucée
Qui t'exhalais en hymnes fiers,
Où dors-tu, grande ombre d'Alcée ?

Viens parmi nous ! combats sans trêve.
Il en faut de ces cris amers
Que tu répandais sur la grève.
La Muse, ivre des maux soufferts,
S'en va cacher dans les déserts
Sa lyre pour jamais blessée.
Toi que ravirent ses concerts,
Où dors-tu, grande ombre d'Alcée ?

Ton laurier perd sa mâle sève,
O maître, par ses flancs ouverts.
Reviens, comme un dieu qui se lève
Pour guérir ceux qui te sont chers,
Abriter sous tes rameaux verts
Le martyre de la Pensée
Que déchirent ces noirs hivers.
Où dors-tu, grande ombre d'Alcée ?

ENVOI

Que ton courroux brûle mes chairs!
Donne-moi ta haine amassée
Sur la terre et dans les enfers.
Où dors tu, grande ombre d'Alcée?

Décembre 1861.

XII

BALLADE DE BANVILLE AUX ENFANTS PERDUS

Je le sais bien que Cythère est en deuil!
Que son jardin, souffleté par l'orage,
O mes amis, n'est plus qu'un sombre écueil
Agonisant sous le soleil sauvage.
La solitude habite son rivage.
Qu'importe! allons vers les pays fictifs!
Cherchons la plage où nos désirs oisifs
S'abreuveront dans le sacré mystère
Fait pour un chœur d'esprits contemplatifs :
Embarquons-nous pour la belle Cythère.

La grande mer sera notre cercueil;
Nous servirons de proie au noir naufrage,
Le feu du ciel punira notre orgueil
Et l'aquilon nous garde son outrage.
Qu'importe! allons vers le clair paysage!
Malgré la mer jalouse et les récifs,
Venez, partons comme des fugitifs,
Loin de ce monde au souffle délétère.
Nous dont les cœurs sont des ramiers plaintifs,
Embarquons-nous pour la belle Cythère.

Des serpents gris se traînent sur le seuil
Où souriait Cypris, la chère image
Aux tresses d'or, la vierge aux doux accueil !
Mais les Amours sur le plus haut cordage
Nous chantent l'hymne adoré du voyage.
Héros cachés dans ces corps maladifs,
Fuyons, partons sur nos légers esquifs,
Vers le divin bocage où la panthère
Pleure d'amour sous les rosiers lascifs :
Embarquons-nous pour la belle Cythère.

ENVOI

Rassasions d'azur nos yeux pensifs !
Oiseaux chanteurs, dans la brise expansifs,
Ne souillons pas nos ailes sur la terre,
Volons, charmés, vers les Dieux primitifs !
Embarquons-nous pour la belle Cythère.

Mai 1862.

XIII

BALLADE POUR LA SERVANTE DU CABARET

Ami, partez sans moi; l'Amour vous suit
Pour faire fête à votre belle hôtesse.
Vous dites donc qu'on aura cette nuit
Souper au vin du Rhin, grande liesse
Et cotillon chez une poétesse.
Que j'aime mieux dans les quartiers lointains,
Au grand soleil ouvert tous les matins,
Ce cabaret flamboyant de Montrouge
Où la servante a des yeux libertins !
Vive Margot avec sa jupe rouge !

On peut trouver là-bas, si l'on séduit
Quelque farouche et svelte enchanteresse,
Un doux baiser pris et donné sans bruit,
Même, au besoin, un soupçon de caresse ;
Mais, voyez-vous, Margot est ma déesse.
J'ai tant chéri ses regards enfantins,
Et les boutons de rose si mutins
Qu'on voit fleurir dans son corset qui bouge!
Sa lèvre est folle et ses cheveux châtains :
Vive Margot avec sa jupe rouge !

J'ai quelquefois grimpé dans son réduit
Où le vieux mur a vu mainte prouesse.
Elle est si rose et si fraîche au déduit,
Quand rien ne gêne en leur rude allégresse
Son noble sang et sa verte jeunesse !
Le lys tremblant, la neige et les satins
Ne brillent pas plus que les blancs tétins
Et que les bras de cette belle gouge.
Pour égayer l'ivresse et les festins,
Vive Margot avec sa jupe rouge !

ENVOI

Prince, chacun nous suivons nos destins.
Restez ce soir dans les salons hautains
De Cidalise, et je retourne au bouge,
Aux gobelets, aux rires argentins.
Vive Margot avec sa jupe rouge !

Février 1862.

XIV

BALLADE POUR UNE AUX CHEVEUX DORÉS

Cypris comme toi, fleur d'amour,
Eut cet adorable enjouement,
Cette lèvre dont le contour
M'attire comme un doux aimant,
Et tout ce resplendissement
D'un incomparable trésor,
Prunelles de clair diamant,
Sourcils d'ébène et frisons d'or.

Tes cheveux, en chaque détour,
Ont comme le bruissement
Du flot bleu qui baigne la tour.
En toi, pour des regards d'amant
Tout est le miracle charmant
Que ton âme embellit encor,
Roses, neiges, enchantement,
Sourcils d'ébène et frisons d'or.

Et tout nous ravit tour à tour,
Roses faites d'embrasement,
Cheveux plus vermeils que le jour,
Sein plus blanc que le pur froment,
Yeux profonds, qu'emplit fièrement
De lumière, un profond décor
D'étoiles et de firmament,
Sourcils d'ébène et frisons d'or.

ENVOI

O chère joie! ô cher tourment!
Ma strophe au gracieux essor
Mêle, en son éblouissement,
Sourcils d'ébène et frisons d'or.

Fevrier 1861.

XV

BALLADE POUR TROIS SŒURS

QUI SONT SES AMIES

Ce sont trois sœurs, trois blondes, mais Lucy
Est un peu fauve, et Lise est un peu rousse.
Jeanne au beau front par le doute obscurci
Est la plus fière, et Lucy la plus douce.
Dans le jardin, sur un tapis de mousse,
Nous devisons comme des écoliers ;
Ce sont parfois des contes par milliers,
Puis je sertis de folles rimes, voire
Des madrigaux pour leurs petits souliers.
Et Marinette est là qui verse à boire.

Lucy me fait songer et Jeanne aussi ;
Et qu'un rayon de lumière éclabousse
Le front vermeil de Lise, me voici
Charmé : l'Amour, ayant vidé sa trousse,
Trouve à souhait des traits que rien n'émousse
Dans ses grands yeux pensifs et singuliers.
Lucy soupire et me dit : Vous parliez,
Parlez encor ; trouvez-nous quelque histoire.
Le soleil rit sur les blancs escaliers,
Et Marinette est là qui verse à boire.

Lise est ma joie et mon plus cher souci,
Lucy m'attire et Jeanne me repousse,
Mais je l'adore, et j'ai le cœur transi
Dès qu'elle pleure et qu'elle se courrouce
Pour un baiser sur l'ongle de son pouce.
Puis, en jouant avec ses lourds colliers,
Je dis à Lise : Enfant, si vous vouliez !
Elle répond : Ami, songe à la gloire.
Lucy me cueille un fruit des espaliers,
Et Marinette est là qui verse à boire.

ENVOI

PRINCE, une fois il faut que vous alliez
Dans ce jardin, pour voir humiliés
L'or, le saphir, les diamants, l'ivoire,
Tous les rubis de vos fins joailliers,
Et Marinette est là qui verse à boire.

Avril 1862.

XVI

BALLADE SUR LES HÔTES MYSTÉRIEUX

DE LA FORÊT

Il chante encor, l'essaim railleur des fées,
Bien protégé par l'épine et le houx
Que le zéphyr caresse par bouffées.
Diane aussi, l'épouvante des loups,
Au fond des bois cache son cœur jaloux.
Son culte vit dans plus d'une chaumière.
Quand les taillis sont baignés de lumière,
A l'heure calme où la lune paraît,
Échevelée à travers la clairière,
Diane court dans la noire forêt.

De nénufars et de feuilles coiffées,
La froide nixe et l'ondine aux yeux doux
Mènent le bal, follement attifées,
Et près du nain, dont les cheveux sont roux,
Les sylphes verts dansent et font les fous.
On voit passer une figure altière,
Et l'on entend au bord de la rivière
Un long sanglot, un soupir de regret
Et des pas sourds qui déchirent du lierre :
Diane court dans la noire forêt.

Diane, au bois récoltant ses trophées,
Entend le cerf gémissant fuir ses coups
Et se pleurer en plaintes étouffées.
Un vent de glace a rougi ses genoux ;
Ses lévriers, ivres de son courroux,
Sont accourus à sa voix familière.
La grande Nymphe à la fauve paupière
Sur son arc d'or assujettit le trait ;
Puis, secouant sa mouvante crinière,
Diane court dans la noire forêt.

ENVOI

Prince, il est temps, fuyons cette poussière
Du carrefour, et la forêt de pierre.
Sous le feuillage et sous l'antre secret,
Nous trouverons la ville hospitalière ;
Diane court dans la noire forêt.

Novembre 1861.

XVII

BALLADE POUR ANNONCER LE PRINTEMPS

Elle frémit, la brise pure,
Dans ce beau jardin de féerie
Où le ruisseau jaseur murmure.
Le printemps affolé varie
Sa merveilleuse broderie,
L'eau chante sous les passerelles ;
Tout tressaille dans la prairie
A la façon des tourterelles.

Les arbres dans l'allée obscure
Où babille la causerie
Laissent leur jeune chevelure
Flotter avec coquetterie.
C'est le temps où le ciel vous crie
D'oublier chagrins et querelles,
Et de vivre en galanterie
A la façon des tourterelles.

L'insecte court dans la verdure.
Le bois est plein de rêverie ;
La nymphe a quitté sa ceinture,
Le sylphe avec idolâtrie
Baise la pelouse fleurie,
Les fleurs ont ouvert leurs ombrelles;
Enfants, il faut qu'on se marie
A la façon des tourterelles.

ENVOI

La colombe murmure et prie
Et chuchote sur les tourelles :
Mariez-vous, belle Marie,
A la façon des tourterelles

Avril 1862

XVIII

BALLADE EN QUITTANT LE HAVRE-DE-GRACE

Enfin je pars et voici le navire.
Adieu, Paris joyeux! adieu, tombeau!
Vis sans savoir que Misère soupire,
Maigre, et saignant sur son vieil escabeau,
Et ses seins nus mal couverts d'un lambeau.
Vis dans ta haine et dans ton avarice;
Moi, je m'envole au gré de mon caprice.
La voile s'enfle, éprise de l'éther,
Et, délivré, j'invoque ma nourrice,
La mer aux flots tumultueux, la mer!

Adieu, prison où pleura mon martyre!
Adieu, Gobsecks à l'âme de corbeau!
La vague est là qui me berce et m'attire;
L'archer divin, jeune, féroce et beau,
A sur la mer secoué son flambeau.
Dans sa splendeur, comme une impératrice,
Elle sourit, la grande séductrice;
Et je respire, ivre du gouffre amer,
Pour que son souffle odorant me guérisse,
La mer aux flots tumultueux, la mer!

J'entends passer comme un accord de lyre.
O lovelace en habit bleu barbeau,
Féru d'amour pour une tirelire,
Paris, adieu! garde tes Mirabeau,
Et Ferraris et Juliette Beau!

Amuse-toi ; que ton été fleurisse.
J'ai sous mes pieds la sainte inspiratrice
Dont l'âpre haleine a pénétré ma chair,
La grande mer, la mer consolatrice,
La mer aux flots tumultueux, la mer !

ENVOI

Toi, cœur blessé, ferme ta cicatrice.
L'algue éplorée aux verts cheveux lambrisse
Le roc ; je vois briller au soleil clair
La verte plaine où le flot se hérisse,
La mer aux flots tumultueux, la mer !

Mai 1862.

XIX

BALLADE POUR UNE GUERRIÈRE DE MARBRE

Toi qu'au beau temps appelé Renaissance
Un statuaire, habile ciseleur,
En ce château fit par réminiscence
Des anciens Grecs, vierge à la lèvre en fleur,
Vois le soleil qui baise ta pâleur.
Puisque son œil amoureux te festoie,
Que devant lui ta chevelure ondoie !
Montre ton corps superbe au fier dessin,
Et, sous le vent caressant qui tournoie,
Souris, Guerrière, et fais voir ton beau sein.

Ah! la splendeur de ton adolescence
Et ton regard terrible et cajoleur
Éveilleront par leur seule puissance
Le geai folâtre et le merle siffleur
Et tout le gai renouveau querelleur.
Car, pour revivre, il suffit qu'on te voie!
Dans le feuillage adouci qui verdoie
Et de qui l'ombre emplit le clair bassin,
Que ta blancheur sous les rayons chatoie!
Souris, Guerrière, et fais voir ton beau sein.

Fais resplendir en leur magnificence,
Pour cet Avril ruisselant de chaleur,
Tes charmes nus, dont la sainte innocence
Fait oublier le crime et la douleur.
Malgré le doux printemps ensorceleur,
Notre âge affreux sous la tristesse ploie ;
Cette Euménide a fait de lui sa proie,
Il est malade, il veut un médecin.
Ah! pour guérir le mal qui le foudroie,
Souris, Guerrière, et fais voir ton beau sein.

ENVOI

Reine, prodigue à l'astre qui flamboie
Ce sein aigu qui brilla devant Troie!
Quoi qu'en ait dit notre siècle malsain,
Rien ici-bas n'est divin, que la joie :
Souris, Guerrière, et fais voir ton beau sein.

A la Villa, Avril 1869.

XX

DOUBLE BALLADE POUR LES BONNES GENS

Le temps où j'accorde ces rimes
Est meilleur pour le financier
Que pour les vertus magnanimes.
Je regarde négocier
Au milieu d'un luxe princier
Tous les gens de sac et de corde,
Le traitant, le juif et l'huissier :
Dieu fasse aux bons miséricorde !

Muse, quittons les blanches cimes
Où nous osions balbutier.
Parlons crédit, report et primes!
Le sort ne se veut soucier
Que du changeur et du boursier ;
Partout la haine et la discorde ;
Les cœurs sont de neige et d'acier,
Dieu fasse aux bons miséricorde !

C'en est fait des strophes sublimes!
Le réalisme et l'art grossier
Sont venus pour punir nos crimes
Le fils d'Homère est besacier.
Le biographe carnassier
N'a pas de répit qu'il ne morde ;
Tartuffe veut officier :
Dieu fasse aux bons miséricorde !

Basile a quatre pseudonymes.
Je vois Judas paperassier
Vendre son Dieu pour des centimes.
O doux Orphée, un épicier
Dont la police a le dossier
Parle morale avec sa horde
Et vient pour te supplicier.
Dieu fasse aux bons miséricorde!

Mais quoi ! tant que tu nous animes,
Génie, ô maître, ô justicier,
Reprenons les savantes limes !
Puisque notre cher devancier
Nous verse le suc nourricier,
Que l'enthousiasme déborde !
Reviens, Amour, divin sorcier !
Dieu fasse aux bons miséricorde !

Art, Pensée, ô blanches victimes,
Cygnes qu'on veut asphyxier,
Ne tombez pas vers les abîmes !
Pégase ailé, brillant coursier,
Viens ! Que pour nous initier
Cypris renaisse, et qu'elle torde
Ses cheveux d'or sur le glacier !
Dieu fasse aux bons miséricorde !

Mai 1869.

XXI

BALLADE POUR LES PARISIENNES

On voit partout, chez les Teutons
Et chez le Mormon polygame,
Des Iris et des Jeannetons
Fort dignes de l'épithalame ;
Et Vienne a, tout comme Bergame,
Des anges dont on est épris ;
Quant à ce qu'on nomme : la femme,
C'est un article de Paris.

Elle est bouchère, et nous, moutons.
C'est le plus divin amalgame
De lys, de roses, de festons.
Il ne faut pas qu'on la diffame !
Elle ment comme un vrai programme ;
Pour sa folle dent de souris,
Malheur à tout ce qu'elle entame :
C'est un article de Paris.

Avec ses appétits gloutons
Et sous son linge à fine trame,
Elle avale des feuilletons
Et se délecte au mélodrame.
Celle pour qui tomba Pergame
Changeait moins souvent de maris
Qu'elle, soit dit sans épigramme !
C'est un article de Paris.

ENVOI

Je ne saurais changer de gamme :
La femme est un joyau de prix
Qui vaut son pesant d'or ; mais, **dame !**
C'est un article de Paris.

Mai 1869.

XXII

DOUBLE BALLADE DES SOTTISES DE PARIS

C'est un étrange bacchanal
Dans ce Paris vraiment baroque
Où règne le petit journal,
Et qu'une drôlesse provoque
En lui laissant voir sous sa toque
Des cheveux d'un cuivre vermeil
Comme le bon or qu'elle croque.
Moi, j'en ris, les jours de soleil.

Être probe est original
Dans cette Babel équivoque
Où, malgré le Code pénal,
Chacun suit les mœurs de l'époque ;
Où Scapin remplace Archiloque,
Mais où Pindare, aux Dieux pareil,
Souperait d'un œuf à la coque.
Moi, j'en ris, les jours de soleil.

Dans ce pêle-mêle vénal,
Qu'est-ce que l'honneur? Une loque
Pour amuser le tribunal,
Qu'agite, pendant son colloque,
L'avocat, soufflant comme un phoque
Le pauvre juge, en son sommeil,
Entend ces cris de ventriloque.
Moi, j'en ris, les jours de soleil.

La Bête au regard virginal
Que tout millionnaire invoque,
Prodigue son amour banal
Et chacun s'en emberlucoque.
C'est pour elle qu'on se disloque,
Et tous les cœurs sont en éveil
Dès que frémit sa pendeloque.
Moi, j'en ris, les jours de soleil.

Au sein d'un tumulte infernal
Ce sont partout glaives qu'on choque,
Torches qui servent de fanal,
Mépris solide et réciproque,
Mensonges que la Haine évoque,
Idiots dont on prend conseil,
Maîtres qu'on flatte et qu'on révoque :
Moi, j'en ris, les jours de soleil.

Comme une image d'Épinal,
Flamboie en sa riche défroque
Devant le café Cardinal
Ce cruel Paris, qui se moque
Des sauvages de l'Orénoque,
Et dont le superbe appareil
Indignait Thomas Vireloque :
Moi, j'en ris, les jours de soleil.

  Juin 1869.

XXIII

BALLADE A GEORGES ROCHEGROSSE

La sottise partout fait rage.
Bienheureux qui s'est abstenu
D'ouïr maint et maint personnage
Dont l'esprit a pour revenu
Le banal et le convenu :
Que le Diable serre leurs gorges!
Puisque te voilà prévenu,
Souviens-toi bien de cela, Georges.

Si tu veux vivre en homme sage,
Lorsque l'âge sera venu,
Fuis l'oisif et son bavardage,
Le rêveur au cerveau cornu
Et l'imbécile parvenu ;
Car tous ces gens-là font leurs orges
En pillant l'artiste ingénu.
Souviens-toi bien de cela, Georges.

Pour les filles au cœur volage
Qui s'en vont, le sein demi-nu,
Avec une fleur au corsage,
Fuis cette gent trotte-menu.
Car Amour, forgeron connu,
Pour leurs yeux martèle en ses forges
Plus d'un trait subtil et ténu.
Souviens-toi bien de cela, Georges.

ENVOI

Il faut les fuir au bois chenu
Des merles et des rouges-gorges,
Ou dans le travail continu :
Souviens-toi bien de cela, **Georges.**

<small>Juillet 1869.</small>

XXIV

BALLADE A SA FEMME, LORRAINE

Mon cher amour, c'est presque à Domremi
Que te berça la plaine bocagère,
D'où ton courage et ton cœur affermi
Car tu naquis, ô bonne ménagère,
Dans le pays de la grande Bergère.
Comme au travail jamais tu ne pleuras
Ta peine rude et ne désespéras,
Dans la maison, régente et souveraine,
Tu fais tout luire, et toujours tu seras
D'un vaillant cœur, ô ma bonne Lorraine.

Quand nos Iris au teint pauvre et blêmi,
Pour garder mieux leur beauté d'étagère,
Traînent leurs pas d'un bel air endormi,
Toi, tu fais tout, lingère et boulangère,
D'une main forte à la fois et légère.
Tu sais aussi confire les cédrats
Et rendre nets les planchers et les draps
Comme faisaient ta mère et ta marraine;
Mais je te vois bâiller aux opéras
D'un vaillant cœur, ô ma bonne Lorraine.

Pour la douleur dont j'ai souvent gémi,
Elle s'enfuit, vision mensongère !
Grâce à toi seule et sous ton souffle ami,
Elle s'en va d'une aile passagère,
Et je l'oublie ainsi qu'une étrangère.
Vrai médecin, ignorant le fatras,
(Car tu guéris mon mal, sans embarras,
En le domptant par ta vigueur sereine,)
Pour le charmer, tu me prends dans tes bras
D'un vaillant cœur, ô ma bonne Lorraine.

ENVOI

Chère âme en feu, qui me transfiguras,
Que le bonheur, sans nous trouver ingrats,
Devant nos pas comme un collier s'égrène.
Je t'aimerai, comme tu m'aimeras,
D'un vaillant cœur, ô ma bonne Lorraine.

Juillet 18..

XXV

BALLADE DE LA BELLE VIROISE

Regardez-la, cette fille de Vire
Bonne à porter les sacs de son moulin !
Elle ravit avec son large rire
Tout le pays d'Olivier Basselin ;
Elle a l'air brave et le geste malin
Et la noblesse au front, bien que vilaine,
Et le sein droit, sans corset de baleine.
Elle babille ainsi qu'un moineau franc ;
Le vent la baise et boit sa fraîche haleine,
O lèvre rouge, ô belle fleur de sang !

Cette beauté qui jamais ne soupire
Court par les champs comme un jeune poulain
Et chante et mange, et folâtre et respire.
Même elle vide avec Pierre et Colin
Son pot de cidre écumeux et tout plein.
Dans le manoir dont elle est châtelaine
Onc ne vit-on ruolz ni porcelaine ;
Mais ses dents sont de neige, et bien en rang
Comme s'en vont les agneaux dans la plaine.
O lèvre rouge, ô belle fleur de sang !

L'ennui, ce mal affreux qui nous déchire,
N'est pas connu de son cœur masculin.
Notre Viroise au ruisseau qui l'admire
Lave ses pieds dans le flot cristallin ;
Puis, sous l'ardent soleil à son déclin,
Par le sentier fleuri de marjolaine,
Laissant flotter son cotillon de laine
Sur la rondeur de son robuste flanc,
Elle s'en va, chantant de sa voix pleine.
O lèvre rouge, ô belle fleur de sang !

ENVOI

Prince, la bouche en fleur de Madeleine
Pâlit d'amour parfois, jamais de haine.
Le magister, assis sur un vieux banc,
En la voyant dit : C'est la grecque Hélène.
O lèvre rouge, ô belle fleur de sang !

Juillet 1869.

XXVI

BALLADE SUR LUI-MÊME

Assembleur de rimes, Banville,
C'est bien que les chardonnerets
Chantent dans les bois de Chaville ;
Mais veux-tu chez les Turcarets
Emplir ton coffre et tes coffrets ?
Plante-là ton rêve féerique !
C'est bien dit, mais je ne saurais,
Je suis un poète lyrique.

Je puis encor charmer la ville
Avec la flûte de Segrais ;
Mais exercer un art servile,
Comment l'oserions-nous, pauvrets !
Si je le pouvais, j'aimerais
La toile-cuir et l'Amérique,
Mais de quoi servent les regrets ?
Je suis un poète lyrique.

Mon allure est trop peu civile.
Toujours (autrement je mourrais,)
Fuyant toute besogne vile,
Je retourne aux divins retraits,
Comme, fuyant l'impur marais,
A travers la nue électrique
L'oiselet retourne aux forêts ;
Je suis un poète lyrique.

ENVOI

Prince, voilà tous mes secrets,
Je ne m'entends qu'à la métrique :
Fils du dieu qui lance des traits,
Je suis un poëte lyrique.

Juillet 1869.

XXVII

BALLADE DE L'AMOUR BON OUVRIER

Le monde est plein de compagnons habiles,
De ciseleurs, de rudes artisans
Forgeant le fer ou les métaux fragiles,
Faiseurs d'outils et de joyaux plaisants,
Tenant la lime ou les marteaux pesants.
D'autres, chanteurs, histrions, folle race,
Ayant des tours nombreux en leur besace,
Vont mariant la flûte et le tambour ;
Mais entre tous, quelque ouvrage qu'il fasse,
Le plus subtil ouvrier, c'est Amour.

Il fait errer les zéphyrs indociles
Dans les cheveux des filles de seize ans,
Il enrubanne Églé dans les idylles,
Fauche la gerbe avec les paysans
Ou fait piaffer les chevaux alezans,
Baisse les yeux ou danse la cordace.

Il fait des ducs avec la populace
Et des bergers avec des gens de cour;
Glaçant la flamme, il échauffe la glace :
Le plus subtil ouvrier, c'est Amour.

Nous le voyons avec ses doigts agiles
Cousant l'habit vermeil des courtisans
Ou, fier sculpteur, pétrissant les argiles ;
Gueux qui mendie ou donneur de présents,
Sinistre, ou gai comme des vers luisants.
Pêcheur, il prend tout poisson dans sa nasse;
Archer folâtre, il atteint dans sa chasse
Buse et colombe, alouette et vautour.
Joueur de luth, on le fête au Parnasse :
Le plus subtil ouvrier, c'est Amour.

ENVOI

Prince, Amour vaut Tartuffe et Lovelace.
Comédien et roi de la grimace,
Soldat, mercier, diplomate et pastour,
Il est tout ; nul métier ne l'embarrasse.
Le plus subtil ouvrier, c'est Amour.

Juillet 1869.

XXVIII

BALLADE DU ROSSIGNOL

Sous les berceaux touffus, près de la rive,
Deux amoureux, couple jeune et charmant,
Passent. Il est heureux, elle est pensive.
La bien-aimée a souri tendrement,
Dans ses yeux noirs brille un noir diamant.
C'est l'heure émue, ardente, électrisée !
Pour sa compagne auprès de lui posée,
Au vaste azur qu'a mesuré son vol,
Lançant, joyeux, sa voix divinisée,
Au fond des bois chante le rossignol.

La bien-aimée, âme fière et captive,
Laisse tomber ses bras languissamment.
Elle frémit comme une sensitive.
Devant ses yeux tout n'est qu'enchantement.
La blanche lune éclaire à ce moment
Sa main d'enfant, par les lys jalousée.
Dans les rameaux, sur la rive opposée,
Semblant alors égrener sur le sol
Sa strophe d'or de mille feux croisée,
Au fond des bois chante le rossignol.

Ils parlent bas, et la brise furtive
Touche leurs fronts délicieusement.
Pâle de joie et cependant craintive,
La bien-aimée, au bord du flot dormant
Vient, et se penche au bras de son amant.
L'aile du feu des astres arrosée,

Et frémissante et par le vent baisée,
Fier, célébrant son triomphe, le col
Dans la lumière et baigné de rosée,
Au fond des bois chante le rossignol.

ENVOI

Le chant éclate en brillante fusée,
Et, s'enivrant de lumière irisée,
L'oiseau dérobe aux cieux, par un doux vol,
Les traits divins de son hymne embrasée.
Au fond des bois chante le rossignol.

Juillet 1869

XXIX

BALLADE

DE VICTOR HUGO PÈRE DE TOUS LES RIMEURS

En ce temps dédaigneux, la Rime
A force amants et chevaliers.
Ces chanteurs, pour qu'on les imprime,
Accourent chez nos hôteliers
De Voyron, pays des toiliers,
D'Auch, de Nuits, de Gap ou de Lille,
Et nous en avons par milliers,
Mais le père est là-bas, dans l'île.

Les uns devant le mont sublime
Bâtissent de grands escaliers
Qui vont jusqu'à la double cime ;
Ceux-là, comme des oiseliers,
Prennent des rhythmes singuliers,
Ou rejoignent l'abbé Delille
Par le chemin des écoliers ;
Mais le père est là-bas, dans l'île.

D'autres encor tiennent la lime ;
D'autres, s'adossant aux piliers,
Heurtent la sottise unanime
De leurs fronts, comme des béliers ;
D'autres, effrayant les geôliers
Du grand cri de Rouget de l'Isle,
Brisent nos fers et nos colliers ;
Mais le père est là-bas, dans l'île.

ENVOI

Gautier parmi ces joailliers
Est prince, et Leconte de Lisle
Forge l'or dans ses ateliers ;
Mais le père est là-bas, dans l'île.

Août 1869.

XXX

BALLADE DE LA SAINTE BUVERIE

Hume le piot sans trêve, biberon.
Le Tourangeau, le poëte au grand cœur,
Maître François, le sage vigneron
Qui parmi nous fut comme un dieu vainqueur,
Maître François, riant, joyeux, moqueur,
Comme un Bacchus debout sur son pressoir,
Écrase encor le raisin du terroir
Et du sang rose emplit son broc divin.
As-tu soif? bois la vie et bois l'espoir,
C'est Rabelais qui nous verse du vin.

Nous boirons tous, l'ouvrier, le patron
Et l'usurier de nos sous escroqueur,
Et le soldat qu'emporte le clairon !
Donc, tais en paix ton commerce, troqueur,
Et toi, noircis tes feuilles, chroniqueur.
Fume l'andouille et garnis le saloir,
Bon paysan courbé sous le devoir,
Ou travailleur des bois, rude sylvain
Toujours cognant sous le feuillage noir :
C'est Rabelais qui nous verse du vin.

Qui que tu sois, artisan, bûcheron,
Humble mercier fait pour chanter le chœur
Sur le théâtre où déclame Néron,
Même valet d'écurie ou piqueur,
Tu goûteras à la rouge liqueur.
Quand tu serais, en ton pauvre manoir,

Plus altéré que ne l'est vers le soir
D'un jour de juin, le sable d'un ravin,
Nargue la soif, car tu n'as qu'à vouloir,
C'est Rabelais qui nous verse du vin.

ENVOI

Prince, la France enivrée a pu voir
Le flot sacré dans son verre pleuvoir.
Buvons encor ! nous n'aurons pas en vain
Soif de gaîté, d'amour et de savoir,
C'est Rabelais qui nous verse du vin.

Septembre 1869.

XXXI

BALLADE, A SA MÈRE

Madame Élisabeth Zélie de Banville

Toujours charmé par la douceur des vers,
Ne pense pas que je m'en rassasie.
Même à cette heure, en dépit des hivers,
J'ai sur la lèvre un parfum d'ambroisie.
Né pour le rhythme et pour la poésie,
Dans nos pays, où, tenant son fuseau,
Le long des prés où chante un gai ruisseau
Va la bergère au gré de son caprice,
Je surprenais les soupirs du roseau,
Tu le sais, toi, ma mère et ma nourrice

Tout a son prix ; mais hors les lauriers verts,
Je puis encor tout voir sans jalousie,
Car chanter juste en des mètres divers
Serait ma loi, si je l'avais choisie.
Quand m'emporta la sainte frénésie,
Parfois, montant Pégase au fier naseau,
J'ai de ma chair laissé quelque morceau
Parmi les rocs ; plus d'une cicatrice
Marquait alors mon front de jouvenceau,
Tu le sais, toi, ma mère et ma nourrice.

Et je me crois maître de l'univers !
Car pour orner ma riche fantaisie,
J'ai des rubis en mes coffres ouverts,
Tels qu'un avare ou qu'un sultan d'Asie.
Foin de l'orgueil et de l'hypocrisie !
Comme un orfèvre, avec le dur ciseau
Dont mainte lime affûte le biseau,
Je dompte l'or sous ma main créatrice,
Car une fée enchanta mon berceau,
Tu le sais, toi, ma mère et ma nourrice.

ENVOI

MA MÈRE, ainsi j'aurai fui tout réseau,
N'étant valet, seigneur ni damoiseau.
(Que de ce mal jamais je ne guérisse !)
J'aurai vécu libre comme un oiseau,
Tu le sais, toi, ma mère et ma nourrice.

19 Novembre 1869

XXXII

BALLADE A LA LOUANGE DES ROSES

Je veux encor d'un vers audacieux
Louer la fleur adorable et sanglante
Qui dit : Amour ! sous l'œil charmé des cieux;
La fleur qui semble une lèvre vivante
Et qui nous baise, et dont la couleur chante
Dans ses rougeurs un bel hymne idéal.
Par ce matin vermeil de Floréal,
Je veux chanter le calice où repose
L'enivrement du parfum nuptial.
Sur toutes fleurs je veux louer la Rose.

La Rose ouvrait son cœur délicieux.
Dans les sentiers où verdissait l'acanthe
Tu la rougis de ton sang précieux,
Reine de Cypre, ô Cypris triomphante !
La violette est sa pâle servante.
Le chaste lys près du flot de cristal
Reste épris d'elle, et n'est que le vassal
De sa splendeur suave et grandiose,
Et l'astre seul croit qu'il est son égal.
Sur toutes fleurs je veux louer la Rose.

Sans dérider le Roi silencieux,
Vivant rubis, une Rose galante
Égaye, au sein du palais soucieux,
Les cheveux blonds de la petite Infante.
Et cependant, sans voir son épouvante,
Pareil lui-même au sombre Escurial,

Son père au front livide et glacial
Se tient auprès d'une fenêtre close,
Pâle à jamais de son ennui royal.
Sur toutes fleurs je veux louer la Rose.

ENVOI

Prince, un divin poëte oriental
Chanta jadis pour son pays natal
Ma fleur de pourpre et son apothéose.
Tel, après lui, dans un chant triomphal,
Sur toutes fleurs je veux louer la Rose.

Mai 1869.

XXXIII

BALLADE POUR LES CHANTEURS

Soyons sérieux ou bouffons,
Mais chantons ! Luth ou flageolet,
C'est par là que nous triomphons,
Prenant les âmes au filet.
Lion fauve, doux agnelet
Et rochers à qui maintes fois
Orphée en leur langue parlait,
Tout cède au charme de la voix.

Jeannettes que nous attifons,
Lindors triés sur le volet,
Banquier maniant ses chiffons,
Soudard tenant son pistolet,

Moine disant son chapelet,
Amour qui de ses petits doigts
Sans façon nous prend au collet,
Tout cède au charme de la voix.

Chantons sous les ardents plafonds
Où l'or pompeux met son reflet,
Ou dans les bocages profonds
Comme fait le rossignolet,
Mais chantons ! Duc ou Jodelet,
Orgueil indomptable des rois
Et fillette à l'esprit follet,
Tout cède au charme de la voix.

ENVOI

Prince, je suis votre valet !
Vous aimez Lyse, je le vois ;
Eh bien, chantez ! car, s'il vous plaît,
Tout cède au charme de la voix.

Juillet 1869.

XXXIV

BALLADE DE LA JOYEUSE CHANSON DU COR

Ainsi qu'un orage tonnant
A la voix des magiciens,
Le cor éveille, en résonnant
Sur les coteaux aériens,

Le chœur des vents musiciens.
Sonnez, piqueurs galonnés d'or!
Parmi les aboiements des chiens
Qu'il est joyeux le chant du cor!

Dans le clair matin rayonnant,
Plus d'ennuis et plus de liens
Au bois sauvage et frissonnant
Qui n'a que des loups pour gardiens!
Éclatez, cris olympiens,
Encor! encor! encor! encor!
O chasseurs, francs bohémiens,
Qu'il est joyeux le chant du cor!

Le soleil embrase, en tournant,
Les gorges de ces monts anciens,
Et l'on croit y voir maintenant
Briller cent rubis indiens.
O sanglier géant, tu viens
Tomber dans ce riche décor :
Hurrah! bons chiens patriciens!
Qu'il est joyeux le chant du cor!

ENVOI

Prince, les beaux tragédiens
Que ces chiens au rapide essor,
Et dans les vents éoliens
Qu'il est joyeux le chant du cor!

Octobre 1869.

XXXV

BALLADE A LA SAINTE VIERGE

Vierge Marie! après ce bon rimeur
François Villon, qui sut prier et croire,
Et qui jadis, malgré sa folle humeur,
Fit sa ballade immortelle à ta gloire,
Je chanterai ton règne et ta victoire.
Ton diadème éclate avec fierté
Et sur ton front il rayonne, enchanté.
Mille astres d'or frissonnent sur tes voiles.
Tu resplendis, ô Lys de pureté,
Dame des Cieux, dans l'azur plein d'étoiles.

Mère sans tache, entends notre clameur
Et sauve-nous du mirage illusoire!
Vierge, à travers le monde et sa rumeur
Guide nos pas tremblants dans la nuit noire.
Luis, Porte d'Or! Apparais, Tour d'Ivoire!
Toujours le Mal, avec peine évité,
Poursuit notre ombre, et dans l'obscurité
Pour nous meurtrir ce chasseur tend ses toiles.
Aide-nous, toi dont le Fils a lutté,
Dame des Cieux, dans l'azur plein d'étoiles!

Conduis le faible! Éveille le dormeur!
Parfois le sombre Océan sans mémoire
Rit à nos yeux troublés, comme un charmeu
Et montre un flot calme et rayé de moire
Comme une source où la biche vient boire;
Puis il devient un gouffre épouvanté!

Quand le marin sent l'orage irrité
Briser ses mâts et déchirer ses voiles,
Tu fais pour lui briller une clarté,
Dame des Cieux, dans l'azur plein d'étoiles!

ENVOI

Reine de Grace, et Reine de Bonté,
Aide et soutiens notre fragilité.
Fuyant l'abîme affreux que tu nous voiles,
Fais que notre âme arrive en liberté,
Dame des Cieux, dans l'azur plein d'étoiles !

Mai 1869.

XXXVI

BALLADE AU LECTEUR, POUR FINIR

Gentil lecteur, vide ton verre un peu
Et lis encor cette dernière page.
J'ai vu briller le front vermeil du Dieu
Aux flèches d'or, que nul en vain n'outrage;
Fou de splendeur, j'ai suivi ce mirage,
Et c'est pourquoi je te donne ceci.
Vois, ce n'est pas le fait d'un cœur transi,
Car en ce temps de fous et de malades,
Grâce à la Muse, et je lui dis merci,
J'ai composé mes trente-six ballades.

D'autres chanteurs, épris du même jeu,
Vers l'âpre cime où s'éveille l'orage
Ont comme moi, sous les éclairs de feu,
Cherché longtemps avec un grand courage

Ces diamants inconnus à notre âge.
Clément Marot, puis La Fontaine aussi,
Après Villon, s'en mêlèrent ainsi ;
Mais plus heureux que ces fiers Encelades
Ou qu'un mineur qui trouve le Sancy,
J'ai composé mes trente-six ballades.

Folâtrement, comme j'en ai fait vœu,
Pour ton plaisir j'ai fini cet ouvrage.
Avec ta mie errant sous le ciel bleu,
Emporte-le dans la forêt sauvage
Où l'herbe pousse, et lisez sous l'ombrage.
Au fond du bois par le soir obscurci,
Le rossignol tremblant donne le *si*
De Tamberlick dans toutes ses roulades ;
Mais, tu l'entends, moi je leur donne aussi,
J'ai composé mes trente-six ballades.

ENVOI

Ami LECTEUR, qui seul fais mon souci,
Ne va point dire : Il n'a pas réussi
Même à gravir par maintes escalades
Le double mont ; je te répondrais : Si,
J'ai composé mes trente-six ballades.

Octobre 1869.

DIZAIN A VILLON

Pauvre Villon, dont la mémoire fut
Navrée, hélas! comme une Iphigénie,
Tant de menteurs s'étant mis à l'affût,
Dans ta légende absurde, moi je nie
Tout, grand aïeul, hors ton libre génie.
O vagabond dormant sous le ciel bleu,
Qui vins un jour nous apporter le feu
Dans ta prunelle encore épouvantée,
Ce vol hardi, tu ne l'as fait qu'à Dieu :
Tu fus larron, mais comme Prométhée

21 juin 1873

HISTOIRE DE LA BALLADE

PAR

CHARLES ASSELINEAU

HISTOIRE DE LA BALLADE

Il en est des genres littéraires comme des livres : **ils** ont leurs destinées.

Les uns s'épanouissent et se perpétuent sur le sol où ils sont nés. D'autres, importés de l'étranger, s'implantent et prospèrent, deviennent nationaux et populaires.

Il en est d'autres encore qui n'ont qu'une saison d'un demi-siècle ou d'un quart de siècle, et qui meurent avec la génération qui les a pris en faveur.

D'autres enfin ont, comme dit le Maître, leurs « pertes du Rhône », apparaissent et disparaissent selon des lois mystérieuses et fatales que la critique historique a mission de découvrir et d'expliquer.

En France, où la mobilité du caractère national soumet toutes choses à l'alternative, où le goût est infini dans ses variations et dans ses *modes*, ces vicissitudes sont plus fréquentes que partout ailleurs. Dans les arts une loi générale préside à ces évolutions, loi de compensation et d'équilibre entre les deux sources principales du génie français, l'imagination et la raison, ou, pour nous conformer au langage de la polémique actuelle, le *bon sens* et le sens artiste.

Toute l'histoire de notre littérature, notamment, roule entre ces deux termes : revanches perpétuelles de l'esprit de raisonnement sur le génie poétique, et de celui-ci sur celui-là.

Les époques artistes s'inquiètent de la langue et des formes, remontent l'instrument poétique, renouvellent le matériel des moyens d'expression.

Les époques de raisonnement démontrent, enseignent, discutent, propagent, grandes aussi dans leur inquiétude du vrai, dans leur amour expansif de l'humanité et du bien.

Lorsque, au commencement de ce siècle, on sentit la nécessité de rendre à la langue poétique l'énergie et l'éclat qu'elle avait perdus pendant cent cinquante ans de discussions et de luttes, on se retourna naturellement vers les époques de poésie florissante. On alla rechercher la tradition de l'art oubliée près des derniers lyriques, ceux de la Renaissance et du règne de Louis XIII. Le besoin de regagner de la souplesse et de la précision fit reprendre en goût les vieux rhythmes, exercices de la rime et de la mesure. Le Sonnet, le Rondeau abandonnés après Voiture et La Fontaine reparurent ; le Triolet même retrouva des dévots. La Ballade seule fut négligée, ou plutôt fut omise, non par dédain, j'aime à le croire, mais par mégarde, ou du moins, par malentendu. On passa près d'elle sans la reconnaître.

Délaissée dès le xvii° siècle, au temps de Molière, alors que le Rondeau et le Sonnet florissaient encore, la Ballade n'était pas seulement oubliée ; elle était méconnue. Elle n'avait eu ni un Bensserade, ni un Voiture pour illustrer son déclin. Une étrangère avait pris sa place, et l'avait si bien remplacée, qu'on ne la connaissait plus.

Clairs de lune, châteaux en ruine hérissant les monts, lacs mystérieux hantés par les Elfes, chevaliers-fantômes surgissant visière baissée dans l'oratoire des châtelaines, coursiers infernaux emportant au galop les amants parjures, amoureuses Ondines tapies dans les roseaux, spectres, apparitions, vampires, échos fallacieux, couvents profanés, chasseurs aventureux trouvés morts un matin dans la clairière, Dieu sait de quelle faveur vous avez joui de 1820 à 1835 ! Dieu sait le compte des têtes que vous avez tournées, des cœurs que vous avez fait battre, et aussi avec quelle ardeur tu as été courtisée et poursuivie de roc en roc, le long de ton vieux fleuve, toi, Lorelei ! fée capricieuse et fugitive des bords du Rhin, Muse de la BALLADE ALLEMANDE ! Tout fut Ballade alors : la jeune fille filant son rouet, le vieux seigneur pleurant son fils mort à la bataille, le châtiment des soldats blasphémateurs emportés par le diable, le voyageur égaré par le feu-follet pendant la nuit, le sabbat des moines sacrilèges dans le cloître abandonné ! Tout s'en mêla, le piano comme la lyre, et le pinceau, et le crayon. Pas de tableau sans tour féodale et sans fantôme, pas de chant qui n'eût pour accompagnement le *trap-trap* infernal, ou le tintement de la cloche maudite, ou le vol tourbillonnant des esprits. Et ni le poète, ni le musicien, ni le peintre ne se doutaient qu'ils intronisaient un bâtard, et que ce genre nouveau, que cette importation étrangère qu'ils fêtaient avec enthousiasme n'était au fond que la *Romance*.

Remarquons en passant que ces prétendues Ballades allemandes s'appellent proprement des *Lieds* (Lieder), mot qui se traduirait exactement en français par celui de *Lai,* d'où l'on a tiré Virelai, et qui caractérisa pendant le moyen âge un genre de poésie particulier, analogue au conte ou au fabliau : *Lai de la Dame de Fael, Lai du Rossignol, Lai d'Aristote,* etc. (Voir notamment les poésies de Marie de France éditées par De Roquefort, Paris, 1832.)

Les Allemands, plus fidèles que nous à l'étymologie, ont donné le nom de Lieder à des chansons historiques ou légendaires, complaintes quelquefois, en stances et sans refrain, où l'on retrouve le ton et le genre des anciens *Lais* français du XIIIᵉ siècle.

Les Ballades de Goethe sont des Lieder ; celles de Bürger s'appellent simplement Poésies (gedichte) ; celles de Schiller sont ou des Lieder, ou des Chants (gesange). Si les uns et les autres ont quelquefois donné pour sous-titre à leurs poemes le mot : *Ballade,* c'est un effet de la même confusion qui a fait attribuer vulgairement ce nom à de certaines cantilènes ou complaintes populaires, par exemple à la complainte du *Juif-Errant* ; et c'est une fantaisie qui n'engage à rien en français.

Et voilà comment une bouffée d'air allemand poussée par les vents du Rhin est venue chez nous obscurcir une question d'étymologie et a effacé du répertoire poétique un des plus anciens genres nationaux.

Le vieux genre français protestait cependant, publiquement et en pleine lumière de lustre, chaque fois qu'au Théâtre-Français on jouait *Les Femmes savantes,* et que Vadius, sollicité par Philaminte de manifester son génie, toussait en déroulant son cahier : — *Hum! c'est une Ballade ; et je veux que tout net vous m'en...* Pourquoi une Ballade ? L'auteur le savait ; le public ne le savait plus. Ce n'est pas sans raison que Molière, voulant présenter son Vadius comme le type accompli du pédant, en fait un rimeur de Ballades, de préférence à tout autre poeme. Le Sonnet était encore trop goûté, malgré les Cotins et les Orontes, le Rondeau trop bien en cour avec Bensserade, Voiture et Sarrazin. La Ballade seule était un genre assez archaïque, assez *passé de mode* et *suranné,* comme dit Trissotin, pour agréer à un amateur de vieilleries, à un cuistre en *us*, bardé de grec et de latin. Ménage, l'original présumé du personnage de Vadius, Ménage qui, en horreur du langage vulgaire, célébrait ses amours en italien et en grec, se serait peut-être permis le français dans la Ballade ; il serait même surprenant qu'il ne l'eût pas fait. Mais quel trait à ajouter à la physionomie d'un pédant, que de lui faire réciter une complainte, ou une romance ! Le public du Théâtre-Français ne se le dissimulait pas ; et, faute de le comprendre, il perdait une nuance du caractère comique.

Si Vadius n'eût pas été si rudement interloqué par son introducteur, ce n'est pas une romance qu'il eût récitée, ni une complainte, ni quoi que ce soit en stances d'un nombre indéterminé, de coupe et de mesure arbitraire. Il eût défilé de sa voix chevrotante trois strophes d'égale longueur et de même mesure, correctement composées sur les mêmes rimes, et les eût couronnées, en guise de bouquet, d'une demi-strophe adressée sous le titre d'Envoi à Philaminte ou à Bélise où il eût accumulé, marié et fondu toutes les grâces de son éloquence et toutes les finesses de son esprit. Surtout il eût fait briller son adresse en ramenant heureusement à la fin de chaque strophe et de l'Envoi un même vers, refrain de ses doléances ou de son espoir. Il se fût bien gardé en outre d'entrelacer capricieusement les rimes masculines et les féminines, sachant que leur ordre est déterminé par des principes rigoureux desquels dépend la perfection de la Ballade. Voilà ce qu'aurait fait Vadius, en poëte exact et instruit des bonnes traditions ; et ainsi il eût rectifié d'avance la définition du dictionnaire de l'Académie qui, au mot Ballade, n'indique ni le nombre des strophes, ni leur mesure, et qui ne parle pas de l'Envoi.

Il va sans dire que cette Ballade supposée n'eût eu d'autre ridicule que celui de son auteur, de même que le Sonnet du carrosse ne fait rire qu'aux dépens de Trissotin.

La Ballade est donc un genre spécial, ayant sa forme propre, ses lois fixes et inviolables. C'est de plus un genre national, né du sol, non moins que le Rondeau *né gaulois*, ni que le Sonnet, invention des vieux trouvères, rapporté, et non apporté, de Florence par Du Bellay. Peut-être même est-elle l'aînée de l'un et de l'autre ?

Le premier traité de poétique imprimé en français, celui de Henri de Croï, publié par Antoine Vérard, en 1493 (1), en donne les règles précises qui n'ont pas varié depuis. Ces règles sont les mêmes que nous avons rappelées tout à l'heure, pour les faire appliquer au pédant Vadius. Pourtant le précepteur du xv⁰ siècle est autrement explicite et autrement minutieux que nous ne l'avons été. Il reconnaît d'abord trois espèces ou trois variétés de Ballades, *Ballade commune*, *Ballade balladante* et *Ballade fratrisée*. De ces trois variétés la Ballade commune est le type. C'est par celle-là qu'il commence, et c'est sous ce nom qu'il développe les règles compliquées qu'une monographie ne saurait se dispenser de citer, au moins en résumé :

« Ballade commune doict avoir refrain et trois couplets et Envoy de Prince, duquel refrain se tire toute la substance de la Ballade... Et *doit chacun couplet par rigueur d'examen avoir autant de lignes que le refrain contient de syllabes*. Si le refrain a huit syllabes, la Ballade doit être formée de vers huictains. Si le refrain a neuf syllabes, les couplets seront de neuf lignes, etc. » Ce n'est pas tout : de même que l'étendue du refrain gouverne l'étendue de la strophe, de même le plus ou moins de longueur de la strophe régit et modifie la correspondance et l'entrelacement des rimes : dans la strophe de huit vers, les rimes sont simplement croisées ; dans celle de neuf vers, et au delà, les quatre premiers vers seulement sont en rimes croisées, le reste, suivant le précepte de Henri de Croï, doit se régler ainsi qu'il suit : « Les

---

(1) L'Art et Science de rhéthorique *pour faire Rigmes et Ballades*. Paris, imp par Anthoine Vérard, in-4⁰ gothique. Reimprim. par Crapelet en 1832.

cinquième, sixième et huitième vers sont de pareilles terminaisons, différentes aux premières, et le septième et le neuvième pareils et distingués à tous autres. » Dans la strophe de dix vers, « le cinquième rimera avec le quatrième ; les sixième, septième et neuvième sont de pareille terminaison ; le huitième et le dixième égaux en consonnance. » Enfin, « si le refrain a *six* syllabes, les couplets seront de *onze* lignes, les quatre premières se croisant, la cinquième et la sixième pareilles en rimes ; les septième, huitième et dixième égales en consonnance, les neuvième et onzième de pareille termination. — Et est aussi à noter que tout renvoi a son refrain pareil comme les autres couplets ; mais il ne contient que cinq lignes au plus, et prend ses terminaisons selon les dernières lignes desdits couplets. » J'omets, pour ne pas compliquer davantage cet écheveau de menus préceptes, les indications relatives aux Ballades balladantes, fratrisées et redoublées, qui toutes dérivent de la Ballade commune. Les curieux les pourront aller chercher dans le livre d'Henri de Croï, heureusement réimprimé, comme je l'ai dit en note, au commencement de ce siècle. On peut néanmoins juger de l'importance de la Ballade au xv° siècle par l'étendue qui lui est accordée dans un traité de poétique où le Rondeau n'est encore que le Rondeau simple, le *Rondel* de Charles d'Orléans, et où le Sonnet n'est même pas nommé.

Le Sonnet en effet n'a eu tout son lustre qu'au siècle suivant ; et ce n'est guère qu'à la fin du xv° siècle que le Rondeau a reçu sa forme définitive. La Ballade les a précédés l'un et l'autre de deux cents ans dans la gloire. Le xiv° siècle fut sa période d'éclat et d'honneur. Elle est alors le genre préféré et adopté, le genre des genres, le patron classique et populaire de l'inspiration poétique. On faisait des rimes sous le titre de *Livre des cent ballades*, signées de noms divers et quelquefois illustres.

L'un de ces recueils, signalé par M. Paulin Paris (1), porte les noms de Jean de Werchin, sénéchal de Hainaut, Philippe d'Artois, Jean Boucicaut, Duc d'Orléans, Duc de Berry, La Trémouille, Bucy, le bâtard de Coucy, etc. Au moment où Antoine Vérard imprimait l'*Art et Science de rhetorique*, la Ballade avait déjà ses illustrateurs, Jean de Lescurel, Guillaume de Machault, Jean Froissart l'historien, Eustache Deschamps, Christine de Pisani, Alain Chartier, Charles d'Orléans, Villon, Henri Baude, Guillaume Crétin, Roger de Collerye, auxquels devaient se joindre au siècle suivant Clément Marot, et plus tard Voiture, Sarrazin et La Fontaine.

Henri de Croi, il est vrai, ne dit rien de l'origine de la Ballade, et n'en nomme point l'inventeur. Mais en ces temps anciens, on le sait, il n'y a point d'inventeurs ; le poete et l'artiste s'appelaient multitude. Poemes et cathédrales étaient l'œuvre de tous et du temps.

L'opinion commune des érudits (2) est que ces anciens rhythmes français, Sonnet, Rondeau, Ballade, etc., ont été mesurés, calqués sur des airs notés, airs à chanter ou à danser. Sonnets, rondes, ballets ont effectivement le même sens, de chant ou de danse. Il y a eu là quelque chose d'analogue au système poétique des Grecs et des Arabes, dont les rhythmes poétiques se ramènent tous à un certain nombre de types et de patrons, de « timbres », comme auraient dit les anciens vaudevillistes du Caveau.

C'est au reste le sentiment exprimé par Estienne Pasquier, dans ses *Recherches*, à propos du Sonnet, mot que les Italiens, dit-il, *ont repris de notre ancien estoc* : —

---

(1) *Manuscrits de la Bibliothèque du Roi*, t. VI.

(2) En particulier celle de M. Anatole de Montaiglon, un des jeunes savants qui ont pénétré le plus profondément dans l'étude de notre ancienne poésie française, et dont les conseils nous ont été précieux dans le cours de ce petit travail.

« Ode grec et Sonnet italien ne signifient autre chose que chanson. »

Il n'est pas jusqu'à « mot » lui-même qui n'ait eu temporairement, il est vrai, le même sens, au témoignage d'Huet, évêque d'Avranches dans ses *Dissertations* : — « *Mot* et *son*, dit-il, signifiaient autrefois la parole et le chant dont était composée la chanson ; *mot* a depuis passé au chant, témoin *motet*... »

On sait par trop d'exemples que les anciens rhythmes, devenus plus tard purement littéraires, se chantaient primitivement. Gérard de Nerval a déjà relevé le passage du *Roman comique,* où une servante d'auberge chante en lavant sa vaisselle une Ode du « vieux Ronsard ». Colletet, dans son *Art poetique*, cite un Sonnet d'Ollivier de Magny dont « toute la cour du roy Henry second fist tant d'estime, que tous les musiciens de son tems, jusqu'à Rolland de Lassus, travaillèrent à le mettre en musique, et le chantèrent mille fois avec un grand applaudissement du Roy et des princes. »

Saint-Amand, dans le petit traité historique qui précède les *Nobles Triolets,* opine que ce nom leur a été donné autant parce qu'ils se chantaient à trois (en trio), selon la vieille mode du théâtre, qu'à cause du vers qui s'y répète trois fois.

Y eût-il de l'équivoque sur ce point au sujet du Triolet, ou du Sonnet même, il ne saurait y en avoir pour la Ballade dont le nom dénonce trop clairement l'origine : ballets, danses.

C'est donc sur un air noté, connu, populaire, sur un air à danser qu'aura été réglé cet entrelacement de rimes que Boileau déclare capricieuses, lui qui pourtant trouvait de la naïveté dans la complication du Rondeau.

C'est sans doute aussi un air noté qui aura servi de modèle au *Chant-Royal,* contemporain de la Ballade, et qui peut-être lui a fourni l'Envoi qu'elle n'a pas à l'origine.

Lequel est l'aîné, du Chant-Royal ou de la Ballade ? On serait tenté de croire que c'est le premier, si l'on ne considérait que l'Envoi. L'Envoi, — *l'Envoi de Prince*, comme dit de Croï, — ce gentil appendice, cette adresse respectueuse et gracieuse, semble bien en effet appartenir en propre au Chant-Royal. C'était un hommage, un renvoi au poete couronné du précédent concours, qui prenait le titre de Roi, et donnait la matière, le sujet du concours suivant, et non, comme on pourrait le croire d'abord, une dédicace au prince régnant, au souverain du pays.

Pourtant cette formule courtoise et galante ne pouvait-elle exister d'ailleurs ? Je crois qu'on en pourrait trouver des exemples dans les chansons du xiiie siècle. Il est notamment une chanson du roi Thibaut commençant ainsi :

Chanter m'estuet, que ne m'en puis tenir,

chanson en strophes de huit vers, sans refrain, et qui se termine par une demi-strophe, dont voici le premier vers :

Dame, mercy, qui toz les biens avès.

N'est-ce pas là une forme d'envoi ?

Henry de Croï parle du Chant-Royal, mais brièvement et comme pour mémoire, après s'être longuement étendu et complu dans son analyse de la Ballade : — « Champt Royal, dit-il, se recorde aux Puys où se donnent couronnes et chapaulx à ceux qui mieulx le sçavent le faire ; et se faict à refrain, *comme Ballades* ; mais y a cinq couplets et envoy. »

« Comme Ballades, », notez cela : c'est peut-être là la marque de postériorité. Mais ne semble-t-il pas que, dans cette brève mention, Croï parle un peu ironiquement de la royauté des Puys, des couronnes et des chapeaux qu'elle confère ?

Le Chant-Royal pourrait donc n'être que la Ballade développée, et l'envoi de la pièce de concours ne serait qu'une application académique d'un usage déjà admis en poésie.

Estienne Pasquier, qui ne se prononce pas sur la question de priorité, dit seulement que le Chant-Royal convient mieux aux sujets graves et pompeux, et que la Ballade a « plus de liberté ».

Eh! sans doute, la Ballade est libre. Elle n'est assujettie à aucun ton, ni à aucune inspiration spéciale, ni à la majesté, ni à la pompe, ni à la tristesse, ni à la gaîté. Elle n'est point condamnée, comme la plaintive Élégie, à s'habiller de deuil et à aller pleurer les cheveux épars dans les cimetières. Rien ne l'oblige à se parer de fleurs des champs, comme l'Idylle, ni à secouer les grelots, comme la Chanson. Son caractère est dans le rhythme, et nullement dans le sentiment, ni dans le sujet. Aussi n'est-il point de ton qu'elle n'ait pris, de sentiment ou d'idée qu'elle s'interdise : tour à tour pompeuse avec Marot, guerrière avec Eustache Morel, amoureuse et mélancolique avec Charles d'Orléans, mignarde avec Froissart, ironique et badine avec Voiture et Sarrazin. Villon l'a faite à son gré, cynique dans sa peinture du logis de la Grosse Margot, pieuse et séraphique dans ce cantique à la Vierge, écrit pour sa mère, que Théophile Gautier compare aux peintures primitives des vitraux et des missels, à un lys immaculé s'élançant du cœur d'un bourbier.

Mais cette distinction d'Estienne Pasquier ne tranche-t-elle pas les deux rôles? D'un côté le genre académique, solennel, formaliste ; de l'autre un produit spontané, œuvre de tous, invention populaire ou nationale, un rhythme simple et obéissant, se prêtant à tout, parlant de tout sans préjugé et sans restriction, et devenant à un moment donné la forme préférée, courante, adoptée partout, en haut et en bas, à la cour comme à la halle.

Et, je le demande, lequel des deux sera le type? Lequel aura hérité de l'autre, ou se sera modelé sur lui? A la question ainsi posée il y a, ce me semble, une réponse facile : les académies adoptent, elles réglementent, elles consacrent, elles couronnent, mais elles n'inventent pas. L'invention naît de la multitude et de la liberté ; elle n'est jamais sortie d'un concours. Et c'est pourquoi, pour donner la priorité à la Ballade sur le Chant-Royal, et pour reconnaître en elle la création primitive, le genre-mère, le type, il me suffit de ces couronnes et de ces « *chapaulx* » dont Henry de Croi parle, à ce qu'il me semble, un peu du bout des lèvres.

J'ai dit que le xiv° siècle avait été pour la Ballade ce que le xvi° fut pour le Sonnet, l'heure de l'apothéose et de la popularité.

Le xiv° siècle est une de ces époques artistes dont nous parlions en commençant, où le génie poétique progresse et se dégage en s'appuyant sur des règles précises. La poésie cesse alors d'être impersonnelle : les noms abondent. On voit des genres se créer accusant la variété des talents et la diversité de l'esprit national. En un mot, la Poésie se fait art : elle renonce à servir de forme vulgarisante, de truchement, à l'histoire, à la théologie, aux sciences naturelles ; elle vit par elle-même. C'est alors que, suivant l'expression d'un historien, *fleurissent* ces rhythmes gracieux et bientôt populaires, le Virelai, le Rondeau, la Ballade.

Ils poussent en effet comme fleurs après que s'est éteint le grand vent des épopées guerrières, des chansons de gestes aux longues *laisses*.

M. Victor Le Clerc a signalé cette évolution de la Poésie française, en parlant d'un des derniers auteurs de chroniques rimées, de Creton, qui, en 1399, racontant en vers les luttes des maisons d'York et de Lancastre, s'arrête tout à coup, saisi d'un scrupule d'historien véridique, et continue en prose le récit commencé, **de peur d'altérer dans une traduction poétique le langage de ses héros** :

> Or vous veuil dire, sans plus ryme quérir,
> Du roi la prinse ; et, pour mieux accomplir
> Les paroles qu'ils dirent au venir
>   Tous deux ensemble,
> (Car retenus les ay bien, ce me semble)
> Sy les diray en prose, car il semble
> Aucune fois qu'on adjoute ou assemble
>   Trop de langage
> A sa matière de quoi on faict ouvrage.
> Or veuille Dieu, qui nous faict à s'ymage,
> Pugnir tous ceulx qui fierent tel outrage !

« C'était faire preuve de bon sens, ajoute M. Victor Le Clerc ; le règne de la prose était venu pour l'histoire. » Et aussi, ajouterons-nous, l'ère de l'émancipation pour la poésie.

Qui le croirait ? Le XVIe siècle, ce siècle artiste par excellence et le grand siècle de la poésie lyrique en France, méconnut la Ballade, ou plutôt la sacrifia. Ce fut sa première *perte du Rhône*.

Les poetes d'alors, enthousiastes de l'antiquité retrouvée, modelèrent leurs œuvres sur les mètres d'Horace, d'Anacréon et de Sappho. Ce fut le triomphe de l'Ode et de l'Odelette, de l'Élégie, de l'Épître et même du Poème Épique.

Les vieux genres français furent repoussés comme gothiques ; le Sonnet seul trouva grâce, à titre d'importation étrangère et par la protection de Du Bellay.

Vauquelin de la Fresnaye sonne le glas dans son *Art poétique* :

> De ces vieux Chants Royaux décharge le fardeau ;
> Ote-moi la Ballade, ôte-moi le Rondeau !
> Que ta Muse jamais ne soit embesognée
> Qu'aux vers dont la façon à toi s'est enseignée...

Qu'entendait-il cependant par cet enseignement spontané ?

C'est, à la violence près, l'arrêt plus tard édicté par Des Préaux dans son code. Ce fut l'épitaphe après la sonnerie funèbre.

Dans l'intervalle cependant la Ballade avait rejailli avec éclat, à l'hôtel de Rambouillet, cette académie de grâce, d'esprit et de fin langage. Les Ballades de Voiture sont nombreuses et connues. Celles de Sarrazin, plus rares, la *Ballade sur la mort de Voiture*, celle du *Pays de Caux*, celle de l'*Enlèvement en amour*, sont de purs modèles du genre en même temps que des chefs-d'œuvre d'élégance et de badinage délicat.

La Fontaine enfin, le dernier des poètes artistes au xviie siècle, protestait en faveur de ces genres rebutés ; et, pour mieux faire comprendre l'art de ses fables, il prouvait sa souplesse et son agilité rhythmique en triomphant dans la Ballade, dans le Chant-Royal et le Rondeau.

Après lui, c'en est fait. C'en est fait de nos gracieuses escrimes : l'art est tout au théâtre. La poésie tombe au didactique, à la thèse philosophique et religieuse, aux petits vers en prose galante et spirituelle de Voltaire et de son école. Elle retourna, par une inconséquence, par une aberration inconcevable de l'esprit, confondant les temps et les fonctions, oubliant que l'imprimerie, en mettant à la disposition de tous un moyen direct de communiquer ses pensées et ses travaux, a émancipé tous les arts ; elle retourna à l'enseignement des sciences naturelles et physiques ; on « chanta » les *Trois Règnes*, l'*Inoculation*, le *Jardinage*, le *Système de Kopernick* ; on mit en vers des traités de tactique et d'arboriculture !

Oh ! comme après tout un siècle de ces non-sens, de ces erreurs pédantesques, de ces paradoxes, de ces fadeurs, on dut saluer avec enthousiasme le premier coup de clairon sonné par l'art ressuscité ! Avec quelle joie dut-on fêter les premiers chants qui annoncèrent que la Poésie rentrait dans son vrai domaine, et ouvrait la voie libre et lumineuse de la tradition et des maîtres ! On avait tant besoin, après ces déclamations, ces démonstrations, ces pamphlets rimés, ces leçons en vers, après ces faux délires, ces exclamations banales, ces invocations à froid, ces

.. Descriptions sans vie et sans chaleur,

tout ce fatras d'un art qui se trompe et fait fausse route, on avait tant besoin de se reprendre à une inspiration désintéressée et sincère !

Ce fut une Renaissance encore, où l'âme poétique de la France se reconnut, s'écouta et vibra spontanément de sentiments intimes et humains. Elle parla ; mais le langage de la poésie, faussé, corrompu et comme hydropisé par l'abus du lieu commun et des analogies, résistait à l'expansion de ces mouvements libres. Il fallut remettre sur le chevalet cette langue appauvrie, nouée, ankylosée. Pour lui rendre sa souplesse et sa vigueur, on la remit au régime du gymnase et de l'orthopédie. On la jeta dans tous les moules, depuis la spirale des *Djinns* jusqu'à la strophe en triolet de *La Captive*. On multiplia les rimes dans *Le Pas d'armes du roi Jean*. Le passé, vers lequel on se tourna par sympathie de foi et d'études, livra ses exemples et ses secrets. On reprit à Remy Belleau le rhythme charmant de son *Avril*. Un nouveau Du Bellay rapporta, non plus d'Italie, mais d'Angleterre, le Sonnet recueilli par Woodsworth et de Kirke White.

La Ballade fut négligée, méconnue. Pourquoi ? j'en ai donné des raisons que l'on jugera.

Pourtant il était juste que ce gentil poëme, si français

dans sa grâce malicieuse, que cette fleur de nos anciens *jardins de rhétorique et de plaisance* eût à son tour sa restauration.

Honneur au poëte qui nous la rend et qui, sur cet air dansé par nos aïeux, fait chanter sans contrainte la muse des temps nouveaux !

CHARLES ASSELINEAU.

Septembre 1869

THÉODORE DE BANVILLE

POËTE LYRIQUE

PAR THEOPHILE GAUTIER

CHARLES BAUDELAIRE, SAINTE-BEUVE

Un poëte, quoi qu'on dise, est un ouvrier ; il ne faut pas qu'il ait plus d'intelligence qu'un ouvrier, et sache un autre état que le sien, sans quoi il le fait mal : je trouve tres-parfaitement absurde la manie qu'on a de les guinder sur un socle idéal, — rien n'est moins idéal qu'un poëte. — Le poëte est un clavecin et n'est rien de plus. Chaque idée qui passe pose son doigt sur une touche, — la touche résonne et donne sa note, voilà tout.

THÉOPHILE GAUTIER, *Les Grotesques*

THÉODORE DE BANVILLE

POËTE LYRIQUE

I

PAR THÉOPHILE GAUTIER

Après le grand épanouissement poétique, qui ne peut se comparer qu'à la floraison de la Renaissance, il y eut un regain abondant. Tout jeune homme fit son volume de vers empreint de l'imitation du maître préféré, et quelquefois mêlant plusieurs imitations ensemble. De cette voie lactée, aux nébuleuses innombrables et peu distinctes, traversant le ciel de sa blancheur, le premier qui se détacha, avec un scintillement vif et particulier, fut Théodore de Banville. Son premier volume, intitulé *Les Cariatides*, porte la date de 1841, et fit sensation. Quoique l'école romantique eût habitué à la précocité dans le talent, on s'étonna de trouver des mérites si rares en un si jeune homme. Théodore de Banville avait vingt et un ans à peine (1) et pouvait réclamer cette qua-

(1) Ici Théophile Gautier se trompe avec Vapereau. Comme il résulte de son acte de naissance que nous avons sous les yeux, Théodore de Banville est né à Moulins (Allier) le 14 mars 1823, de M. Claude-Théodore de Banville, lieutenant de vaisseau en retraite, chevalier de Saint Louis et de la Légion d'Honneur, et de dame Élisabeth-Zélie Huet, son épouse. Il avait par conséquent, en 1841, dix-huit ans seulement. (*Note de l'Éditeur.*)

lité de mineur si fièrement inscrite par lord Byron au frontispice de ses *Heures de loisir*. Sans doute, dans ce recueil aux pièces diverses de ton et d'allure, on put reconnaître çà et là l'influence de Victor Hugo, d'Alfred de Musset et de Ronsard, dont le poete est resté à bon droit le fervent admirateur ; mais on y discerne déjà facilement la nature propre de l'homme. Théodore de Banville est exclusivement poete ; pour lui, la prose semble ne pas exister ; il peut dire, comme Ovide : « Chaque phrase que j'essayais d'écrire était un vers. » De naissance, il eut le don de cette admirable langue *que le monde entend et ne parle pas* ; et de la poésie, il possède la note la plus rare, la plus haute, la plus ailée, le lyrisme. Il est, en effet, lyrique, invinciblement lyrique, et partout et toujours, et presque malgré lui, pour ainsi dire. Comme Euphorion, le symbolique enfant de Faust et d'Hélène, il voltige au-dessus des fleurs de la prairie, enlevé par des souffles qui gonflent sa draperie aux couleurs changeantes et prismatiques. Incapable de maîtriser son essor, il ne peut effleurer la terre du pied sans rebondir aussitôt jusqu'au ciel et se perdre dans la poussière dorée d'un rayon lumineux.

Dans *Les Stalactites*, cette tendance se prononce encore davantage, et l'auteur s'abandonne tout entier à son ivresse lyrique. Il nage au milieu des splendeurs et des sonorités, et derrière ses stances flamboient comme fond naturel les lueurs roses et bleues des apothéoses : quelquefois c'est le ciel avec ses blancheurs d'aurore ou ses rougeurs de couchant ; quelquefois aussi la gloire en feux de Bengale d'une fin d'opéra. Banville a le sentiment de la beauté des mots ; il les aime riches, brillants et rares, et il les place sertis d'or autour de son idée comme un bracelet de pierreries autour d'un bras de femme ; c'est là un des charmes et peut-être le plus grand de ses vers. On peut leur appliquer ces remarques si fines de Joubert : « Les mots s'illuminent quand le doigt du poète y fait passer son phosphore ; les mots des poètes conservent du sens même lorsqu'ils sont détachés des autres, et plaisent isolés comme de beaux sons ; on dirait des paroles lumineuses, de l'or, des perles, des diamants et des fleurs. »

La nouvelle école avait été fort sobre de mythologie. On disait plus volontiers la brise que le zéphyr ; la mer s'appelait la mer et non pas Neptune. Théodore de Banville comme Gœthe, introduisant la blanche Tyndaride dans le sombre manoir féodal du moyen âge, ramena dans le burg romantique le cortège des anciens Dieux, auxquels Laprade avait déjà élevé un petit temple de marbre blanc au milieu d'un de ces bois qu'il sait si bien chanter. Il osa parler de Vénus, d'Apollon et des nymphes ; ces beaux noms le séduisaient et lui plaisaient comme des camées d'agate et d'onyx. Il comprit d'abord l'antique un peu à la façon de Rubens. La chaste pâleur et la couleur tranquille des marbres ne suffisaient pas à ce coloriste. Ses Déesses étalaient dans l'onde ou dans la nuée des chairs de nacre, veinées d'azur, fouettées de rose, inondées de chevelures rutilantes aux tons d'ambre et de topaze et des rondeurs d'une opulence qu'eût évitée l'art grec. Les roses, les lys, l'azur, l'or, la pourpre, l'hyacinthe abondent chez Banville ; il revêt tout ce qu'il touche d'un voile tramé de rayons, et ses idées, comme les princesses de féeries, se promènent dans des prairies d'émeraude, avec des robes couleur du temps, couleur du soleil et couleur de la lune.

Dans ces dernières années, Banville, qui a bien rarement quitté la lyre pour la plume, a fait paraître *Les Exilés,* où sa manière s'est agrandie et semble avoir donné sa suprême expression, si ce mot peut se dire d'un poète encore jeune et bien vivant et capable d'œuvres nombreuses. La mythologie tient une grande place dans ce volume, où Banville s'est montré plus Grec que partout aillleurs, bien que ses Dieux et surtout ses Déesses prennent parfois des allures florentines à la Primatice et aient l'air de descendre, en cothurnes d'azur lacés d'argent, des voûtes ou des impostes de Fontainebleau. Cette tournure fière et galante de la Renaissance mouvemente à propos la correction un peu froide de la pure antiquité. *Les Améthystes* sont le titre d'un petit volume plein d'élégance et de coquetterie typographiques, dans lequel l'auteur, sous l'inspiration de Ronsard, a essayé de faire revivre des rhythmes abandonnés depuis que l'entrelacement des rimes masculines et féminines est devenu obligatoire. De ce mélange de rimes, prohibé aujourd'hui, naissent des effets d'une harmonie charmante. Les stances des vers féminins ont une mollesse, une suavité, une mélancolie douce dont on peut se faire une idée en entendant chanter la délicieuse cantilène de Félicien David : « *Ma belle nuit, oh ! soit plus lente.* » Les vers masculins entrelacés se font remarquer par une plénitude et une sonorité singulières. On ne saurait trop louer l'habileté exquise avec laquelle l'auteur manie ces rhythmes dont Ronsard, Remy Belleau, A. Baïf, Du Bellay, Jean Daurat et les poetes de la Pléiade tiraient un si excellent parti. Comme les odelettes de l'illustre Vendômois, ces petites pièces roulent sur des sujets amoureux, galants, ou de philosophie anacréontique.

Nous n'avons encore montré qu'une face du talent de Banville, la face sérieuse. Sa muse a deux masques, l'un grave et l'autre rieur. Ce lyrique est aussi un bouffon à ses heures. Les *Odes funambulesques* dansent sur la corde avec ou sans balancier, montrant l'étroite semelle frottée de blanc d'Espagne de leurs brodequins et se livrant au-dessus des têtes de la foule à des exercices prodigieux au milieu d'un fourmillement de clinquant et de paillettes, et quelquefois elles font des cabrioles si hautes, qu'elles vont se perdre dans les étoiles. Les phrases se disloquent comme des clowns, tandis que les rimes font bruire les sonnettes de leurs chapeaux chinois et que le pitre frappe de sa baguette des toiles sauvagement tatouées de couleurs féroces dont il donne une burlesque explication. Cela tient du *boniment*, de la charge d'atelier, de la parodie et de la caricature. Sur le patron d'une ode célèbre, le poète découpe en riant le costume d'un nain difforme comme ceux de Velasquez ou de Paul Véronèse, et il fait glapir par des perroquets le chant du rossignol. Jamais la fantaisie ne se livra à un plus joyeux gaspillage de richesses, et, dans ce bizarre volume, l'inspiration de Banville ressemble à cette mignonne princesse chinoise dont parle Henri Heine, laquelle avait pour suprême plaisir de déchirer, avec ses ongles polis et transparents comme le jade, les étoffes de soie les plus précieuses, et qui se pâmait de rire en voyant ces lambeaux roses, bleus, jaunes, s'envoler par-dessus le treillage comme des papillons.

L'auteur n'a pas signé cette spirituelle débauche poétique qui est peut-être son œuvre la plus originale. Nous croyons qu'on peut admettre dans la poésie ces caprices bouffons comme on admet les arabesques en peinture. Ne voit-on pas dans les loges du Vatican, autour des plus graves sujets, de gracieuses bordures où s'entremêlent des fleurs et des chimères, où des masques d'ægipans vous tirent la langue, où de petits Amours fouettent d'un brin de paille les colimaçons attelés à leur char, fait chez le carrossier de la reine Mab ?

THÉOPHILE GAUTIER. — *Les Progrès de la Poésie française depuis* 1830.
(1867. — Chez Hachette.)

II

PAR CHARLES BAUDELAIRE

Théodore de Banville fut célèbre tout jeune. *Les Cariatides* datent de 1841. Je me souviens qu'on feuilletait avec étonnement ce volume où tant de richesses, un peu confuses, un peu mêlées, se trouvent amoncelées, on se répétait l'âge de l'auteur, et peu de personnes consentaient à admettre une si étonnante précocité. Paris n'était pas alors ce qu'il est aujourd'hui, un tohu-bohu, un Capharnaüm, une Babel peuplée d'imbéciles et d'inutiles, peu délicats sur les manières de tuer le temps et absolument rebelles aux jouissances littéraires. Dans ce temps-là, le *tout Paris* se composait de cette élite d'hommes chargés de façonner l'opinion des autres, et qui, quand un poète vient à naître, en sont toujours avertis les premiers. Ceux-là saluèrent naturellement l'auteur des *Cariatides* comme un homme qui avait une longue carrière à fournir. Théodore de Banville apparaissait comme un de ces esprits marqués, pour qui la poésie est la langue la plus facile à parler, et dont la pensée se coule d'elle-même dans un rhythme.

Celles de ses qualités qui se montraient le plus vivement à l'œil étaient l'abondance et l'éclat; mais les nombreuses et involontaires imitations, la variété même du ton, selon que le jeune poète subissait l'influence de tel ou de tel de ses prédécesseurs, ne servaient pas peu à détourner l'esprit du lecteur de la faculté principale de l'auteur, de celle qui devait plus tard être sa grande originalité, sa gloire, sa marque de fabrique, je veux parler de la certitude dans l'expression lyrique. Je ne nie pas, remarquez-le bien, que Les Cariatides contiennent quelques-uns de ces admirables morceaux que le poete pourrait être fier de signer même aujourd'hui; je veux seulement noter que l'ensemble de l'œuvre, avec son éclat et sa variété, ne révélait pas d'emblée la nature particulière de l'auteur, soit que cette nature ne fût pas encore assez *faite,* soit que le poete fût encore placé sous le charme fascinateur de tous les poetes de la grande époque.

Mais dans *Les Stalactites* (1843-1845,) la pensée apparait plus claire et plus définie; l'objet de la recherche se fait mieux deviner. La couleur, moins prodiguée, brille cependant d'une lumière plus vive, et le contour de chaque objet découpe une silhouette plus arrêtée. *Les Stalactites* forment, dans le grandissement du poete, une phase particulière où l'on dirait qu'il a voulu réagir contre sa primitive faculté d'expansion, trop prodigue, trop indisciplinée. Plusieurs des meilleurs morceaux qui composent ce volume sont très-courts et affectent les élégances contenues de la poterie antique. Toutefois ce n'est que plus tard, après s'être joué dans mille difficultés, dans mille gymnastiques que les vrais amoureux de la Muse peuvent seuls apprécier à leur juste valeur, que le poëte, réunissant dans un accord parfait l'exubérance de sa nature primitive et l'expérience de sa maturité, produira, l'une servant l'autre, des poèmes d'une habileté consommée et d'un charme *sui generis,* tels que *Malédiction de Cypris, Tristesse au Jardin,* et surtout certaines stances sublimes qui ne portent pas de titre, mais qu'on trouvera dans le recueil intitulé *Le Sang de la Coupe,* stances dignes de Ronsard par leur audace, leur **élasticité** et leur ampleur, et dont le début même est plein de grandiloquence, et annonce des bondissements surhumains d'orgueil et de joie :

> Vous en qui je salue une nouvelle aurore,
> Vous tous qui m'aimerez,
> Jeunes hommes des temps qui ne sont pas encore,
> O bataillons sacrés !

Mais quel est ce charme mystérieux dont le poëte s'est reconnu lui-même possesseur et qu'il a augmenté jusqu'à en faire une qualité permanente? Si nous ne pouvons le définir exactement, peut-être trouverons-nous quelques mots pour le décrire, peut-être saurons-nous découvrir d'où il tire en partie son origine.

J'ai dit, je ne sais plus où : « La poésie de Banville représente les belles heures de la vie, c'est-à-dire les heures où l'on se sent heureux de penser et de vivre. »

Je lis dans un critique : « Pour deviner l'âme d'un poète, ou du moins sa principale préoccupation, cherchons dans ses œuvres quel est le mot ou quels sont les mots qui s'y représentent avec le plus de fréquence. Le mot traduira l'obsession. »

Si, quand j'ai dit : « le talent de Banville représente les belles heures de la vie, » mes sensations ne m'ont pas trompé (ce qui, d'ailleurs, sera tout à l'heure vérifié;) et si je trouve dans ses œuvres un mot qui, par sa fréquente répétition, semble dénoncer un penchant naturel et un dessein déterminé, j'aurai le droit de conclure que ce mot peut servir à caractériser, mieux que tout autre, la nature de son talent, en même temps que les sensations contenues *dans les heures de la vie où l'on se sent le mieux vivre.*

Ce mot, c'est le mot *Lyre*, qui comporte évidemment pour l'auteur un sens prodigieusement compréhensif. La *Lyre* exprime en effet cet état presque surnaturel, cette intensité de vie où l'âme *chante*, où elle est *contrainte de chanter,* comme l'arbre, l'oiseau et la mer. Par un raisonnement, qui a peut-être le tort de rappeler les méthodes mathématiques, j'arrive donc à conclure que, la poésie de Banville suggérant d'abord l'idée des *belles heures,* puis présentant assidûment aux yeux le mot *lyre,* et la *Lyre* étant expressément chargée de traduire les *belles heures,* l'ardente vitalité spirituelle, l'homme hyperbolique en un mot, le talent de Banville est essentiellement, décidément et volontairement lyrique.

Il y a, en effet, une manière lyrique de sentir. Les hommes les plus disgraciés de la nature, ceux à qui la fortune donne le moins de loisir, ont connu quelquefois ces sortes d'impressions, si riches que l'âme en est comme illuminée, si vives qu'elle en est comme soulevée. Tout l'être intérieur, dans ces merveilleux instants, s'élance en l'air; par trop de légèreté et de dilatation, comme pour atteindre une région plus haute.

Il existe donc aussi nécessairement une manière lyrique de parler, et un monde lyrique, une atmosphère lyrique, des paysages, des hommes, des femmes, des animaux qui tous participent du caractère affectionné par la Lyre.

Tout d'abord, constatons que l'hyperbole et l'apostrophe sont des formes de langage qui lui sont non seulement des plus agréables, mais aussi des plus nécessaires, puisque ces formes dérivent naturellement d'un état exagéré de la vitalité. Ensuite nous observons que tout mode lyrique de notre âme nous contraint à considérer les choses non pas sous leur aspect particulier, exceptionnel, mais dans les traits principaux, généraux, universels. La lyre fuit volontiers tous les détails dont le roman se régale. L'âme lyrique fait des enjambées vastes comme des synthèses; l'esprit du romancier se délecte dans l'analyse. C'est cette considération qui sert à nous expliquer quelle commodité et quelle beauté le poëte trouve dans les mythologies et les allégories.

La mythologie est un dictionnaire d'hiéroglyphes vivants, hiéroglyphes connus de tout le monde. Ici le paysage est revêtu, comme les figures, d'une magie hyperbolique; il devient *décor*. La femme est non-seulement un être d'une beauté suprême, comparable à celle d'Ève ou de Vénus; non-seulement, pour exprimer la pureté de ses yeux, le poëte empruntera des comparaisons à tous les objets limpides, éclatants, transparents, à tous les meilleurs réflecteurs et à toutes les plus belles cristallisations de la nature (notons en passant la prédilection de Banville, dans ce cas, pour les pierres précieuses,) mais encore il faudra doter la femme d'un genre de beauté tel que l'esprit ne peut le concevoir que comme existant dans un monde supérieur. Or, je me souviens qu'en trois ou quatre endroits de ses poésies notre poète, voulant orner des femmes d'une beauté non comparable et non égalable, dit qu'elles ont des *têtes d'enfant*. C'est là une espèce de trait de génie particulièrement lyrique, c'est-à-dire amoureux du surhumain. Il est évident que cette expression contient implicitement cette pensée, que le plus beau des visages humains est celui dont l'usage de la vie, passion, colère, péché, angoisse, souci, n'a jamais terni la clarté ni ridé la surface. Tout poète lyrique, en vertu de sa nature, opère fatalement un retour vers l'Éden perdu. Tout, hommes, paysages, palais, dans le monde lyrique, est pour ainsi dire *apothéosé*. Or, par suite de l'infaillible logique de la nature, le mot *apothéose* est un de ceux qui se présentent irrésistiblement sous la plume du poète, quand il a à décrire (et croyez qu'il n'y prend pas un mince plaisir) un mélange de gloire et de lumière. Et, si le poëte lyrique trouve occasion de parler de lui-même, il ne se peindra pas penché sur une table, barbouillant une page blanche d'horribles petits signes noirs, se battant contre la phrase rebelle ou luttant contre l'inintelligence du correcteur d'épreuves, non plus

que dans une chambre pauvre, triste ou en désordre;
non plus que, s'il veut apparaître comme mort, il ne se
montrera pourrissant sous le linge, dans une caisse
de bois. Ce serait mentir. Horreur! ce serait contredire
la vraie *réalité*, c'est-à-dire sa propre nature. Le poète
mort ne trouve pas de trop bons serviteurs dans les
nymphes, les houris et les anges. Il ne peut se reposer
que dans de verdoyants Élysées, ou dans des palais plus
beaux et plus profonds que les architectures de vapeurs
bâties par les soleils couchants.

>   Mais moi, *vêtu de pourpre, en d'éternelles fêtes*
>   Dont je prendrai ma part,
>   Je boirai le nectar au séjour des poètes,
>   A côté de Ronsard.
>
>   Là, dans ces lieux *où tout a des splendeurs divines*,
>   Ondes, lumière, accords,
>   Nos yeux s'enivreront de formes féminines
>   *Plus belles que des corps;*
>
>   Et tous les deux, parmi des spectacles *féeriques*
>   Qui dureront toujours,
>   Nous nous raconterons nos batailles *lyriques*
>   Et nos belles amours.

J'aime cela; je trouve dans cet amour du luxe poussé
au-delà du tombeau un signe confirmatif de grandeur.
Je suis touché des merveilles et des magnificences que
le poete décrète en faveur de quiconque touche la lyre.
Je suis heureux de voir poser ainsi, sans ambages, sans
modestie, sans ménagements, l'absolue divinisation du
poète, et je jugerais même poète de mauvais goût celui-
là qui dans cette circonstance ne serait pas de mon avis.
Mais j'avoue que, pour oser cette *Déclaration des droits
du poète,* il faut être absolument lyrique, et peu de gens
ont le *droit* de l'oser.

Mais enfin, direz-vous, si lyrique que soit le poète, peut-il donc ne jamais descendre des régions éthériennes, ne jamais sentir le courant de la vie ambiante, ne jamais voir le spectacle de la vie, la grotesquerie perpétuelle de la bête humaine, la nauséabonde niaiserie de la femme, etc....? Mais si, vraiment! le poëte sait descendre dans la vie; mais croyez que, s'il y consent, ce n'est pas sans but, et qu'il saura tirer profit de son voyage. De la laideur et de la sottise il fera naître un nouveau genre d'enchantements. Mais ici encore sa bouffonnerie conservera quelque chose d'hyperbolique; l'excès en détruira l'amertume, et la satire, par un miracle résultant de la nature même du poëte, se déchargera de toute sa haine dans une explosion de gaieté innocente à force d'être carnavalesque.

Même dans la poésie idéale, la Muse peut, sans déroger, frayer avec les vivants. Elle saura ramasser partout une nouvelle parure. Un oripeau moderne peut ajouter une grâce exquise, un mordant nouveau (un piquant, comme on disait autrefois) à sa beauté de Déesse. Phèdre en paniers a ravi les esprits les plus délicats de l'Europe; à plus forte raison Cypris, qui est immortelle, peut bien, quand elle veut visiter Paris, faire descendre son char dans les bosquets du Luxembourg. D'où tirez-vous le soupçon que cet *anachronisme* est une infraction aux règles que le poète s'est imposées, à ce que nous pouvons appeler ses *convictions lyriques?* Car peut-on commettre un anachronisme dans l'éternel?

Pour dire tout ce que nous croyons la vérité, Théodore de Banville doit être considéré comme un original de l'espèce la plus élevée. En effet, si l'on jette un coup d'œil général sur la poésie contemporaine et sur ses meilleurs représentants, il est facile de voir qu'elle est arrivée à un état mixte, d'une nature très-complexe; le génie plastique, le sens philosophique, l'enthousiasme lyrique, l'esprit humoristique s'y combinent et s'y mêlent suivant des dosages infiniment variés. La poésie moderne tient à la fois de la peinture, de la musique, de la statuaire, de l'art arabesque, de la philosophie railleuse, de l'esprit analytique ; et, si heureusement, si habilement agencée qu'elle soit, elle se présente avec les signes visibles d'une subtilité empruntée à divers arts. Aucuns y pourraient voir peut-être des symptômes de dépravation. Mais c'est là une question que je ne veux pas élucider en ce lieu. Banville seul, je l'ai déjà dit, est purement, naturellement et volontairement lyrique. Il est retourné aux moyens anciens d'expression poétique, les trouvant sans doute tout à fait suffisants et parfaitement adaptés à son but.

Mais ce que je dis du choix des moyens s'applique avec non moins de justesse au choix des sujets, au thème considéré en lui-même. Jusque vers un point assez avancé des temps modernes, l'art, poésie et musique surtout, n'a eu pour but que d'enchanter l'esprit en lui présentant des tableaux de béatitude, faisant contraste avec l'horrible vie de contention et de lutte dans laquelle nous sommes plongés.

Beethoven a commencé à remuer les mondes de mélancolie et de désespoir incurable amassés comme des nuages dans le ciel intérieur de l'homme. Maturin dans le roman, Byron dans la poésie, Poe dans la poésie et dans le roman analytique, l'un malgré sa prolixité et son verbiage, si détestablement imités par Alfred de Musset, l'autre malgré son irritante concision, ont admirablement exprimé la partie blasphématoire de la passion ; ils ont projeté des rayons splendides, éblouissants, sur le Lucifer latent qui est installé dans tout cœur humain. Je veux dire que l'art moderne a une tendance essentiellement démoniaque. Et il semble que cette part infernale de l'homme, que l'homme prend plaisir à s'expliquer lui-même, augmente journellement, comme si le diable s'amusait à la grossir par des procédés artificiels, à l'instar des engraisseurs, empâtant patiemment le genre humain dans ses basses-cours pour se préparer une nourriture plus succulente.

Mais Théodore de Banville refuse de se pencher sur ces marécages de sang, sur ces abîmes de boue. Comme l'art antique, il n'exprime que ce qui est beau, joyeux, noble, grand, rhythmique. Aussi dans ses œuvres vous n'entendrez pas les dissonances, les discordances des musiques du sabbat, non plus que les glapissements de l'ironie, cette vengeance du vaincu. Dans ses vers tout a un air de fête et d'innocence, même la volupté. Sa poésie n'est pas seulement un regret, une nostalgie, elle est même un retour très-volontaire vers l'état paradisiaque. A ce point de vue, nous pouvons donc le considérer comme un original de la nature la plus courageuse. En pleine atmosphère satanique ou romantique, au milieu d'un concert d'imprécations, il a l'audace de chanter la bonté des Dieux, et d'être un parfait *classique*. Je veux que ce mot soit entendu ici dans le sens le plus noble, dans le sens vraiment historique.

CHARLES BAUDELAIRE. — *Les Poëtes français*, d'Eugène Crépet, t. IV. (1862. — Chez Hachette.)

III

PAR SAINTE-BEUVE

Après les générations de l'Empire qui avaient servi, administré, combattu, il en vint d'autres qui étudièrent, qui discutèrent, qui rêvèrent. Les forces disponibles de la société, refaites à peine des excès et des prodiges de l'action, se portèrent à la tête; on se jeta dans les travaux et les luttes de l'esprit. Après les premières années de tâtonnement et de légère incertitude, on vit se dessiner, en tous sens, des tentatives nouvelles, — en histoire, en philosophie, en critique, en art. La poésie eut de bonne heure sa place dans ce concours universel : elle sut se rajeunir et par le sentiment et par la forme. Elle aussi, à son tour, elle put produire ses merveilles.

Les uns donnaient à l'âme humaine, à ses aspirations les plus hautes, à ses regrets, à ses vagues désirs, à ses tristesses et à ses ennuis d'ici-bas, à ces autres ennuis plus beaux qui se traduisent en soif de l'Infini, des expressions harmonieuses et suaves qui semblaient la transporter dans un meilleur monde, et qui, pareilles à la musique même, ouvraient les sphères supérieures. D'autres fouillaient les antiques souvenirs, les ruines, les arceaux et les créneaux, et du haut de la colline, assis sur les débris du château gothique, ils voyaient la ville moderne s'éteindre à leurs pieds comme une image encore propre à ces vieux temps,

Comme le fer d'un preux dans la plaine oublié !

Ils évoquaient les Génies et les Sylphes, les Fantômes et les Gnomes ; ils refaisaient présent le Moyen Age, — notre Moyen Age mythologique et fabuleux. Ils cherchaient jusque dans l'Orient des couleurs et des prétextes à leurs splendides pinceaux. Ils chantaient la gloire même et les triomphes de cette récente et gigantesque époque, la plus guerrière qui ait été. Et, en chantant, ils rendaient au vers la trempe de l'acier, et à la strophe le poli, le plein et la jointure habile de l'armure.

D'autres, à la suite de ce Grec retrouvé qui se nomme André Chénier, eussent voulu recréer et former à leur usage, dans un coin de notre société industrieuse, une petite colonie de l'ancienne Grèce ; ils aimaient les fêtes, la molle orgie couronnée de roses, les festins avec chants, les pleurs de Camille, et la réconciliation facile ; chaque matin une élégie, chaque soir une poursuite et une tendresse. Mais au milieu de ces oublis trop naturels à la jeunesse de tous les temps, ils avaient une pensée, un culte, l'amour de l'art, la curiosité passionnée d'une expression vive, d'un tour neuf, d'une image choisie, d'une rime brillante ; ils voulaient à chacun de leurs cadres un clou d'or : enfants, si vous le voulez, mais enfants des Muses, et qui ne sacrifièrent jamais à la grâce vulgaire.

C'est tout cela, c'est bien d'autres choses encore (car je ne puis tout énumérer) que l'on a appelé de ce nom général de *Romantisme* en notre poésie. Ce mot a été souvent mal appliqué ; il a été surtout employé dans des sens assez différents. Dans l'acception la plus générale et qui n'est pas inexacte, la qualification de *romantique* s'étend à tous ceux qui, parmi nous, ont essayé, soit par la doctrine, soit dans la pratique, de renouveler l'Art et de l'affranchir de certaines règles convenues. Mme de Staël et son école, tous ces esprits distingués qui concoururent à introduire en France de justes notions des théâtres étrangers; qui, les premiers, nous expliquèrent ou nous traduisirent Shakspeare, Gœthe, Schiller, cé sont relativement des romantiques ; en ce sens, M. de Barante, M. de Sainte-Aulaire même, M. de Rémusat en seraient, et je ne crois pas que ces fins esprits eussent jamais désavoué le titre entendu de la sorte.

C'est par une sorte d'abus, mais qui avait sa raison, que l'on a compris encore sous le nom de romantiques les poetes, comme André Chénier, qui sont amateurs de la beauté grecque et qui, par là même, sembleraient plutôt classiques; mais les soi-disant classiques modernes étant alors, la plupart, fort peu instruits des vraies sources et se tenant à des imitations de seconde ou de troisième main, ç'a été se séparer d'eux d'une manière tranchée que de revenir aux sources mêmes, au sentiment des premiers maîtres, et d'y retremper son style ou son goût. C'est ainsi que M. Ingres se sépare de l'école de David. Ainsi André Chénier se sépare de Delille, Paul-Louis Courier et Dusault ou de M. Jay.

M. de Chateaubriand, qui aimait peu ses enfants les romantiques plus jeunes, était lui-même (malgré son apprêt de rhétorique renchérie) un grand romantique, et en ce sens qu'il avait remonté à l'inspiration directe de la beauté grecque, et aussi en cet autre sens qu'il avait ouvert, par *René*, une veine tout neuve de rêve et d'émotion poétique.

C'était un romantique encore, et de la droite lignée de Walter Scott, un romantique d'innovation et peut-être de témérité (nonobstant la précision et la correction scrupuleuse de sa ligne,) qu'Augustin Thierry avec ses résurrections saxonnes et mérovingiennes. Il n'en aurait peut-être pas voulu convenir; mais le classique Daunou le tenait pour tel et le savait bien.

C'était un romantique aussi que ce Fauriel qui considérait volontiers tous les siècles de Louis XIV comme non avenus, et qui, bien loin de tous les Versailles, s'en allait chercher, dans les sentiers les plus agrestes et les plus abandonnés, des fleurs de poésie toute simple, toute populaire, mais d'une vierge et forte senteur. La poésie parée, civilisée, celle des époques brillantes, ne lui paraissait, comme à Mérimée, qu'une poésie de secondes ou de troisièmes noces : il la laissait à de moins curieux et à de moins jaloux que lui.

Cependant l'expression de romantique, surtout à mesure que s'est prononcé le triomphe des idées et des œuvres modernes, et que ce qui avait paru romantique la veille (c'est-à-dire un peu extraordinaire) ne le paraissait déjà plus, s'est particulièrement concentrée sur une notable portion de la légion poétique la plus riche en couleur, la plus pittoresque, la plus militante aussi, et qui, après avoir conquis bien des points qu'on ne lui discute plus, a continué d'en réclamer d'autres qui ont été contestés, je veux parler de l'importante division de l'école romantique qui se rattachait à l'étendard de Victor Hugo. Ayant eu l'honneur d'en faire partie à un certain moment et en des temps difficiles, je sais ce qui en est, et j'ai souvent réfléchi et à ce qui s'est fait et à ce qui aurait pu se faire.

En laissant de côté toute la tentative dramatique immense, mais laborieuse et inachevée, en s'en tenant à la rénovation lyrique, il est difficile de ne pas convenir que celle-ci a fini par avoir gain de cause et par réussir. Il paraît généralement accordé aujourd'hui que l'école moderne a étendu ou renouvelé la poésie dans les divers modes et genres de l'inspiration libre et personnelle; et, quelque belle part qu'on fasse en cela au génie instinctif de M. de Lamartine, il en reste une très-grande aux maîtres plus réfléchis, qui ont donné l'exemple multiplié des formes, des rhythmes, des images, de la couleur et du relief, et qui ont su transmettre à d'autres quelque chose de cette science.

Et comment oublier, à ce propos, celui qui, dans le groupe dont il s'agit, s'est détaché à son tour en maître et qui est aujourd'hui ce que j'appelle un chef de branche, Théophile Gautier, arrivé à la perfection de son faire, excellant à montrer tout ce dont il parle, tant sa plume est fidèle et *ressemble à un pinceau?* « On m'appelle souvent un *fantaisiste,* me disait-il un jour, et pourtant, toute ma vie, je n'ai fait que m'appliquer à bien voir, à bien regarder la nature, à la dessiner, à la rendre, à la peindre, si je pouvais, telle que je l'ai vue. »

Qu'il y ait eu des excès dans le *rendu* des choses réelles, je le sais et je l'ai dit quelquefois. Tandis que, dans un autre ordre parallèle, de nobles poëtes, qui procèdent plutôt de M. Alfred de Vigny et à qui il a, le premier, donné d'en haut le signal, cherchaient, un peu systématiquement eux-mêmes, à relever l'esprit pur, les tendances spiritualistes, à traduire les symboles naturels, à satisfaire les vagues élancements de l'être humain vers un idéal rêvé, de l'autre côté on s'est trop tenu sans doute à ce qui se voit, à ce qui se touche, à ce qui brille, palpite et végète sous le soleil. M. Victor de Laprade dans ses poemes, d'autres à son exemple dans leur ligne également élevée, tels que M. Lacaussade, ont paru plus d'une fois protester contre un excès qui n'est pas le eur. Mais, d'un peu loin, je vois en tous ces poëtes bien moins des adversaires que des rivaux et des émules, que des frères qui croient se combattre et qui seraient plus propres à se compléter. Ils ont un grand point de ralliement d'ailleurs : le culte de l'art compris selon l'inspiration moderne rajeunie en ce siècle.

C'est ce sentiment qui vit dans leurs cœurs, et que moi-même (si je puis me nommer) j'ai embrassé à mon heure et nourri dans le mien, que je voudrais maintenir, expliquer et confesser encore une fois devant ceux qui ne paraissent point l'admettre et le comprendre.

Un de nos amis et confrères à l'Académie, un de nos bons et très-bons écrivains en prose, M. de Sacy, venant prendre séance à la place de M. Jay, a dit dans son discours de réception (juin 1855) une parole qui m'est toujours restée sur le cœur, et que je lui demande la permission de relever, parce qu'elle n'est pas exacte, parce qu'elle n'est pas juste :

« Les classiques, disait-il, n'ont pas eu de champion plus décidé que M. Jay, dans cette fameuse dispute si oubliée aujourd'hui, après avoir fait tant de bruit il y a vingt ans. Non que M. Jay s'échauffât contre les romantiques, et que son repos en souffrît : ces haines vigoureuses n'entraient pas dans son caractère, il souriait et ne s'indignait pas. Peut-être n'a-t-il rien publié de plus spirituel et de plus agréable dans ce genre qu'un opuscule intitulé *La Conversion d'un romantique*. Je ne vois à reprendre dans cet ouvrage qu'une seule chose : le romantique y est converti par le classique. Pure vanterie ! Personne n'a converti les romantiques ; en gens d'esprit et de talent, ils se sont convertis tout seuls. Du moins M. Jay donna-t-il dans cette dispute un exemple parfait d'urbanité littéraire. Quel avantage d'avoir toujours la paisible possession de soi-même ! »

Je ne veux pas m'attacher à ce qui est relatif à M. Jay, homme de sens et fort estimable, mais qui n'avait certes fait preuve, dans l'écrit dont il s'agit, ni d'intelligence de la question, ni d'esprit, ni d'agrément, et qui n'y avait surtout pas mis le plus petit grain d'urbanité ; ce sont là des éloges sur lesquels on doit être coulant et qui sont presque imposés dans un discours de réception. Ils sont juste le contre-pied de la vérité ; mais on est disposé à tout entendre ce jour-là. Ce qui seulement m'a choqué en entendant ces paroles, c'est que je trouvais que notre nouveau et digne confrère faisait bien lestement les honneurs, je ne dis pas de M. de Lamartine (il est convenu qu'on l'excepte à volonté et qu'on le met en dehors et au-dessus du romantisme,) mais de M. de Vigny, de M. Hugo, de M. de Musset. Et quant à moi, qui étais plus intéressé peut-être qu'un autre dans le livre de M. Jay, intitulé *Conversion de Jacques Delorme*, je trouvai aussi qu'on m'avait peu consulté en me louant aussi absolument d'une conversion qui n'était pas si entière qu'on la supposait.

De ce qu'on s'arrête, à un certain moment, dans les conséquences que de plus avancés ou de plus aventureux que nous prétendent tirer d'un principe, il ne s'ensuit pas qu'on renonce à ce principe et qu'on le répudie. Ce n'est pas à des hommes politiques qui, tous les jours, appliquent cette manière de voir aux principes de 89, qu'il est besoin de démontrer cette vérité : de ce qu'on ne va pas aussi loin que tout le monde, et de ce que même, à un moment, on recule un peu, il ne s'ensuit pas qu'on se convertisse ni qu'on renonce à tout.

Mais les principes littéraires sont chose légère, dira-t-on, et ils n'ont pas le sérieux que comportent seules les matières d'intérêt politique et social. Ici je vous arrête! ici est l'erreur et la méconnaissance du fait moral que je tiens à revendiquer. Il y a eu, durant cette période de 1819-1830, dans beaucoup de jeunes âmes (et M. de Sacy ne l'a-t-il pas lui-même observé de bien près dans le généreux auteur des *Glanes* (1), cette sœur des chantres et des poètes?) un sentiment sincère, profond, passionné, qui, pour s'appliquer aux seules choses de l'art, n'en avait que plus de désintéressement et de hauteur, et n'en était que plus sacré. Il y a eu la *flamme de l'Art*. Ceux qui en ont été touchés une fois peuvent la

---

(1) Mademoiselle Louise Bertin.

sentir à regret s'affaiblir et pâlir, diminuer avec les années en même temps que la vigueur qui leur permet d'en saisir et d'en fixer les reflets dans leurs œuvres, mais ils ne la perdent jamais. « Il y a, disait Anacréon, un petit signe au cœur, auquel se reconnaissent les amants. » Il y a de même un signe et un coin auquel restent marqués et comme *gravés* les esprits qui, dans leur jeunesse, ont *cru* avec enthousiasme et ferveur à une certaine chose tant soit peu digne d'être crue. C'est le signe peut-être du *sectaire*, comme disait en ce temps-là M. Auger à l'Académie d'alors. Va pour sectaire! « Je suis donc un sectaire, » disait Stendhal. Quoi qu'il en soit, ce signe persiste; il peut se dissimuler par instants et se recouvrir, il ne s'efface pas. Viennent les crises, viennent les occasions, un conflit, l'apparition imprévue de quelque œuvre qui vous mette en demeure de choisir, de dire *oui* ou *non* sans hésiter (et il s'en est produit une en ces derniers temps (1), une œuvre qui fasse office de pierre de touche, et vous verrez chez ceux même qui s'étaient fait des concessions et qui avaient presque l'air d'être tombés d'accord dans les intervalles, le vieil homme aussitôt se ranimer. Les différences de religion se prononcent. Les blancs sont blancs et les bleus sont bleus. Voilà que vous vous retranchez dans le beau convenu et dans le noble, fût-il ennuyeux, et moi je me déclare pour la vérité à tous risques, fût-elle même la réalité. Ou, en d'autres jours, vous abondez dans votre prose, et je me replonge dans la poésie.

Et pour ce qui est de l'inspiration et du programme poétique lyrique de ces années primitives, à nous en tenir à celui-là, il y avait bien lieu, en effet, de s'éprendre et de s'enflammer. Rendre à la poésie française de la vérité, du naturel, de la familiarité même, et en même

---

(1) *Madame Bovary.*

temps lui redonner de la consistance de style et de l'éclat; lui rapprendre à dire bien des choses qu'elle avait oubliées depuis plus d'un siècle, lui en apprendre d'autres qu'on ne lui avait pas dites encore ; lui faire exprimer les troubles de l'âme et les nuances des moindres pensées ; lui faire réfléchir la nature extérieure, non-seulement par des couleurs et des images, mais quelquefois par un simple et heureux concours de syllabes ; la montrer, dans les fantaisies légères, découpée à plaisir et revêtue des plus sveltes délicatesses; lui imprimer, dans les vastes sujets, le mouvement et la marche des groupes et des ensembles, faire voguer des trains et des appareils de strophes comme des flottes, ou les enlever dans l'espace comme si elles avaient des ailes ; faire songer dans une ode, et sans trop de désavantage, à la grande musique contemporaine ou à la gothique architecture, — n'était-ce rien? C'est pourtant ce qu'on voulait et ce qu'on osait ; et si l'on n'a pas réalisé tout cela, on a du moins le droit de mettre le résultat à côté du vœu, et l'on peut, sans trop rougir, confronter le total de l'œuvre avec les premières espérances.

Il faut vraiment qu'en notre pays de France nous aimions bien les guerres civiles : nous avons toujours à la bouche Racine et Corneille pour les opposer à nos contemporains et les écraser sous ces noms. Mais étendons notre vue et songeons un peu à ce qu'a été la poésie lyrique moderne, en Angleterre, de Kirke White à Keats et à Tennyson en passant par Byron et les Lakistes, — en Allemagne, de Burger à Uhland et à Ruckert en passant par Gœthe, — et demandons-nous quelle figure nous ferions, nous et notre littérature, dans cette comparaison avec tant de richesses étrangères modernes, si nous n'avions pas eu notre poésie, cette même école poétique tant raillée. Vous vous en moquez à votre aise en famille, et pour la commodité de votre discours, le jour où vous entrez à l'Académie ; mais devant l'Europe, supposez-la absente, quelle lacune!

Il n'est pas jusqu'à ces moindres genres dont on se croyait obligé de sourire autrefois, qui ne méritassent désormais une place dans une Exposition universelle des produits de la poésie ; car ils ont eu de nos jours leur renaissance et retrouvé leurs adorateurs. Le sonnet, non pas le sonnet fade, efféminé, énervé et *à pointe* des spirituels et minces Fontenelles, mais le sonnet primitif, perlé, cristallin, de Pétrarque, de Shakspeare, de Milton et de notre vieux Du Bellay, a été remis en honneur. Il m'est arrivé d'écrire une grande folie :

J'irais à Rome à pied pour un sonnet de lui,

c'est-à-dire pour qu'il me fût accordé de trouver en moi un de ces beaux sonnets à la Pétrarque, de ces sonnets *après la mort de Laure*, diamants d'une si belle eau, à la fois sensibles et purs, qu'on redit avec un enchantement perpétuel et avec une larme. Mais pourquoi appelé-je cela une folie? Je le dirais encore, et, si l'on pouvait faire à pareille condition un tel vœu de pèlerinage, ce sont les jambes qui me manqueraient aujourd'hui plus encore que la volonté et le désir.

Je ne suis donc et ne serai jamais qu'un demi-converti, et c'est pour cela qu'en recevant et en relisant le volume de Poésies dans lequel M. Théodore de Banville a réuni tous ses précédents recueils (moins un,) je me suis dit avec plaisir : Voilà un poète, un des premiers élèves des maîtres, un de ceux qui, venus tard et des derniers par l'âge, ont eu l'enthousiasme des commencements, qui ont gardé le scrupule de la forme, qui savent, pour l'avoir appris à forte école, le métier des vers, qui les font de *main d'ouvrier*, c'est-à-dire de bonne main, qui y donnent de la trempe, du ressort, qui savent composer, ciseler, peindre. Je ne prétends garantir ni adopter toutes les applications qu'il a faites de son talent ; mais il est un procédé, un art général, non-seulement une main-d'œuvre, mais un feu sincère qui se fait reconnaître dans tout l'ensemble et qui m'inspire de l'estime. Ce poëte, à travers tous les caprices de son imagination et de sa muse, ne s'est jamais relâché sur de certains points ; il a gardé, au milieu de ses autres licences, la précision du bien faire, et, comme il dit, *l'amour du vert laurier*.

Il procède de Hugo et d'André Chénier. Comme ce dernier, il a sa Camille ; il la chante et a des tons de Properce dans l'ardeur de ses peintures. Il affectionne l'art grec, la sculpture, et nous en rend dans ses rhythmes des copies et parfois presque des moulages. C'est d'une grande habileté, avec quelque excès. Je passe sur ce qui me paraît ou trop cherché, ou trop mélangé, pour ne m'arrêter qu'à ce qui est bien. En poésie, on peut lancer et perdre bien des flèches : il suffit pour l'honneur de l'artiste que quelques-unes donnent en plein dans le but et fassent résonner tout l'arbre prophétique, le chêne de Dodone, en s'y enfonçant. M. de Banville a eu quelques-uns de ces coups heureux où se reconnaît un archer vainqueur. J'ai parlé d'Art grec : est-il rien qui le rappelle et le représente plus heureusement que ce conseil donné à un sculpteur de se choisir des sujets calmes et gracieusement sévères, comme des hors-d'œuvre à son ciseau, dans les intervalles de la verve et de l'ivresse :

> Sculpteur, cherche avec soin, en attendant l'extase,
> Un marbre sans défaut pour en faire un beau vase ;
> Cherche longtemps sa forme, et n'y retrace pas
> D'amours mystérieux ni de divins combats.
> Pas d'Alcide vainqueur du monstre de Némée,
> Ni de Cypris naissant sur la mer embaumée ;
> Pas de Titans vaincus dans leurs rebellions,

> Ni de riant Bacchos attelant les lions
> Avec un frein tressé de pampres et de vignes ;
> Pas de Leda jouant dans la troupe des cygnes
> Sous l'ombre des lauriers en fleurs, ni d'Artémis
> Surprise au sein des eaux dans sa blancheur de lys.
> Qu'autour du vase pur, trop beau pour la bacchante,
> La verveine mêlée à des feuilles d'acanthe
> Fleurisse, et que plus bas, des vierges lentement
> S'avancent deux à deux, d'un pas sûr et charmant,
> Les bras pendants le long de leurs tuniques droites,
> Et les cheveux tressés sur leurs têtes étroites.

Le bas-relief est parfait; on croit voir un beau vase antique. — Je ne trouve à redire qu'à ce mot d'*extase* un peu excessif, et que la rime a imposé au lieu d'*enthousiasme*.

Je pourrais indiquer encore plus d'une de ces pièces, achevées dans leur brièveté, les quelques vers adressés à Charles Baudelaire, des *Odelettes* (comme les intitule l'auteur) qui sont de vrais bijoux d'exécution, à Théophile Gautier, aux frères de Goncourt, etc. Les Stances adressées à la Jeunesse de l'avenir :

> Vous en qui je salue une nouvelle aurore...

sont d'un beau souffle, avec quelques longueurs et des traits un peu forcés dans le détail; mais la tendresse y éclate noblement en fierté, et l'élégie embouche le clairon de la victoire. M. de Banville, dans cette pièce et ailleurs, n'hésite pas à nommer et à saluer, au rang de ses maîtres divins, un poète qui ne nous saurait être indifférent, le vieux Ronsard. « En ce temps-là, je *ronsardisais*, » écrivait l'aimable Gérard de Nerval au début d'une de ses préfaces. M. de Banville n'a jamais cessé de *ronsardiser*, et il s'en vante. Cette admiration fidèle pour les bonnes et hautes parties du chef de chœur de la Pléiade lui a porté bonheur. Je ne sais rien d'aussi touchant dans son recueil, de mieux senti que les stances de souvenir qu'il a adressées à une fontaine de son pays du Bourbonnais, *la Font-Georges* : elles me rappellent des stances de Ronsard à la Fontaine Bellerie et surtout celles qui ont pour titre : *De l'Élection de mon Sépulchre*. C'est le même rhythme dont on a dit : « Ce petit vers masculin de quatre syllabes, qui tombe à la fin de chaque stance, produit à la longue une impression mélancolique ; c'est comme un son de cloche funèbre. » Chez M. de Banville, l'impression de cette mélancolie ne va pas jusqu'au funèbre, et elle s'arrête à la douceur regrettée des pures et premières amours ; elle n'est, en quelque sorte, que le son de la cloche du village natal, et elle va rejoindre dans ma pensée l'écho de la romance de M. de Chateaubriand. Voici cette jolie pièce tout entière :

A LA FONT-GEORGES

O champs pleins de silence,
Où mon heureuse enfance
Avait des jours encor
    Tout filés d'or !

O ma vieille Font Georges,
Vers qui les rouges-gorges
Et le doux rossignol
    Prenaient leur vol !

Maison blanche, où la vigne
Tordait en longue ligne
Son feuillage qui boit
    Les pleurs du toit !

O source claire et froide,
Qu'ombrageait le tronc roide
D'un noyer vigoureux
    A moitié creux !

Sources ! fraîches fontaines !
Qui, douces à mes peines,
Frémissiez autrefois
    Rien qu'à ma voix !

Bassin où les laveuses
Chantaient insoucieuses,
En battant sur leur banc
    Le linge blanc !

O sorbier centenaire,
Dont trois coups de tonnerre
N'avaient pas abattu
    Le front chenu !

Tonnelles et coudrettes,
Verdoyantes retraites
De peupliers mouvants
    A tous les vents !

O vignes purpurines,
Dont le long des collines,
Les ceps accumulés
    Ployaient gonflés ;

Où, l'automne venue,
La Vendange mi-nue
A l'entour du pressoir
    Dansait le soir !

O buissons d'églantines,
Jetant dans les ravines,
Comme un chêne le gland,
    Leur fruit sanglant !

Murmurante oseraie
Où le ramier s'effraie,
Saule au feuillage bleu,
    Lointains en feu !

Rameaux lourds de cerises !
Moissonneuses, surprises
A mi-jambe dans l'eau
    Du clair ruisseau !

Antres, chemins, fontaines,
Acres parfums et plaines,
Ombrages et rochers
    Souvent cherches!

Ruisseaux! forêts! silence!
O mes amours d'enfance!
Mon âme, sans temoins,
    Vous aime moins

Que ce jardin morose
Sans verdure et sans rose
Et ces sombres massifs
    D'antiques ifs,

Et ce chemin de sable
Où j'eus l'heur ineffable,
Pour la premiere fois
    D'ouïr sa voix!

Où rêveuse, l'amie
Doucement obéie,
S'appuyant à mon bras,
    Parlait tout bas,

Pensive et recueillie,
Et d'une fleur cueillie
Brisant le cœur discret,
    D'un doigt distrait,

A l'heure où sous leurs voiles
Les tremblantes etoiles
Brodent le ciel changeant
    De fleurs d'argent.

L'indécision et le vague même de cette fin contribuent au charme ; la rêverie du lecteur achève le reste. — Une fois, contre son ordinaire, le poete a faibli sur la rime (*abattu, chenu,*) et je lui sais gré d'avoir préféré l'expression plus naturelle à une autre qui eût été amenée de plus loin et de force.

Et c'est ainsi qu'au déclin d'une école et quand des

longtemps on a pu la croire finissante, quand de ce côté *la prairie des Muses* semble tout entière fauchée et moissonnée, des talents inégaux, mais distingués et vaillants, trouvent encore moyen d'en tirer des regains heureux et de produire quelques pièces presque parfaites qui iraient s'ajouter à tant d'autres dans la corbeille, si un jour on s'avisait de la dresser, — dans la *Couronne,* si l'on s'avisait de la tresser, — d'une Anthologie française de ce siècle.

Sainte-Beuve, 12 octobre 1857.
Causeries du Lundi, tome XIV. —
(Chez Garnier frères.)

TABLE

LES EXILÉS

	Pages
Préface	3
L'Exil des Dieux	7
Les Loups	13
Le Sanglier	15
Hesiode	16
L'Antre	18
La Rose	19
Némée	21
Tueur de Monstres	22
La Mort de l'Amour	23
Roland	25
Penthésilée	27
La reine Omphale	29
L'Ile	35
Dioné	38
La Cithare	40
Une Femme de Rubens	51
L'Éducation de l'Amour	62
Érinna	73
La Source, A *Ingres*	77
Les Torts du Cygne	81
Le Pantin de la petite Jeanne	83
A ma Mère	85
Au Laurier de la Turbie	86
Chio	87
A Georges Rochegrosse	88
Le Berger	90
La Fleur de Sang	91
Hermaphrodite	93

	Pages.
Le cher Fantôme	94
L'Ame de Célio	99
La belle Aude	109
Rouviere	111
L'Aveugle	114
L'Attrait du Gouffre	115
Les Forgerons	117
A Auguste Brizeux	119
Celle qui chantait	122
Amédine Luther, *A madame Anna Luther*	125
L'Enamourée	129
Les Jardins	130
A Theophile Gautier	131
Baudelaire	133
La bonne Lorraine	134
La Chimere	137
A Elisabeth	138
A la Muse	142
Le Festin des Dieux	142

ODELETTES

A SAINTE-BEUVE	151
PRÉFACE	153
Loisir	157
A Arsène Houssaye	159
A Sainte-Beuve	163
A Charles Asselineau	164
A Henry Mürger	167
A Edmond et Jules de Goncourt	170
A Alphonse Karr	170
A Zélie	172
A Léon Gatayes	174
A Méry	175
A Gavarni	177
A Adolphe Gaïffe	180
Il est dans l'île lointaine	181
A Raoul Lebarbier	182
Aimons-nous et dormons	184

	Pages.
A Philoxène Boyer.	185
A un Riche.	186
Chant séculaire.	188
A Roger de Beauvoir	190
La Vendangeuse.	193
A Theophile Gautier.	195
A Odette.	196
A Eugène Grange.	198
A Jules de Prémaray.	200
Theophile Gautier.	201
A Alfred Dehodencq.	210
Les Muses au Tombeau.	212

AMÉTHYSTES

Les Baisers.	219
Caprice.	220
Inviolata.	220
En silence.	222
Nuit d'etoiles.	223
Le Rossignol.	224
Reste belle.	225
Printemps d'Avril.	227
Tisbe.	228
Le Charme de la Voix.	228
Vers sapphiques.	229
Apotheose.	230

RIMES DORÉES

Au Lecteur.	235
L'Aube romantique, *A Charles Asselineau*.	237
La Lyre dans les bois, Petit prologue pour une symphonie comique.	244

	Pages.
Une fête chez Gautier	249
Conseils à un Écolier	254
Pas de feuilleton, *A Ildefonse Rousset*	256
Au Pays Latin	262
Marie Garcia	267
Promenade galante, *A Edmond Morin*	267
A Gérard Piogey	268
A Albert Glatigny	269
A Claudius Popelin	270
A Alphonse Lemerre	270
A Jules Claye	271
A Gabriel Marc	272
Le Musicien	273
L'Echafaud	273
La Blanchisseuse	274
Le Pompier	275
La Danseuse, *A Henri Regnault*	276
A Charles Desfossez	276
Le Bon Critique	278
A la Jeunesse, Prologue pour *La Vie de Bohême*, au théâtre de l'Odeon	280
Le Theâtre	283
L'Ame victorieuse du Désir	287
L'Apotheose de Ronsard, Prince des Poëtes français, *A Prosper Blanchemain, le pieux éditeur de Ronsard*	291

RONDELS

A ARMAND SILVESTRE.		299
I.	Le Jour	301
II.	La Nuit	302
III.	Le Printemps	302
IV.	L'Eté	303
V.	L'Automne	304
VI.	L'Hiver	304
VII.	L'Eau	305
VIII.	Le Feu	306
IX.	La Terre	306

		Pages.
X.	L'Air	307
XI.	Le Matin	308
XII.	Le Midi	308
XIII.	Le Soir	309
XIV.	La Pêche	310
XV.	La Chasse	310
XVI.	Le Thé	311
XVII.	Le Café	312
XVIII.	Le Vin	312
XIX.	Les Etoiles	313
XX.	La Lune	314
XXI.	La Paix	314
XXII.	La Guerre	315
XXIII.	Les Metaux	316
XXIV.	Les Pierreries	316

LES PRINCESSES

Au Lecteur.		321
Les Princesses, miroir des cieux riants		323
I.	Sémiramis	324
II.	Pasiphaé	325
III.	Omphale	326
IV.	Ariane	327
V.	Médée	328
VI.	Thalestris	329
VII.	Antiope	330
VIII.	Andromède	331
IX.	Hélène	332
X.	La Reine de Saba	333
XI.	Cleopâtre	334
XII.	Herodiade	335
XIII.	Messaline	336
XIV.	Marguerite d'Écosse	337
XV.	Marie Stuart	338
XVI.	Marguerite de Navarre	339
XVII.	Lucrèce Borgia	340
XVIII.	La Princesse de Lamballe	341

		Pages.
XIX.	Madame Tallien.....................	342
XX.	La Princesse Borghèse	343

TRENTE-SIX BALLADES JOYEUSES

DE BANVILLE

Dizain, *Au lecteur*.................		346
Avant-propos		347
I.	Ballade de ses regrets pour l'an mil huit cent trente.	349
II.	Ballade des belles Châlonnaises...........	351
III.	Ballade de la bonne doctrine	352
IV.	Ballade en l'honneur de sa mie	353
V.	Ballade pour une amoureuse.	355
VI.	Ballade de sa fidelité a la Poésie	356
VII.	Ballade à la gloire du Lys	357
VIII.	Ballade sur la gentille façon de Rose........	359
IX.	Ballade pour sa commère	360
X.	Ballade pour célébrer les pucelles.........	361
XI.	Ballade en faveur de la poesie dédaignée.......	363
XII.	Ballade de Banville aux enfants perdus.........	364
XIII.	Ballade pour la servante du cabaret..........	365
XIV.	Ballade pour une aux cheveux dorés	367
XV.	Ballade pour trois sœurs qui sont ses amies.....	368
XVI.	Ballade sur les hôtes mystérieux de la forêt.....	370
XVII.	Ballade pour annoncer le printemps	371
XVIII.	Ballade en quittant le Havre-de-Grâce........	373
XIX.	Ballade pour une guerrière de marbre........	374
XX.	Double Ballade pour les bonnes gens.........	376
XXI.	Ballade pour les Parisiennes............	378
XXII.	Double Ballade des sottises de Paris.........	379
XXIII	Ballade à Georges Rochegrosse	381
XXIV.	Ballade à sa femme, Lorraine	382
XXV	Ballade de la belle Viroise..............	383
XXVI.	Ballade sur lui-même................	385
XXVII.	Ballade de l'Amour bon ouvrier	386
XXVIII.	Ballade du Rossignol	388
XXIX.	Ballade de Victor Hugo père de tous les rimeurs ...	389

		Pages.
XXX	Ballade de la sainte buverie	391
XXXI	Ballade à sa mère, madame Elisabeth-Zélie de Banville	392
XXXII	Ballade à la louange des roses	394
XXXIII	Ballade pour les chanteurs	395
XXXIV	Ballade de la joyeuse chanson du cor	396
XXXV.	Ballade à la Sainte Vierge	398
XXXVI.	Ballade au lecteur, pour finir	399
Dizain, *A Villon*	401

HISTOIRE DE LA BALLADE

Par Charles Asselineau........................ 403

THÉODORE DE BANVILLE

POETE LYRIQUE

I.	Par Théophile Gautier	423
II.	Par Charles Baudelaire	428
III.	Par Sainte-Beuve	437

Paris. — L. MARETHEUX, imprimeur, 1, rue Cassette.

www.ingramcontent.com/pod-product-compliance
Lightning Source LLC
Chambersburg PA
CBHW050732240426
43665CB00053B/1712